汽车工程手册 9

维修保养·再利用·生命周期评价篇

日本自动车技术会 编
中国汽车工程学会 组译

北京理工大学出版社
BEIJING INSTITUTE OF TECHNOLOGY PRESS

版权专有 侵权必究

图书在版编目（CIP）数据

汽车工程手册.9，维修保养·再利用·生命周期评价篇／日本自动车技术会编；中国汽车工程学会组译. —北京：北京理工大学出版社，2010.12

ISBN 978-7-5640-3918-9

Ⅰ. ①汽… Ⅱ. ①日… ②中… Ⅲ. ①汽车工程-技术手册 Ⅳ. ①U46-62

中国版本图书馆CIP数据核字（2010）第209134号

北京市版权局著作权合同登记号　图字：01-2008-5499号

Automotive Technology Handbook by Society of Automotive Engineering of Japan, Inc.
Copyright © 2008 by Society of Automotive Engineering of Japan, Inc.
Transaction right arranged with Beijing Institute of Technology Press.

出版发行／北京理工大学出版社
社　　址／北京市海淀区中关村南大街5号
邮　　编／100081
电　　话／(010)68914775(办公室)　68944990(批销中心)　68911084(读者服务部)
网　　址／http：//www.bitpress.com.cn
经　　销／全国各地新华书店
印　　刷／北京中科印刷有限公司
开　　本／889毫米×1194毫米　1/16
印　　张／10.5
字　　数／265千字　　　　　　　　　　　　　　　　责任编辑／刘　丹
版　　次／2010年12月第1版　2010年12月第1次印刷　　　　李炳泉
印　　数／1～5000册　　　　　　　　　　　　　　　　 责任校对／陈玉梅
定　　价／90.00元　　　　　　　　　　　　　　　　　　 责任印制／边心超

图书出现印装质量问题，本社负责调换

汽车工程手册

译审委员会

主　　任　付于武
副 主 任　李　骏
委　　员　高　波　于秀敏　张晓艳　杨志坚　樊红亮

翻译委员会

主　　任　高　波
副 主 任　黄永和　谢　飞
委　　员　（按姓氏笔画排序）
　　　　　王珍英　任世宏　刘璟慧　孙万臣　孙　丽　李云清
　　　　　李兴虎　何士娟　郑　芬　赵　和　姚为民　殷　悦
　　　　　彭大庆　程光明

审校委员会

主　　任　金东瀛
副 主 任　毛　明　孟嗣宗
委　　员　（按姓氏笔画排序）
　　　　　王国力　冯　宇　冯慧华　吕建国　朱　平　朱问锋
　　　　　刘　忠　安相璧　许　敏　李尔康　李　杰　李彦龙
　　　　　李炳泉　李晓雷　李淑慧　杨　林　张方瑞　张立军
　　　　　张建武　陈关龙　罗　勇　殷承良　黄　华　喻　凡
　　　　　魏春源

汽车工程手册 中文版序

汽车产业作为我国的支柱产业，在国民经济中发挥着越来越重要的作用。进入 21 世纪后，中国汽车产业进入了快速发展阶段，现已成为世界第一产销国。中国正在经历从世界汽车生产大国向汽车强国的转变。经过数十年的发展，我国汽车工业的综合技术水平有了很大的提高，但与国际先进水平相比，尚有一定差距。为满足我国汽车工业对国外先进科技信息的需求，缩短与发达国家的差距，中国汽车工程学会与北京理工大学出版社合作，在 2008 年引进了日本《汽车工程手册》的版权，并组织行业专家翻译出版。

《汽车工程手册》是由日本自动车技术会（JSAE）组织专家编写而成。该手册来自 1957 年出版的《自动车工学手册》和《自动车工学概览》，经过 4 次改版，并于 1990 年将两书整理修订并更名为《汽车工程手册》进行出版。为适应世界汽车技术的快速发展，在 2006 年再次重新整理编排，由 4 分册细分为 9 分册。同时在各分册中增加了"汽车诸多形势"和用作参考的"法规、标准"等章节，并将当前最新的汽车技术信息编入手册，使其成为日本汽车工程技术人员的必备工具书。

《汽车工程手册》涵盖了汽车制造的各方面，9 个分册包括《基础理论篇》《环境与安全篇》《造型与车身设计篇》《动力传动系统设计篇》《底盘设计篇》《动力传动系统试验评价篇》《整车试验评价篇》《生产质量篇》《维修保养·再利用·生命周期评价篇》。中文版手册配有丰富的原版插图、表格及大量的图片资料，最大程度地保留了原版手册的编写风格。相信本套手册的出版对我国汽车工程技术人员了解世界汽车最新的发展将有极大的帮助，并为行业技术人员、科研人员提供了一套不可多得的工具书。

中国第一汽车集团公司技术中心、吉林大学、北京航空航天大学、中国汽车技术研究中心、中国北方车辆研究所、中国汽车工程研究院、北京理工大学、军事交通学院等单位为手册的出版给予了鼎力支持。

在此谨向以上单位和个人表示感谢，并向他们表示衷心的谢意！同时，感谢北京理工大学出版社对手册的出版给予的大力支持，特在本书出版之际向他们表示深深的谢意！

中国汽车工程学会
汽车工程图书出版专家委员会
付于武
2010 年 12 月

译者序

增强自主创新能力，是提升中国汽车工业水平的关键。学习和吸收国外的先进技术经验无疑可以加快我们的自主研发进程。中国汽车工业虽然比国外落后，但后发优势明显，古人云："吾尝终日而思矣，不如须臾之所学也"。只要我们认真地向汽车技术更先进的国家学习，一定能在学习中求进步，在进步中求提高，在提高中求创新，变"中国制造"为"中国创造"。

我们深知，科技进步靠的是合力，一万人前进一步的合力，远远大于一个人前进一万步的力量。引领并推动中国汽车工业科技进步，中国第一汽车集团公司有着义不容辞的责任。从知识分享的角度，中国第一汽车集团公司近两年向汽车行业推荐了几本有价值的资料，并受到行业图书出版专家委员会的普遍认可。中国第一汽车集团公司技术中心在组织人员对日文版全套《汽车工程手册》的章节标题及主要内容进行翻译后，发现该书内容翔实、图文并茂、深浅结合，并涵盖了最新技术，内容全面而系统，是一套对中国汽车工业有较强学习与借鉴作用的汽车工程和技术专著。因此我们向中国汽车工程学会推荐引进出版这套手册的中文版，让国内汽车行业的从业人员能够从中受益。

《汽车工程手册》是由日本自动车技术会（JSAE）组织出版。自1957年首次出版后，至20世纪90年代初，历经几次修订，由1册发展为4分册。伴随世界汽车技术的长足发展及环境的变化，2003年开始，日本自动车技术会又对《汽车工程手册》进行了全新改版，历经4年时间完成了9个分册的出版。新版手册不仅囊括了混合动力汽车的产业化、燃料电池车的发展、控制技术的高端化、再利用技术的发展等最新技术信息，每一分册还增加了能够反映汽车发展趋势的法规、标准等相关章节。各分册均由活跃在日本汽车各专业领域研发一线的专家执笔，不仅质量高，而且非常系统。该书对于国内工作在一线的研究和技术人员，以及承担着未来汽车技术开发的年轻人和学生来说都无疑是一本非常好的参考资料。相信该书必然会成为了解和掌握日本汽车技术，以及审视未来技术发展所不可缺少的工具书。

2008年，由中国汽车工程学会牵头，组织行业各单位和专家对《汽车工程手册》的9个分册进行翻译。其中，《造型与车身设计篇》《动力传动系统设计篇》《底盘设计篇》《动力传动系统试验评价篇》4个分册由中国第一汽车集团公司技术中心翻译完成，《基础理论篇》由北京航空航天大学翻译完成，《维修保养·再利用·生命周期评价篇》由中国汽车技术研究中心翻译完成，《环境与安全篇》《整车试验评价篇》《生产质量篇》3个分册由吉林大学和中国汽车工程研究院翻译完成。

本套手册由日本自动车技术会从2004年9月至2006年11月间陆续出版的《汽车工程手册》9个分册的日文修订版直接译成，也是国内首次出版该书的中文版。本分册由郑芬、刘进美翻译，由黄永和、刘训勤审校。在此感谢北京理工大学出版社给予机会翻译这套工具书，更感谢付于武理事长对此书出版的大力支持。译、校者虽在译文、专业内容、名词术语等方面进行了反复斟酌，并向有关专业人员请教，但限于译、校者的水平与对新知识的理解程度，谬误和不当之处恳请读者批评、指正。

中国第一汽车集团公司技术中心主任　李骏

汽车工程手册 序言

进入汽车高速发展的时代以来，众多汽车行业前辈凭自己的劳动和自己的努力，攻克了汽车的耐用性、可靠性、降低排放、安全性等许多难题，追赶并超越汽车先进国家，造就了日本的汽车工程技术。1990年出版了第一版《汽车工程手册》。在泡沫经济与经济危机之际，国际性的大厂商进行了强强联合，这一时期确立了日本汽车产业在世界的领先地位。《汽车工程手册》在任何时候都以非常重要的基本原理与技术为基础，并涉及了汽车安全、环境、信息化、智能化和全球化等多个领域。

随着汽车技术的进一步发展，《汽车工程手册》搜集和整理了所有最新的汽车技术。日本汽车界专家和编写委员会委员抱着"技术是为人类解决难题"这种坚定的信念，在首次出版14年之后又对手册重新进行修订。这版《汽车工程手册》凝聚了众多先辈的劳动结晶，希望通过汽车研发人员和技术人员的学习和努力造就下一个汽车新时代。

如果本书能够为人们追求汽车生活的便利性，为人们实现梦想发挥一定作用的话，那将会不胜荣幸。

最后，对在百忙之中抽出宝贵时间给予本书的出版以大力帮助的各位执笔专家、编写委员会委员和事务局的各位表示深深地感谢和敬意。同时，也祝愿汽车行业更快更好地发展。

日本自动车技术会
会长　萩野道义

前言

　　日本自动车技术会将汽车技术集大成为目标，编辑出版本套手册和文献。1957年，经过反复修改首次出版了《汽车工学手册》。1990年对其进行了大量的修改，出版了《汽车工程手册》。该手册由《基础理论篇》，《设计篇》，《试验和评价篇》，《生产、质量、维修和保养篇》4个分册构成，总页数达到1758页。

　　以后的14年里，汽车技术不断发展，汽车工业发生了很大的变化。因此，必须出版一本符合时代要求的手册。2003年，成立了手册编写委员会，对手册的编写内容和分册结构进行了分析和研究。根据分析研究结果，把手册划分为9个分册，成立了相关的编写委员会，并开始进行修订版的编写工作。

　　《汽车工程手册》的编写特点：① 涵盖了混合动力车辆的实用技术、燃料电池车的相关技术、高性能的控制技术、再生利用等最新技术；② 由活跃在汽车各个领域中从事开发、设计的一线专家执笔，系统而全面地介绍了多个领域的前沿技术；③ 在各个分册中增加了汽车相关的发展趋势和相关的法律、法规篇章；④ 增加了摩托车技术等内容。另外，考虑到读者的经济承受能力，细分为9个分册出版，可以按分册销售。

　　我们相信本套手册能使活跃在一线的研究、技术人员更加受益，使肩负着下一代汽车技术重任的年轻技术人员和汽车专业学生对目前的汽车技术有所了解。

　　最后，在本套手册出版之际，向给予本套手册大力协助的委员会诸位委员、各位执笔专家深表谢意！

《汽车工程手册》编委会
主任委员　小林敏雄

目 录

第1章 汽车行业面临的形势／1
　1.1　前言／1
　1.2　汽车维修保养的现状与发展趋势／2
　　1.2.1　汽车维修保养的现状／2
　　1.2.2　汽车维修保养的发展趋势／2
　1.3　超循环型社会中车辆的发展方式／3
　　1.3.1　循环型社会／3
　　1.3.2　废弃物排放者责任与扩大生产者责任／4
　　1.3.3　基本计划的制订／4
　　1.3.4　《汽车再生利用法》／4
　　1.3.5　致力于超循环型社会／4
　参考文献／4

第2章 汽车维修保养／5
　2.1　概述／5
　　2.1.1　维修保养的义务／5
　　2.1.2　故障维修及预维修／5
　　2.1.3　维修内容的变化／5
　2.2　法定的检查维修／6
　　2.2.1　日常检修／6
　　2.2.2　定期检修／6
　2.3　汽车维修行业概述／8
　　2.3.1　现状／8
　　2.3.2　汽车维修行业的发展趋势／8
　2.4　汽车维修行业未来的课题[4]／13
　　2.4.1　一站式车检服务的对策／13
　　2.4.2　维修手册的电子化／13
　　2.4.3　OBD-Ⅱ（先进的车载式故障诊断装置）对策／13
　　2.4.4　汽车技术高科技化及新技术的对策／13
　　2.4.5　未缴纳违章停车罚款的车辆不予车检／13
　　2.4.6　提高定点维修企业的维修率／14
　　2.4.7　规范定点维修企业行为的对策／14
　参考文献／14

第3章 维修新技术／15
　3.1　概述／15
　3.2　维修技术的发展／15
　　3.2.1　OBD及故障扫描工具／15
　　3.2.2　维修信息的电子化／18
　　3.2.3　扫描记录功能与电子维修信息的融合／18
　　3.2.4　改写电子控制程序／19

         3.2.5 利用车辆行驶数据记录仪对不可再现故障进行诊断 / 19
         3.2.6 故障自修复系统 / 20
    3.3 应用IT技术支持维修技术 / 20
         3.3.1 基于诱导式故障诊断系统、远程诊断系统的维修技术支持 / 20
    3.4 基于车载信息通信网络的预维修 / 21
    3.5 提高维修信息共享的耐久性及可靠性 / 21

第4章 汽车维修设施 / 23
    4.1 维修厂 / 23
         4.1.1 维修厂的设施 / 23
         4.1.2 维修厂的管理与污染处理 / 26
    4.2 车辆检验场 / 27
         4.2.1 车辆检验场的设备 / 27
         4.2.2 车辆检验场检测线及布局 / 27
         4.2.3 微型车检验协会的检测线及布局 / 27
    4.3 车检维修厂的发展趋势 / 27
    4.4 车检仪器设备 / 27
         4.4.1 车检仪器设备概述 / 27
         4.4.2 侧滑试验台 / 28
         4.4.3 制动试验台 / 28
         4.4.4 车速表试验台 / 28
         4.4.5 制动和车速表综合试验台 / 28
         4.4.6 制动、车速表、侧滑综合试验台 / 29
         4.4.7 前照灯试验台 / 29
         4.4.8 排放检测仪 / 29
         4.4.9 噪声计 / 29
    4.5 维修仪器与设备 / 30
         4.5.1 发展趋势 / 30
         4.5.2 维修厂的仪器设备 / 30
         4.5.3 发动机维修用仪器设备 / 32
         4.5.4 底盘维修用仪器设备 / 33
         4.5.5 电子装置维修用仪器设备 / 34
         4.5.6 车身维修用仪器设备 / 35

第5章 回收再利用技术 / 39
    5.1 概述 / 39
         5.1.1 构建循环型社会 / 39
         5.1.2 汽车再利用现状、课题以及今后的对策 / 40
    5.2 减量、再使用、再利用技术 / 41

5.2.1 概述 / 41
5.2.2 结构设计的必要性 / 41
5.2.3 材料设计的必要性 / 43
5.2.4 减量化技术 / 44
5.2.5 再使用技术 / 45
5.2.6 再利用技术 / 46
5.3 《汽车再利用法》对应技术 / 49
5.3.1 《汽车再利用法》概述 / 49
5.3.2 ASR 回收、再资源化 / 50
5.3.3 全部再资源化 / 51
5.3.4 安全气囊处理技术 / 52
5.3.5 氟利昂处理技术 / 53
5.4 环境负担物质减量技术 / 54
5.4.1 概述 / 54
5.4.2 含铅零部件以及减量技术 / 55
5.4.3 含有六价铬、汞、镉成分的零部件以及减量技术 / 57
5.5 摩托车的再利用 / 58
参考文献 / 59

第6章 法规、标准 / 60

6.1 概述 / 60
6.1.1 汽车维修保养相关法令概述 / 60
6.1.2 《汽车再利用法》概述 / 61
6.2 汽车维修、保养相关法律 / 61
6.2.1 日常检查、保养和维修（《道路运输车辆法》第47条之2）/ 61
6.2.2 定期检查、保养和维修（《道路运输车辆法》第48条）/ 61
6.2.3 车辆检查、保养和维修记录簿（《道路运输车辆法》第49条）/ 61
6.2.4 汽车维修质保制度 / 62
6.2.5 检修管理者制度（《道路运输车辆法》第50条）/ 62
6.2.6 检修命令（《道路运输车辆法》第54条以及第54条之2）/ 62
6.2.7 车辆检验（《道路运输车辆法》第58条）/ 63
6.2.8 汽车拆解维修业（《道路运输车辆法》第77条）/ 65
6.2.9 优良汽车维修企业的认证（《道路运输车辆法》第94条）/ 67
6.2.10 定点汽车维修企业（《道路运输车辆法》第94条之2）/ 68
6.2.11 各国车检制度 / 70
6.3 汽车再利用相关法律 / 70
6.3.1 日本汽车再利用制度 / 70
6.3.2 相关方的业务体制 / 86

       6.3.3 《道路运输车辆法》的修订[5] / 93
       6.3.4 企业自主措施 / 95
       6.3.5 欧洲的汽车再利用制度 / 97
       6.3.6 北美的环境负担物质限制措施 / 102
　　参考文献 / 103

第 7 章　生命周期评价 / 105
　　7.1　LCA 概述 / 105
       7.1.1 环境问题和 LCA / 105
       7.1.2 LCA 的实施框架 / 108
       7.1.3 LCA 软件和数据库 / 114
　　7.2　汽车及相关行业的动态 / 115
       7.2.1 国外汽车厂商 / 117
       7.2.2 日本国内汽车行业 / 117
       7.2.3 日本国内汽车相关行业 / 119
　　7.3　环境破坏、环境影响评价方法和案例 / 123
       7.3.1 Well to Wheel 分析 / 123
       7.3.2 生命周期清单分析 / 125
       7.3.3 生命周期影响评价 / 131
       7.3.4 LCA 应用 / 132
　　7.4　未来的问题和展望 / 135
       7.4.1 综合评价和 LCA 定位 / 135
       7.4.2 LCA 实施基础的完善和扩展 / 137
       7.4.3 结语 / 138
　　参考文献 / 138

缩略语一览表 / 143
英语索引 / 144
国际单位制（SI）/ 145

第 1 章

汽车行业面临的形势

1.1 前 言

汽车是19世纪后期发明的,进入20世纪后美国福特汽车公司开发了大量的生产方式,从此汽车普及到普通百姓家庭,成为人们生活中不可或缺的生活必需品。而且,随着道路、流通网络、燃料供给等社会基础设施的形成和完善,汽车又成为带动社会经济发展的原动力。

但是汽车发展的同时也引发了交通事故及污染物排放等安全、环保的一系列社会问题。21世纪,在汽车的便利性、舒适性、趣味性等功能大增的同时,也带来了上述诸多的负面效应,因此如何面对这些问题,成为摆在我们面前的重要课题。有鉴于此,开发了很多新技术,但是不论技术如何发展,如果不能维持初始性能,或出现不安全等问题,也就失去了原有的意义。为了确保汽车的安全、减少对环境的污染,必须始终使汽车性能处于最佳状态。为此,要求汽车技术人员充分认识汽车"维修、保养"及"预维修"的重要性,而且掌握能够对应混合动力汽车及能够防止车辆碰撞等新技术的维修技术。日本在2002年制定了一级汽车维修技师资格制度,而为了应对上述需求,对一级汽车维修技师的需求量也将进一步增加。近年来汽车越来越多地采用IT技术,诸多控制系统具备了"黑匣子"功能,即集成传统维修技术和信息技术的"诊断技术""基于车辆信息的预维修技术"等得到了开发。

就资源、环保而言,日本已经实施了汽车循环再利用法,但问题不仅只局限于对废弃物的处理,有效地使用有限的资源也是不容忽视的。如果对现状不做改变,不仅是化工燃料,钢铁、铝等金属材料也同样会面临枯竭的危险,因此需要构建称为3R(Reduce:减量化——抑制废弃物产生量、Reuse:再使用、Recycle:再利用)的超循环型社会。提高每辆汽车的燃料效率是不容置疑的,但同时必须考虑到汽车制造过程中能源消耗量、燃料供给过程中能源消耗量,以及汽车再利用的综合效率。因此,需要引入生命周期评价(LCA)概念,进行汽车技术开发,制造产品,完善基础设施。

罗马俱乐部(研究人类未来性的国际民间团体,1968年成立)在1972年提出的"成长极限"的概念,现在已变成了现实。他们在2005年版报告中发表的"超越极限"论中,提出了9个未来设想。如果按照现状发展下去而不加以改变的话,其第一个设想:到2050年资源将枯竭,环境将进一步恶化,人类将被迫在极差的生存条件下生活就会成为现实(见图1-1)。如果人类能将地球作为一个生态系来考虑,同心协力采取对策,资源的可利用时间要比想象的要长,而且能够享受到同于乃至高于当前质量水平的生活（见图1-2）。究竟选择哪种设想，主要取决于我们自身。

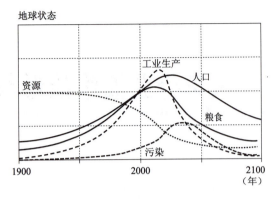

图1-1 设想1：在政策无重大变化的情况下，按照当前的方式发展的情景

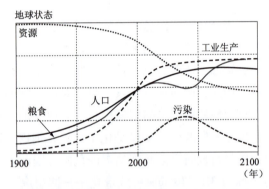

图1-2 设想9：在世界人口及工业生产稳定的大前提下，采用防治污染、优化资源及农业相关技术的情景

汽车技术人员往往关注的是新产品、新技术，以及批量生产技术伴随大量供货带来的汽车社会中所谓"动脉"的技术，希望进一步积累研究成果，在21世纪正如本篇所述，发展成为兼顾汽车销售之后的售后服务和零部件再利用，即所谓"静脉"技术的优秀技术人员。

1.2 汽车维修保养的现状与发展趋势

1.2.1 汽车维修保养的现状

近年来汽车技术的进步给汽车拆卸维修业带来了很大影响。日本在1995年7月修订了《道路运输车辆法》，重新修改了定期检查维修制度，规定乘用车每年检修一次，并减少了检修项目，降低了每辆车的平均检修成本。另外，由于车辆采用了新结构、新材料及先进的电子技术，提高了对维修技师的技术水平要求，因此，开始修改维修技师制度，从而诞生了一级汽车维修技师。一级汽车维修技师不仅要求掌握较高的维修技术，还应在维修工厂为用户提供保养管理支持，并在环保对策方面起到引导作用。

以往在车辆维修中重视的是修理和翻新，但现在变化较大，一般要进行检查、诊断、更换等。对于采用复杂、高端电子技术的零部件，则采用车载式故障诊断装置（OBD）取代传统的检测仪器，作为进行故障诊断的支持工具。

1.2.2 汽车维修保养的发展趋势

以往只有高档车安装车辆电子控制装置，但现在已经普及到大众车型上。另外，随着电子技术的发展，高档车已开始安装车辆综合控制装置。受环境污染问题及汽油价格上涨因素的影响，混合动力车的市场占有率有所提高，替代燃料的开发也有了一定的进展。以氢气为燃料的燃料电池汽车也有望普及。有鉴于此，对维修业的技术水平提出了更高的要求。能够判断排放控制等装置故障状况的新结构（OBD-Ⅲ）、故障诊断装置以及能够存储故障状态的行驶数据记录仪得到一定的发展，预计能够与车辆技术同步得到发展。

当车载微机程序紊乱时，以往只能直接更换微机本身，但现在已经可以直接修复程序。未来要研究通过通讯网络传输而不在维修工厂进行维修的方法，自修复功能的研究已经有了一定的进展。对于车辆故障也考虑采用通信网络，将经过诊断的故障码传输给信息中心，存储维修信息，使销售店提前了解维修内容，备齐维修必要的零部件，随时等待故障车辆来店维修。

电子技术的发展，不仅对汽车具有很大的促进作用，而且也推动了售后服务手册及零部件目录的电子化，即用CD取代厚达5 cm、10 cm的纸质资料。另外，汽车检查登记相关业务开始实施IT化，随着电子技术的进步，新车登记及车检相关手续也将走向电子化。

1.3 超循环型社会中车辆的发展方式

进入21世纪以来,随着环境污染问题日益突出,不仅对汽车本身的能源消耗问题引起了高度关注,而且从构成车辆产品的材料乃至拆卸处理过程中所消耗的能源都非常重视,即对影响环境的所有因素进行定量评价的 LCA 的重要性日益彰显。从资源开采到材料生产、零部件生产、汽车组装,乃至使用、保养等每个环节都需要消耗能源。车辆报废后对车体压块进行再生利用,剩余的则做废弃处理,但从控制能源消耗的角度考虑,需要减少能源在所有环节的消耗,可以说在超循环型社会中车辆发展离不开 LCA。

以往,汽车在最后阶段一般作为二手零部件使用或者将占车辆总重的75%~80%金属材料的车体压块进行再生利用,剩余的20%~25%则作为残渣进行废弃处理。但是,近几年来因环保问题,废弃物处理厂逐渐减少,处理费用上升。另外,车体压块市场常年处于低迷状态,只能由车主负担车辆报废的费用,委托专业厂家进行处理,从而造成将报废车辆随便弃置在路边上的现象频频发生,构成了严重的社会问题;而导致地球温室效应的因素即空调用氟利昂及安全气囊的妥善处理也成为构建循环型社会所急需解决的问题。因此,日本在循环型社会形成推进基本法的框架下,开始制定并实施促进汽车再生利用的法律即《汽车再生利用法》。摩托车行业也开始启用了厂家自主实施的再生利用体系。

1.3.1 循环型社会

《循环型社会形成推进基本法》于2000年5月制定,标志着日本从"单向通行型"向"循环型"机制过渡。其目标是把一直作为废弃处理的物质进行回收和重新利用,对确实无法使用的物质进行妥善处理,构建循环型社会。法律规定的垃圾处理及再生利用的优先顺序(见图1-3)。

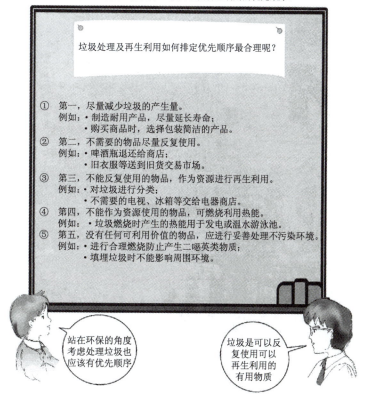

图1-3 再生利用措施的优先顺序

1.3.2 废弃物排放者责任与扩大生产者责任

具体的做法是明确废弃物排放者的责任及扩大生产者的责任。排放者责任是指由丢弃垃圾的一方承担对其进行再利用及处理的责任。例如，对垃圾进行严格分类，并由相关业者进行再利用处理。扩大生产者责任是指产品制造及销售方承担从成品直到变成垃圾后的责任，例如，采用易于再利用和处理的产品设计和材料，为便于再利用和处理对材质进行标识，根据垃圾的材料特性采取处理和再利用措施。

1.3.3 基本计划的制订

为了构建由全体国民参与的循环型社会，日本于 2003 年 3 月通过内阁会议制订了循环型社会形成基本计划，并决定每 5 年修订一次。实施的措施：控制垃圾产生量、确保垃圾的妥善处理、完善垃圾处理设备防止公害发生、促进再生产品的使用、对因非法弃置造成的环境损害采取恢复原状等措施。

1.3.4 《汽车再生利用法》

日本根据《循环型社会形成推进基本法》，制定并修订了基本框架法，综合实施汽车再生利用法及废弃物处理法等法律，取得了良好的效果。《汽车再生利用法》从 2005 年 1 月 1 日实施，正式启动了汽车再生利用系统。而摩托车业从 2004 年 10 月 1 日起，由摩托车厂家及进口摩托车商通力合作，自主启动了再生利用系统。

1.3.5 致力于超循环型社会

为了实现再生利用率为 100% 的超循环型社会，各汽车厂家都在努力开发易于拆卸的结构，从设计阶段就开始考虑再生利用的问题。2005 年，残渣（ASR）的再生利用率已达 30%，而 2015 年，计划将残渣再生利用率提高到 70% 以上，安全气囊的提高到 85% 以上。现在环保问题日益严重，加强了汽车 LCA 相关调查及开发力度，ISO 也已经开始推进标准化工作。与其他工业产品一样，从制造、使用到报废的所有工序中涉及的资源消耗量、排放量对环境的影响进行全面评价，目标是构建超循环型社会体系。虽然研究人员付出了很多努力，但迈向未来超循环型社会的道路仍困难重重，期待今后进一步研究开发。

参 考 文 献

(1) D. H. メドウズほか：成長の限界—人類の選択—，ダイ・モンド社（2005）
(2) 環境省ホームページ

第 2 章

汽车维修保养

2.1 概　　述

2.1.1 维修保养的义务

随着技术的进步，汽车可靠性的提高，新结构、新材料的采用、电子控制装置的增加，汽车的结构、装置及功能更加复杂、更加先进。

汽车保有量逐年增多，其使用状况更加多样化。维修保养工作就是需要在这种多样化状态下，力争保持汽车性能，防止意外故障发生，确保安全、顺畅、舒适的汽车交通运行环境，同时还要防止污染、利于环保、节省能源。为了达到上述目的，《道路运输车辆法》规定：车主有责任及义务对于发生故障后有可能造成重大事故的部位及控制污染的装置进行必要的检修、保养。另外，作为国家的义务和责任，要定期对汽车进行检验（通常所说的车检），努力使运行的所有车辆符合本国的安全法规。

2.1.2 故障维修及预维修

汽车维修分为故障维修（临时维修）和预维修（定期维修）。

故障维修，顾名思义就是在汽车发生故障后进行的事后维修，属于非定期性维修。一般情况下，出现故障的部位各异，维修工作量也大小不一，有时修理时间较长，费用较高。预维修是指对汽车进行定期检查，在尚未出现大故障的情况下，进行适当的处理，以防患于未然，维持汽车性能，确保安全运行。

2.1.3 维修内容的变化

技术进步提高了汽车的功能和可靠性，再加上电子技术的发展，使汽车必需的维修作业内容发生了重大变化，其重点也由修理、翻新等传统技术过渡到检查、故障诊断、维修、换件为主的技术上。

当前汽车所有的产品均采用电子件（见表2-1），而随着电子控制系统的高度化、复杂化，故障现象也更加趋于复杂，这就需要具备快速、准确的诊断技术。

但是，随着电子控制零部件的"黑匣子"的进一步发展，判断故障的准确率提高，因此要求维修人员充分了解和掌握电子控制系统的规格、功能、结构，乃至整个系统的检查要领，熟练掌握以系统诊断仪为主的各种测试装置的技术。当然由于新结构不断涌现，系统规格不断变化，维修难度也日益增加。

随着这一趋势的进一步深化，可以预测，能够提供满足用户需求的诊断、维修相关服务的难度将越来越大。今后，汽车厂家在产品开发和设计阶段就应考虑维修性，而且维修工厂提高技术水平显得尤为重要。

如上所述，现代汽车维修工作，不仅要求手工操作的简单化及省力化，而且需要智能性维修技术。

表 2-1 电子件在各系统中的应用状况

主要系统名称			
发动机	传动及底盘系统	信息及其他	
发动机集中控制	电子控制 A/T 及 CVT	电子显示仪表	光通信系统
直喷式汽油发动机	电子控制悬架	智能空调	液晶显示系统
爆震控制	电子控制空气悬架	安全气囊	导航系统
自动车速控制	四轮防抱死制动装置	自动照明装置	ETC
电子控制点火系统	驱动力控制系统	无钥匙开门装置	故障诊断显示
分缸燃烧控制	电子控制动力转向装置	发动机防盗锁止系统	CAN 通信
可变进气装置	电动动力转向装置	自动防眩后视镜	
可变气门机构	四轮转向系统	驾驶辅助装置	
发动机 A/T 综合控制	稳定性控制系统	（车间距自动控制系统）	
混合动力发动机	四轮驱动控制系统	可变配光式前照灯	
电动汽车			
燃料电池汽车			
共轨式喷射泵			

2.2 法定的检查维修

在《道路运输车辆法》第 47 条第 2 项及第 48 条中分别对日常检修及定期检修的内容进行了规定（参照第 6 章 6.2.1 及 6.2.2）。

2.2.1 日常检修

按照原来规定要求，汽车在每天启用前进行一次检查，1995 年 7 月对此规定进行修改，针对技术进步及使用形态的多样化，对家用轿车放宽了要求，由车主依据汽车行驶里程、行驶前状态进行自主判断，视情况进行定期检查，必要时进行维修，因此，将名称改为日常检修。但是对于载货车、大客车等营业用车辆，考虑其使用条件、维修率、出现故障时产生的影响度，仍和原来一样，必须一天进行一次行驶前检查。

家用轿车日常检查标准见表 2-2。

表 2-2 家用轿车日常检查标准[1]

检查部位	检查内容
1. 制动器	① 制动踏板行程适度，制动效果良好； ② 制动液量适当； ③ 驻车制动拉杆行程适度
2. 轮胎	① 轮胎气压适中； ② 无龟裂、无损伤；

续表

检查部位	检查内容
2. 轮胎	③ 无异常磨损； ④ 轮胎胎纹深度适宜
3. 蓄电池	蓄电池液量适中
4. 发动机	① 冷却液量适中； ② 发动机机油量适中； ③ 发动机状态良好、无异响； ④ 低速及加速状态良好
5. 照明装置及方向指示器	亮灯或频闪状态良好，无污损及损伤
6. 洗涤器及雨刮器	① 洗涤器液量适中，喷射状态良好； ② 雨刮器擦拭状态良好
7. 行驶时出现异常的部位	相应部位无异常现象

2.2.2 定期检修

为了确保汽车安全，防止污染，对相关部位及装置，应按月（年）进行检查、维修，这是汽车使用者的义务。检查时间及项目，依据车型、用途而定。

家用轿车的日常检查、定期检查项目及定期检查时间见表 2-3。

法律修订后定期检查维修项目变化情况见表 2-4。关于定期检修项目，力求随着汽车技术进步及使用方式变化进行适时修改。

表 2-3 检查项目与时间一览表[2]

检查部位	检查时间	每一年	每两年（在每年检查的基础上增加下述检查）
转向装置	转向盘		操作状况
	齿轮箱		*安装的松紧度
	拉杆及转向臂		*① 松紧度、松动引起的响声及损伤；② 球窝关节防尘罩有无龟裂及损伤
	转向轮		*车轮定位
	动力转向装置	皮带松紧度、有无损伤	① 有无漏油及油量；*② 安装松紧度
制动装置	制动踏板	① 踏板间隙及将踏板踏到底时与地板的间隙；② 制动效果	
	驻车制动机构	① 拉杆行程；② 制动效果	
	软管及管路	漏油、损伤及安装状况	
	主缸、轮缸及制动钳	有无制动液泄漏情况	功能、磨损及损伤情况
	制动鼓及制动蹄	*① 制动鼓与摩擦片的间隙；*② 制动蹄及摩擦片的磨损程度	制动鼓磨损及损伤情况
	制动盘及衬垫	*① 制动盘及摩擦块的间隙；*② 摩擦块的磨损程度	制动盘磨损及损伤情况
行驶装置	车轮	*① 轮胎状态；*② 车轮螺母及螺栓的松紧度	*① 前轮轴承有无松动；*② 后轮轴承有无松动
缓冲装置	安装部位及连接部位		松紧、松动引起的响声及损伤
	减震器		有无漏油及损伤
传动装置	离合器	踏板行程及踩到底时与地板的间隙	
	变速器及分动器	*有无泄露情况及油量	
	传动轴及驱动轴	*连接部有无松动	万向节防尘罩有无龟裂及损伤
	差速器		*有无漏油情况及油量
电器装置	点火装置	*① 火花塞状态；② 点火时间；③ 分电器盖的状态	
	蓄电池	接线柱的连接状态	
	电线		连接部有无松动及损伤
发动机	机体	① 排气状态；*② 空气滤清器的状态	
	润滑装置	有无漏油	
	燃料装置		有无燃料泄漏
	冷却装置	① 风扇皮带有无松动及损伤；② 有无漏水	
排烟、防止异味气体、有害气体排放的装置	窜气还原装置		① 计量阀的状态；② 配管有无损伤
	燃料蒸发气体排放控制装置		① 配管等有无损伤；② 活性炭罐有无堵塞及损伤；③ 单向阀的功能

检查部位	检查时间	每一年	每两年 （在每年检查的基础上增加下述检查）
排烟、防止异味气体、有害气体排放的装置	一氧化碳（CO）等防气体挥发装置		① 催化器等排放控制装置有无松动及损伤； ② 二次空气供给装置的功能； ③ 废气再循环装置的功能； ④ 减速时排放控制装置的功能； ⑤ 配管有无损伤及安装状况是否良好
排气管及消声器		*安装有无松动及损伤	消声器的功能
车架及车身			有无松动及损伤

注：① 根据《道路运输车辆法》第61条第2项规定，车检证有效期为3年的汽车，在最初第二年验车时按照表中"每一年"的技术标准执行，最初第3年验车时按照表中"每两年"的技术标准执行。
② 带有＊标记的项目，如果在拿到车检证或接受同项检验之后一年内行驶里程低于5 000 km时，可以不做此项目的检验，但在上次应该检查的时间内未进行检验的情况除外

表2-4 定期检修项目变化[3]

汽车类别 （定期检修标准）	检验时间	1995年修改前	1995年修改后	2000年修改后
营业用汽车等 （附表3）	1月	42	25	废止
	3月	94	65	47
	12月	149	127	96
家用载货车等 （附表4）	6月	41	27	21
	12月	120	99	77
摩托车 （附表5）	6月		20	14
	12月		56	48
家用轿车 （附表6）	6月	16	废止	—
	12月	60	26	26
	24月	102	60	56

以家用轿车为例，1995年法律修订后，废除了6个月检修一次的规定，改为12个月、24个月检查一次，而且检查项目减少了1/2。

2.3 汽车维修行业概述

2.3.1 现状

2004年度日本国内含微型车在内新车销售量约583万辆，比上一年减少1.2%，新车总销售量事隔3年后第一次减少，而微型车增加1.1%，为189万辆，创下历史第3的销售纪录。但由于登记车量减少2.2%，而且连续两年下降，使得在3年后，登记量只有394万辆，跌破了400万辆，成为跨入平成时代以后的最低水平。不同车种情况也不尽相同，除普通轿车比上一年增加2.5%以外，其他车型如小型轿车、普通和小型载货车、大客车均出现了不同程度的下降。

从汽车维修行业来看，维修业务销售额连续3年跌破6兆日元，但2004年的维修业务销售额达到58 900亿日元，比上一年略增加1.6%。从不同经营类型来看，生产厂家系列销售公司维修业务销售额增加1.2%，而专业维修店则一改上一年的局面增加3.4%，自营维修店增加4%，处于上升趋势。

2.3.2 汽车维修行业的发展趋势

2004年度全部认证工厂数为88 644家，比上一年增加0.4%，呈现持续微增趋势，企业数70 757家，同比增加0.3%，也有增加趋势。

其中指定工厂数为28 316家，同比增加1.4%。

维修工人数为389 129人，同比增加0.2%，其中维修技师为330 277人，同比增加0.4%，同样呈现增加趋势。

维修工平均年龄为39.7岁，同比提高0.3岁，专业维修店比销售公司的平均年龄大14岁，为44.7岁，呈现大龄化态势。日本家庭少子化及继承人问题，对人员雇用的影响重大。

自2000年以来汽车维修行业相关数据统计见表2-5。

自2000年以来维修行业总销售额变化情况见表2-6。

从表2-5和表2-6中均可以看出2003年度增长的均为汽车生产厂家系列销售公司，而进入2004年度专营维修店、自营维修店的销售额出现了增长。

表2-5 汽车维修行业统计[5]

项目 \ 调查年份		2000	2001	2002	2003	2004	2004/2003
1. 总维修销售额*/亿日元		62 683	61 702	57 283	57 985	58 899	+1.6%
其中	专营（比率/%）	23 655 (37.7)	22 526 (36.5)	20 625 (36.0)	20 352 (35.1)	21 051 (35.7)	+3.4%
	兼营（比率/%）	8 531 (13.6)	8 819 (14.3)	8 439 (14.7)	8 359 (14.4)	8 158 (13.9)	-2.4%
	经销商（比率/%）	27 375 (43.7)	27 372 (44.4)	25 490 (44.5)	26 781 (46.2)	27 098 (46.0)	+1.2%
	自营（比率/%）	3 122 (5.0)	2 985 (4.8)	2 729 (4.8)	2 493 (4.3)	2 592 (4.4)	+4.0%
2. 企业数		75 069	—	70 157	70 560	70 757	+0.3%
3. 维修厂数		85 996	86 591	87 664	88 249	88 644	+0.4%
其中	专营	51 521	51 448	51 878	52 636	53 495	+1.6%
	兼营	13 976	14 751	15 256	15 201	14 657	-3.6%
	经销商	16 152	16 144	16 321	16 373	16 359	-0.1%
	自营	4 347	4 248	4 209	4 039	4 133	+2.3%
4. 指定工厂数		26 433	27 050	27 526	27 940	28 316	+1.3%
5. 维修相关从业人员数/人		544 260	550 031	537 034	541 497	541 695	±0.0%
6. 维修工人数/人		384 031	389 899	386 977	388 243	389 129	+0.2%
其中维修技师/人		311 683	330 911	329 633	328 918	329 746	+0.3%
维修技师保有率/%		81.2	84.9	85.2	84.7	84.7	—
7. 每家维修厂的维修工人数/人		4.5	4.5	4.4	4.4	4.4	±0.0
8. 汽车保有量（3月底/千辆）		74 583	75 525	76 271	76 893	77 390	+0.6%
9. 换算车辆数（3月底/千辆）		7 960	79 691	80 143	80 441	80 611	+0.2%
10. 技术费用（工资）的上涨率/%		+0.1	-0.3	-0.1	+0.6	+0.9	—
11. 每个维修工的年维修销售额*/千日元	专营	12 346	11 766	10 959	10 757	10 967	+2.0%
	兼营	14 268	14 102	13 126	12 940	13 087	+1.1%
	经销商	24 843	24 086	22 532	23 512	23 762	+1.1%
	平均	16 472	15 972	14 920	15 092	15 287	+1.3%
12. 维修工的平均年龄/岁	专营	42.8	43.9	44.4	44.7	45.1	+0.4 岁
	兼营	39.3	40.1	40.6	40.8	41.7	+0.9 岁
	经销商	29.3	29.9	30.3	30.7	31.2	+0.5 岁
	平均	38.1	38.9	39.4	39.7	40.2	+0.5 岁
13. 维修工年均工资*/千日元	专营	3 961	3 811	3 732	3 706	3 720	+0.4%
	兼营	4 053	3 963	3 898	3 898	3 846	-1.3%
	经销商	3 916	3 971	4 092	4 063	4 126	+1.6%
	平均	3 962	3 886	3 872	3 850	3 867	+0.4%

注：表中数据为各年度6月末的数值。带*标记的数据采用各工厂最接近6月份的决算期之数据

表 2-6　维修行业总销售额以及历年变化情况[6]　　　　　　　　　　单位：亿日元

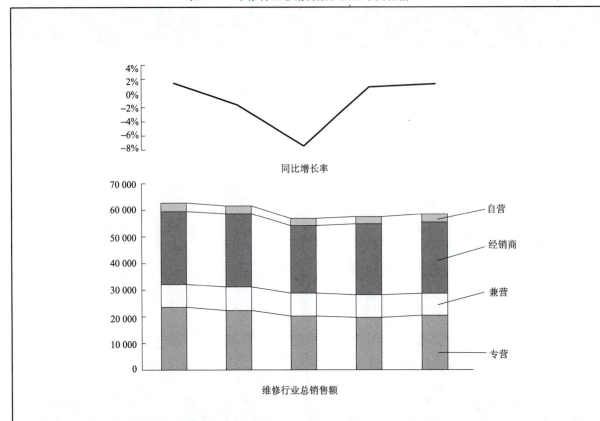

年份 种类	2000	2001	2002	2003	2004	2004— 2003	2004— 2000
专营	23 655	22 526	20 625	20 532	21 051	+699	-11.0%
	+0.6%	-4.8%	-8.4%	-1.3%	+3.4%		
兼营	8 531	8 819	8 439	8 359	8 158	-201	4.4%
	-5.5%	+3.4%	-4.3%	-0.9%	-2.4%		
专营、兼营小计	32 186	31 345	29 064	28 711	29 209	+498	-9.2%
	-1.1%	-2.6%	-7.3%	-1.2%	+1.7%		
经销商	27 375	27 372	25 490	26 781	27 098	+317	-1.0%
	+5.4%	±0.0%	-6.9%	+5.1%	+1.2%		
自营	3 122	2 985	2 729	2 493	2 592	+99	-17.0%
	-3.4%	-4.4%	-8.6%	-8.6%	+4.0%		
合计	62 683	61 702	57 283	57 985	58 899	+914	-6.0%
	+1.5%	-1.6%	-7.2%	+1.2%	+1.6%		

从不同类别的维修销售额变化情况（见表 2-7）来看，其他类的维修销售额增加较大，已超过了一直处于第一位的车检维修类，2004 年其他类已占第一位。

从维修厂点数量变化情况（见表 2-8）来看，虽然有增加趋势，但其比率基本持平。汽车厂家系列的销售公司数量表现出略微减少的趋势，可能是维修厂点整合等造成的。

表 2-7　按不同作业内容分的维修销售额变化情况[7]　　　　单位：亿日元

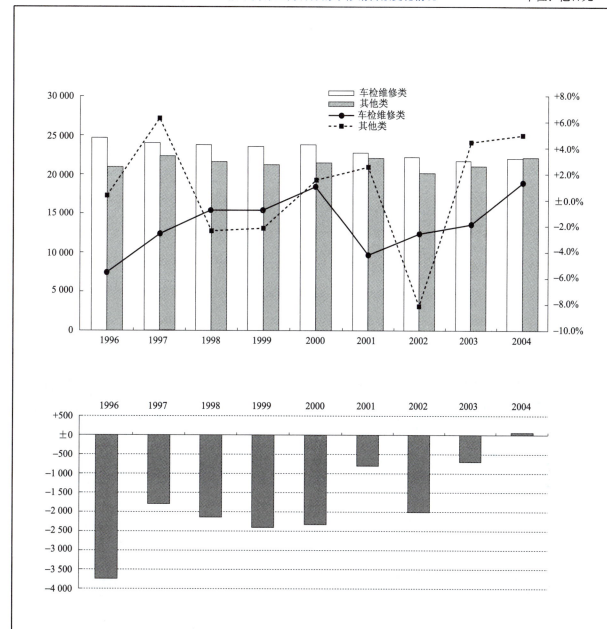

调查年份 类别	1996	1997	1998	1999	2000	2001	2002	2003	2004
车检维修类	24 557	23 923	23 728	23 530	23 757	22 768	22 169	21 744	22 030
	-5.6%	-2.6%	-0.8%	-0.8%	+1.0%	-4.2%	-2.6%	-1.9%	+1.3%
其他类	20 823	22 116	21 595	21 121	21 438	21 966	20 164	21 049	22 087
	+0.3%	+6.2%	-2.4%	-2.2%	+1.5%	+2.5%	-8.2%	+4.4%	+4.9%
差异	-3 734	-1 807	-2 133	-2 409	-2 319	-802	-2 005	-695	+57

表2-8 维修厂点数量变化情况[8]

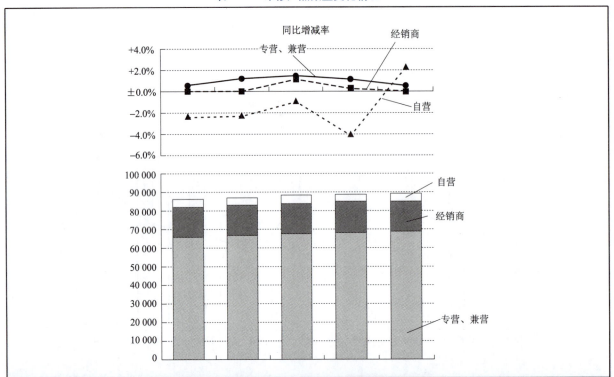

类别	年份	2000	2001	2002	2003	2004
专营	维修厂点数	51 521	51 448	51 878	52 636	53 495
	同比增减数	+784	-73	+430	+758	+859
	同比增减率/%	+1.5	-0.1	+0.8	+1.5	+1.6
兼营	维修厂点数	13 976	14 751	15 256	15 201	14 657
	同比增减数	-474	+775	+505	-55	-544
	同比增减率/%	-3.3	+5.5	+3.4	-0.4	-3.6
专营、兼营	维修厂点数	65 497	66 199	67 134	67 837	68 152
	同比增减数	+310	+702	+935	+703	+315
	同比增减率/%	+0.5	+1.1	+1.4	+1.0	+0.5
经销商	维修厂点数	16 152	16 144	16 321	16 373	16 359
	同比增减数	-8	-8	+177	+52	-14
	同比增减率/%	-0.0	-0.0	+1.1	+0.3	-0.1
自营	维修厂点数	4 347	4 248	4 209	4039	4 133
	同比增减数	-104	-99	-39	-170	+94
	同比增减率/%	-2.3	-2.3	-0.9	-4.0	+2.3
合计	维修厂点数	85 996	86 591	87 664	88 249	88 644
	同比增减数	+198	+595	+1 073	+585	+395
	同比增减率/%	+0.2	+0.7	+1.2	+0.7	+0.4
其中通过专业认证	维修厂点数	1 080	1 423	1 769	2 074	2 365
	同比增减数	+329	+343	+346	+305	+291
	同比增减率/%	+43.8	+31.8	+24.3	+17.2	+14.0

2.4 汽车维修行业未来的课题[4]

2.4.1 一站式车检服务的对策

作为日本政府 e-japan 设想的一环，国家与相关团体共同构建汽车检查登记相关业务的 IT 化系统，而新车登记相关手续的简便化（一站式车检服务）已于 2005 年 12 月起在部分地区正式启动。

车检时，在指定工厂可以利用电脑及网络对后续手续进行电子文件申请，该系统运行时间为 2008 年。推迟运行时间的原因是为了避免销售公司业务混乱，因此，定于从在用车再利用费用委托保管结束的 3 年后开始。

2.4.2 维修手册的电子化

随着电子控制装置越来越趋于高档化、复杂化，记录有故障诊断方法等内容的维修手册越来越厚，价格也越来越贵，专业维修店很难获取。另外，为了对应电子零部件故障诊断法规要求，日本汽车维修振兴联合会与日本汽车工业协会建立了将维修手册电子化，并通过网络发布的系统，于 2004 年起开始运行。汽车厂家制定了编制维修手册的技术标准，依据该标准，将维修手册编制成电子信息归入整体系统中。该系统为有偿使用，加盟者必须交付会费及信息服务费。该系统可减轻专业维修店的负担，提高维修效率，在 2006 年 3 月末已有 13 300 家工厂加盟。

通过该系统，可进行准确诊断、准确维修，提高客户服务质量。

2.4.3 OBD-Ⅱ（先进的车载式故障诊断装置）对策

随着电子控制装置的高度化，采用传统的测试仪器已经很难应付故障诊断，因此，开始配备车载式故障诊断装置（On Board Diagnosis, OBD），出现异常情况时用来读取故障码。

美国从 1988 年起规定必须装备 OBD，日本从 2001 年 10 月起对符合排放标准的汽车必须装备 OBD。另外，美国为了适应严格的排放标准，从 1994 年起规定在装置及零部件性能老化时，安装能够存储自诊断功能的 OBD-Ⅱ。日本正在讨论从 2008 年起开始装备 OBD-Ⅱ（见图 2-1）。

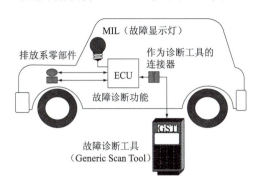

图 2-1 OBD-Ⅱ构成

故障诊断仪（扫描工具）除各汽车厂家的专用产品外，还正在普及可适合于多个厂家的通用扫描工具。另外，为了便于专业人员使用，今后应开发标准及廉价的通用扫描工具。

2.4.4 汽车技术高科技化及新技术的对策

今后，汽车维修技师必须具备新式电子控制装置、混合动力、燃料电池等高新技术的诊断技术、环保知识等。

另外，最重要的是能够向用户准确地说明检查维修结果，提高可信度。

基于上述维修环境的变化，日本国土交通省从 2002 年度起开始实施一级小型汽车维修技能评定（国家一级维修技师）考试。迄今为止的最高等级是二级维修技师，目前在行业的要求下开始实施了一级维修技师考试制度。一级维修技师的定位是"掌握高难度维修技术，具备提供咨询的能力，能够从容应对环保、安全等社会需求"。从 2002 年起，共进行了 4 次考试，约有 1 300 人获得一级维修技师资格，为汽车维修行业充实了活力，提高了维修技师的社会地位，能够为用户提供细微周到的服务。

2.4.5 未缴纳违章停车罚款的车辆不予车检

2004 年 6 月对《道路交通法》做了部分修

订，从 2006 年 6 月 1 日起，对未缴纳违章停车罚款的车辆实施拒绝车检的制度。为此，当维修店在受委托进行车检时，必须确认该车辆有无未缴纳违章停车罚款记录。虽然已经建立了警察照会及日本汽车维修振兴联合会的联网照会系统，但任何照会都需要有车主签字的书面授权书。

另外，维修店不仅需要解决确认工时数增加的问题，还应防止因拒绝车检造成与车主之间的纠纷，今后如何提高公众对因未缴纳违章停车罚款不予车检规定的认知度是一重大课题。

2.4.6 提高定点维修企业的维修率

"规则改革、民间开放推进 3 年计划"是在 2006 年 3 月召开的日本内阁会议上制订的。其中包含"为了今后能够充分利用民间能力，切实提高指定维修企业的维修率，将采取必要措施"。现在进行的车检中，已有约 70% 的车辆在民间的定点维修企业进行维修，今后要进一步提高定点维修企业的车检实施率。

2.4.7 规范定点维修企业行为的对策

定点维修厂曾被指责存在不正当的行为，如在不进行检修、检查的情况下就发放保安基准合格证即"书面车检"。还出现过因大型车改装后不经申请就直接销售，专用车辆报车辆质量也在车检中合格，而受过行政处罚的事例。为了从国家角度彻底防止不正当行为，向相关团体发出了通告，从 2006 年 4 月起进一步加大行政处罚力度，当务之急是维修行业本身要遵纪守法。

参 考 文 献

(1) （社）日本自動車整備振興会連合会　自動車整備關係法令と解説　平成 18 年度版，p. 300（2006.3）

(2) （社）日本自動車整備振興会連合会　自動車整備關係法令と解説　平成 18 年度版，p. 311，312（2006.3）

(3) （社）日本自動車整備振興会連合会　自動車整備關係法令と解説　平成 18 年度版，p. 287（2006.3）

(4) 自動車技術 Vol. 59，No. 8，整備・サービス，p. 149 – 151（2005.8）

(5) （社）日本自動車整備振興会連合会　自動車整備白書　平成 17 年度版，p. 7（2005.10）

(6) （社）日本自動車整備振興会連合会　自動車整備白書　平成 17 年度版，p. 9（2005.10）

(7) （社）日本自動車整備振興会連合会　自動車整備白書　平成 17 年度版，p. 22（2005.10）

(8) （社）日本自動車整備振興会連合会　自動車整備白書　平成 17 年度版，p. 24（2005.10）

第 3 章

维修新技术

3.1 概 述

现在的汽车构造、功能，为了能够满足安全、排放标准的需要，进一步提高了发动机性能、操纵稳定性，更加重视舒适性，从而使得汽车各装置的电子控制化取得显著进步。另外，今后随着混合动力车、新能源车的普及，电子控制会进一步向高端化、多样化发展。在车辆维修方面，为了辅助维修人员维修作业，应用了OBD，开发了汽车故障诊断工具（扫描工具），实现了维修信息电子化，出现了便于汽车诊断而且能够记录故障发生前后数据的记录功能（行驶数据记录仪），尤其是车载信息通信网络得到了应用，可以说新的维修方法层出不穷。也就是说，不仅是车辆本身，而且，汽车维修领域正在走出对发生机械故障的零部件进行更换、修理的维修时代。

3.2 维修技术的发展

如上所述，近年来"电子控制"在汽车技术发展中起到了不可或缺的作用，安装有各种电子装置的汽车，其"电子维修"的重要性不断提高。

3.2.1 OBD及故障扫描工具

一般来说，电子维修是通过测量肉眼看不到的电压及电流，以其数值为基础进行的维修，因此，一直以来离不开万用表及示波器等测试仪器。

但是，现代的汽车电子装置基本上都配有"自诊断装置"，这种自诊断装置通常称为车载式故障诊断装置（OBD），当车辆装置出现故障时，OBD不仅可以检测到故障信息，而且还可以存储故障代码。读取该代码，即可了解出现故障的部位，从一开始就可以进行高效故障诊断。OBD在电子控制发动机汽车上，一般装在发动机电子控制单元（ECU）内。

诊断码（DTC）将短路信号传输到ECU，切换成代码显示模式，在驾驶员仪表盘上的"发动机故障指示灯"将频闪次数及从该指示灯闪灭的时间间隔转换成数字进行显示。一般来说，从闪灭的诊断码中获取的信息，指向范围较广，例如，发动机"点火系统""燃料系统"等。因此，若想缩小范围，进一步查明原因，必须确认相关零部件及装置的状态。

"扫描工具"能有效地从车辆中获取信息，例如，当点火系统突然出现故障时，也可在瞬间了解是几号气缸点火不良，或分电器出现异常。只要圈定故障部位，就能防止维修人员因判断失误造成的周折，可以少走弯路，大幅度缩短维修时间（见图3-1～图3-3）。

另外，扫描工具可实时监控发动机ECU，实时显示发动机转数、点火时间、点火提前角、氧气（O_2）传感器反馈信号等信息。

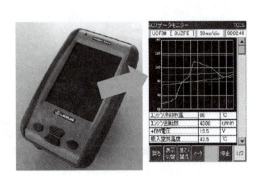

图3-1 各公司的扫描工具（1）

图3-2 各公司的扫描工具（2）

图3-3 扫描工具连接用的标准接头

故障排除之后还可清除ECU储存的诊断码。由于故障排除后，ECU仍可储存诊断码，因此删除的功能非常方便。

今后，随着电子控制技术进一步发展，能够监控其运行状态的OBD功能会越来越重要。随着诊断码数量增加，内容越来越复杂，扫描工具的优越性将更加突出。

近年来OBD-Ⅱ已在车辆维修领域逐渐得到认知。根据法律规定，从1996年起在美国国内销售的所有车型都必须装备OBD-Ⅱ（见图3-4）。

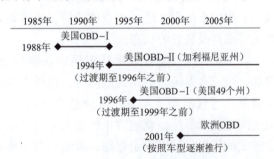

图3-4 美国、欧洲OBD规定变化

为了防止因发动机出现异常而排放出的有害气体造成大气污染，需要在发动机ECU上安装具备对其排放控制装置工作状态有监测功能的OBD-Ⅱ。

OBD-Ⅱ的创新性作用就是将诊断接头及故障码、通信程序标准化。以前各汽车公司都是独立开发ECU，但自从法规出台之后，OBD-Ⅱ功能必须遵循标准规定，否则不允许在美国国内销售。

因此，若使用适合"OBD-Ⅱ配套扫描工具"，则OBD-Ⅱ规定的诊断码，不论哪个汽车公司的车型，都能按同一程序读取。

OBD-Ⅱ的诊断码多达400个，而且还在不断增加。OBD-Ⅱ的监测范围实际上覆盖整个发动机，所以只要有一台OBD-Ⅱ配套扫描工具或一台读码器，就可以在不使用汽车厂家指定专用仪器的情况下，进行全面的电子维修（见表3-1~表3-2）。

表3-1 扫描工具的主要功能

功能	内容
故障码的读取与清除	车辆计算机检测故障及异常，储存相对应的故障码（P0100等）。读取代码，维修后可清除代码

续表

功能	内　　容
获取停帧数据	可读取在存储故障瞬间的车速及发动机水温等车辆状态数据（停帧数据）
数据监测	可实时读取并显示各传感器的数据等车辆控制数据
主动检测	执行元件及继电器等通常根据车辆状态确认工作状况，而扫描工具可以在不考虑车辆状态的情况下使其工作
检查模式的切换	根据检查目的，可以进行固定控制，即可以切换系统控制状态
清除学习值等的初始化	计算机可记忆客户的驾驶习惯及控制零部件的状态，对系统控制进行微调，而在更换相关零部件时，将重置原来记忆的内容，输入最佳值
键登录的操作支持	支持键登录（遥控车门锁及发动机防盗锁止功能）等复杂操作功能

表 3-2　OBD-Ⅱ通用诊断码（例）

代码	代码内容
P0100	空气流量计、线路
P0101	空气流量计、功能不良
P0102	空气流量计线路——低、输出
P0103	空气流量计线路——高、输出
P0104	空气流量计线路——信号时断时续
P0105	进气歧管真空传感器、线路
P0106	进气歧管真空传感器、功能不良
P0107	进气歧管真空传感器线路——低、输出
P0108	进气歧管真空传感器线路——高、输出
P0109	进气歧管真空传感器线路——信号时断时续
P0110	进气温度传感器、线路
P0111	进气温度传感器、测定——功能不良
P0112	进气温度传感器线路——低、输出
P0113	进气温度传感器线路——高、输出
P0114	进气温度传感器线路信号时断时续
P0115	水温传感器、线路
P0116	水温传感器、测定——功能不良
P0117	水温传感器线路——低、输出
P0118	水温传感器线路——高、输出
P0119	水温传感器线路——信号时断时续

续表

代码	代码内容
P0120	节气门位置传感器、线路
⋮	⋮
P0832	离合器踏板位置开关 A 线路信号强
P0833	离合器踏板位置开关 B 线路异常
P0834	离合器踏板位置开关 B 线路信号弱
P0835	离合器踏板位置开关 B 线路信号强
P0836	4WD 开关线路异常
P0837	4WD 开关线路测定范围不良
P0838	4WD 开关线路信号弱
P0839	4WD 开关线路信号强
P0840	变速器液压传感器/开关 A 线路异常
P0841	变速器液压传感器/开关 A 线路测定范围不良
P0842	变速器液压传感器/开关 A 线路信号弱
P0843	变速器液压传感器开关 A 线路信号强
P0844	变速器液压传感器/开关 A 线路信号时断时续
P0845	变速器液压传感器/开关 B 线路异常
P0846	变速器液压传感器/开关 B 线路测定范围不良
P0847	变速器液压传感器/开关 B 线路信号弱
P0848	变速器液压传感器/开关 B 线路信号强
P0849	变速器液压传感器/开关 B 线路信号时断时续

以环保为目的而引入的 OBD-Ⅱ，得到了欧洲的认同，欧洲也制定了相当于 OBD-Ⅱ的法规，在全世界范围内得以推广。日本则由原来的运输省修改了保安基准，大幅度加严了汽油、LPG 车辆在新车检验及出厂检验时（CO、HC、NO_x）的排放限值。

为了符合上述要求，日本法规要求必须安装监测在用车排放控制性能的设备，即义务安装 OBD，根据该法规要求，在 2000 年以后的新型轿车上开始逐步推广应用。

这里所说的 OBD 并非特指 OBD-Ⅱ。当时做出该规定的思路是，只要继续安装传统的 OBD，便可以达到安全基准的要求。

实际上，在驾驶席转向柱周围肯定安装有外部接口。这些接口形状大多与 OBD-Ⅱ规定相同，但 ECU 与扫描工具的接口，各厂家之间正在统一，而且 ECU 的关键部件和软件历来都搭载由各厂家独立开发的 OBD。因此，即使能与 OBD-Ⅱ配套的扫描工具的连接器连上，也无法与 ECU 进行通信，应提起注意。

3.2.2 维修信息的电子化

按照传统的做法，与修理相关的信息，各汽车厂家普遍会提供每种车型一两册纸质的维修手册。但是，随着电子控制系统的增加，汽车维修所需的信息量也大幅度增加。例如，有些新车型的维修信息内容总页码就达到3 000页以上，有的甚至分成5册（见图3-5）。随之暴露出维修厂需要检索大量必需信息，应对较贵的资料购置费、保管费等一系列问题，因此，现在几乎所有汽车厂家均采用CD形式提供维修信息（见图3-6）。

图3-5　新旧车型维修手册比较

图3-6　CD版维修手册

尤其是随着IT网络基础设施的逐步完善，欧美、日本等国家和地区经常通过网络发布升级信息，或者摒弃需要保存文本资料和保管CD的做法，直接面向本公司系列销售店，利用Web技术直接传输维修相关的电子数据（见图3-7）。

3.2.3 扫描记录功能与电子维修信息的融合

扫描工具的硬件原来基本上是一对一开发的专用产品，而现在一般为通用PC型（见图3-8、图3-9）。在与汽车之间连接一个VIM（Vehicle Interface Module），即可实现车辆与PC间的通信。

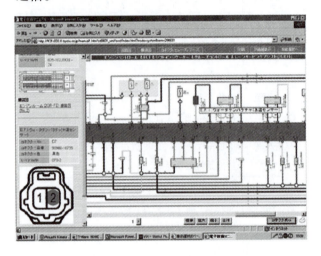

图3-7　Web版线路图

图3-8　PC型扫描工具（1）

图3-9　PC型扫描工具（2）

PC作为终端机可用来阅读上述相关电子维修相关信息。如果维修厂内具有无线LAN系统，可在故障车的车内通过Web站点阅读相关维修信息,同时,利用扫描工具显示的故障诊断相关的车辆数据,可以与相关维修信息进行比较、诊断,使工作效率进一步提高(见图 3-10)。

图 3-10 修理信息终端与扫描工具一体机

3.2.4 改写电子控制程序

为了提高性能,在改写电子控制系统的程序时,传统的维修方法是将已写完的计算机作为零部件进行更换。但是,最近车辆所搭载的计算机大多可以改写程序。这种改写程序的新型维修方式,在成本、环保方面具备较大的优势,因此,不只局限于发动机控制系统的计算机,还开始扩大到车身控制系统等计算机的程序改写上。改写程序通过前述的扫描工具与 PC 来实现(见图 3-11)。在美国,改写程序的工作不仅厂家系列销售店可以进行,一般维修店均可实施,因此,对通信方法及改写装置实行了标准化及法制化。该标准为 SAE J2534,是由美国环保局(EPA)及加利福尼亚大气资源局(CARB)共同提议的。

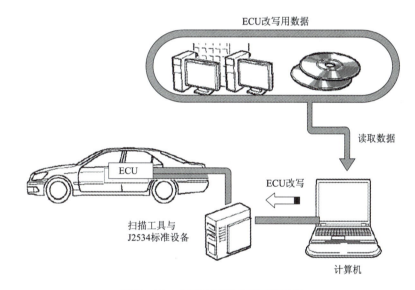

图 3-11 电子控制程序改写概念图

3.2.5 利用车辆行驶数据记录仪对不可再现故障进行诊断

虽然车辆的 OBD 功能得到很大加强,但仍然很不完善,当电子系统出现不正常的情况时,在没有诊断码且维修厂不可再现时,准确地进行故障诊断将是非常困难的(见表 3-3)。分析不可再现故障的时候,传统的做法是外挂行驶数据记录仪,再次请用户开车行驶,当出现不正常情况后,再到维修厂接受检查,因此无法进行故障分析。但是,目前一部分车辆已经开始应用可记录发生故障时车辆状态的车载版飞行记录功能(车辆行驶数据记录仪)。这种装置可以将记录故障前后一段时间内的各种数据写入并储存到车载导航系统的硬盘上(见图 3-12)。因此,即使在进入维修厂时无法再现同样故障,也能调出车辆行驶数据记录仪中存储的数据,进行分析,找出原因。

但是,由于需要匹配导航装置,因此需要进一步研究降低成本或安装行驶数据记录仪专用 ECU。

表 3-3　故障诊断的难度

故障	有 DTC	无 DTC
可再现	可诊断	诊断困难
不可再现	诊断困难	诊断非常困难

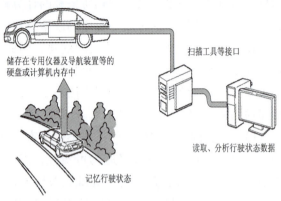

图 3-12　车辆行驶数据记录仪构造概念图

3.2.6　故障自修复系统

目前，汽车界正在研究将自修复功能运用到汽车技术上。

自修复是指当车辆出现故障或损伤时，能够自动修复或应用现有功能继续安全行驶的能力。自修复功能具有很强的安全性，因此航空领域正在大力研究。飞机尤其是舵面出现故障及损伤时能够继续安全飞行是今后的重要技术课题之一。

汽车若要具备自修复功能，必须具备通过监测当前的行驶状态，判断是否正常，或出现故障的"故障判断能力"。在出现故障时，能够判断哪些功能和零部件出现异常，哪些功能和零部件是正常的"故障部位确定能力"。充分利用正常功能和零部件，探讨可继续行驶的"修复计划能力"，执行上述修复计划的"修复计划实现能力"。

这些能力在汽车上的应用尚处于研究阶段，很难确定何时实现。例如，仅就能够控制行驶所需功能的 ECU 来说，可安装一个控制上述 4 种功能的单体专用 ECU，当对行驶有着重要影响的 ECU 损坏时，该 ECU 为了保持优先顺序的功能，指示运行低档的 ECU，从而可以控制使其不影响一般行驶状态等。

3.3　应用 IT 技术支持维修技术

在维修厂的现场，维修人员技术水平赶不上汽车先进技术的发展，往往需要汽车厂家及代理店的技术支持。

但是，由于受到时间、成本、人员的制约，不可能针对所有支持的请求，派遣人员到现场进行指导。

为了摆脱上述因素的制约，尽量在与现场环境相同的条件下进行指导，开始逐渐应用 IT 技术。

3.3.1　基于诱导式故障诊断系统、远程诊断系统的维修技术支持

诱导式故障诊断系统是在用电子传输扫描工具及维修手册等维修信息系统的基础上，将车辆数据传输到汽车厂家主机中，然后以这些数据为基础，主机根据排序向维修厂发出进行诊断的程序。如果车辆的故障还无法消除，便连接呼叫中心，由厂家的专业技术人员在查看车辆数据的基础上给予远程指导，这就是远程故障诊断系统。这一系统已经在欧洲得到部分应用（见图 3-13）。

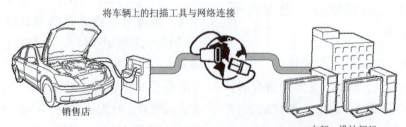

图 3-13　远程故障诊断系统概念图

另外，有的汽车厂家在远程故障诊断系统上增加可接收卫星信号的 TV 系统，更加贴近维修现场，进一步加强了对销售店的支持。

3.4 基于车载信息通信网络的预维修

随着远程通信等车载式通信网络的不断普及，车辆维修业也在积极探索有效运用该通信网络的方法。

例如，当车辆警报灯亮灯时，远程通信及蓝牙式手机将车辆数据自动传输到厂家信息中心。依据此数据进行故障诊断，将诊断结果显示在车辆导航装置上，或由车辆信息中心的工作人员与用户联系，建议其就近进行故障维修（见图 3-14）。同时信息中心把故障内容事先通知就近的销售店，使销售店能够事先准备好所需更换的零部件，以保证故障车辆到了销售店马上能够得到维修。

图 3-14 基于远程通信系统的远程诊断概念图

另外，汽车厂家也可以通过对故障数据的分析，了解车辆出现故障的动态信息，以期进一步提高产品质量。

为了使上述信息系统化，必须普及应用只在部分车辆上使用的远程通信系统及蓝牙技术，进一步充实能够确定故障零部件的车载诊断功能。

美国加利福尼亚州已经出现将 OBD-Ⅲ 作为标准装置的势头，该 OBD-Ⅲ 可以利用远程通信系统，定期将车辆诊断信息自动传输给管理排放车检制度的政府机关（Bureau of Automotive Repair），随时可以掌握排放控制装置等的故障状态。

目前，正在探讨有利于车主的管理制度，即如果车辆没有故障在车检时车辆可不必到场，或者万一出现了故障，也能在 45 之天内修理好的，在车检时车辆亦可不必到场。

3.5 提高维修信息共享的耐久性及可靠性

一般情况下，汽车厂家都会充分利用保修索赔数据、保修索赔而回收的零部件，以及销售店、代理店提供的市场零部件质量问题相关报告，来提高车辆质量。

但是，收集过了保修期的车辆故障信息或者有偿收集维修信息，对于厂家来说比较困难，因此，在改善产品质量尤其是耐久性及可靠性的工作中，如何获取旧车的故障信息是非常关键的。

为此,有的厂家向所有用户的车辆发放最近普及的 IC 卡,收集保修期外,或有偿收集维修信息(见图 3-15)。

销售店在接收维修车辆时,不论是在保修期内还是在保修期外,不论是无偿维修还是有偿维修,在用户的 IC 卡上记录着所有维修记录,定期将其数据传输给汽车厂家,用于改进产品质量。

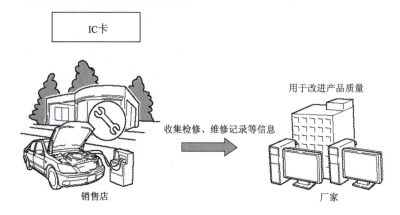

图 3-15　运用 IC 卡提高产品质量的活动

第4章

汽车维修设施

4.1 维修厂

4.1.1 维修厂的设施

汽车维修厂以确保汽车安全、防止环境污染、推进节约能源为目的而进行汽车维修工作。维修厂本身也必须就大气污染、水质污染、噪声、恶臭、废弃物等采取合理的防止公害及环境保护措施。

维修工作可以分为：① 定期检查维修；② 发动机检查维修；③ 发动机拆卸维修；④ 底盘检查/拆卸维修；⑤ 车身维修；⑥ 电器维修；⑦ 钣金/焊接；⑧ 喷漆；⑨ 车检；⑩ 洗车等，同时需要与各分类相对应的工作场地。普通维修厂设施包括办公室、客户接待室、维修作业场地（分为整车、零部件维修）、车检场、检查作业场地、洗车场、零部件库、停车场等。有些维修厂还配有钣金焊接车间、涂装车间、工具车间等。有些维修厂将⑥、⑦、⑧项委托给其他专业维修厂。

(1) 认证工厂　从事汽车拆卸维修业务，不论是汽车拆卸维修种类还是从事拆卸维修的工厂都必须获得地方运输局长的认证。

拆卸维修是指对《道路运输车辆法实施细则》第3条中定义的发动机、传动装置、行驶装置、转向装置、制动装置、减震装置、连接装置进行维修。

主要标准规定了设备、人员、工厂面积等相关事项。

(a) 设备标准：必须具备表4-1所示的机械装置等。

表4-1　设备标准

作业机械		车辆装置种类	发动机	传动装置	行驶装置	转向装置	制动装置	减振装置	连接装置	
机械	1	冲压机	○	○	○	○	○	○	○	小型汽车拆卸维修厂承接对象车型为摩托车时，不需要考虑第1、第3、第4项内容
	2	空压机	○	○	○	○	○	○	○	
	3	链滑车（发动机悬吊装置、微型吊车也可）	○						○	
	4	千斤顶（小型升降机也可）	○	○	○	○	○	○		
	5	虎钳	○	○	○	○	○	○	○	
	6	充电器	○							

续表

作业机械		车辆装置种类	发动机	传动装置	行驶装置	转向装置	制动装置	减振装置	连接装置	
仪器	1	游标卡尺	○	○	○	○	○	○	○	
	2	扭力扳手	○	○	○	○	○	○	○	
检查仪器及设备	1	万用表	○	○	○	○	○	○	○	普通汽车拆卸维修厂承接对象车型为装有履带的大型专用车时，不需要考虑第10～第13项内容； 小型汽车拆卸维修厂承接对象车型是小型三轮摩托车以及两轮摩托车或者为三轮摩托车时，不需要考虑第10～第12项内容，如果是小型两轮摩托车，则不需要考虑第10～第12项及第14～第15项内容； 以汽油和液化石油气为燃料的发动机不在维修范围的维修厂，可以不考虑第6、第16及第17项内容，不检验柴油机的维修厂，不需要考虑第7项内容
	2	比重计	○							
	3	压力表	○							
	4	便携式真空泵	○							
	5	发动机转速试验器	○							
	6	点火正时指示灯	○							
	7	喷油嘴试验装置	○							
	8	厚度计	○	○	○	○	○		○	
	9	千分表	○	○	○	○	○			
	10	前轮前束测量仪（车轮动平衡试验台也可）			○	○				
	11	前轮定位仪（车轮动平衡试验台也可）			○	○				
	12	转弯半径测量仪（车轮动平衡试验台也可）			○	○				
	13	轮胎气压表			○					
	14	裂纹检查装置	○	○	○	○	○	○	○	
	15	车检装置		○	○	○	○	○		
	16	一氧化碳检测仪	○							
	17	碳化氢检测仪	○							
工具	1	车轮拆卸工具			○	○				小型汽车拆卸维修厂承接对象车型为摩托车时，不需要考虑第1项及第2项内容
	2	轴承座圈拆卸工具			○	○				
	3	油枪	○	○	○	○	○	○	○	
	4	零部件清洗台	○	○	○	○	○	○	○	

注：○表示从事拆下装置种类项目栏内所标注的装置，而进行拆卸维修的维修厂，必须分别备有项目栏内所标注的机械设备

(b) 员工相关标准：
• 从事拆卸维修的人员必须在两名以上。
• 从事拆卸维修的人员中其中一名必须具有一级或二级汽车维修技师资格（以拆卸维修发动机为主业的拆卸维修厂，二级汽车底盘维修技师除外）。其中，要选拔一名以上人员担任维修主任，《道路运输车辆法》第91条拆卸维修记录簿中规定的相关事项。
• 从事拆卸维修的人员中，有1/4以上必须具备三级以上汽车维修技师资格（见表4-2）。

表4-2 维修技师拥有量

从事拆卸维修的人员[1]/人	维修技师数量[2]/人
2～4	>1
5～8	>2
9～12	>3
13～16	>4
17～20	>5

注：[1]、[2]：含维修主任

(c) 工厂面积相关标准：根据承接对象车型以及种类，规定是不同的（见表4-3）。

表4-3 维修工厂面积标准

认证类别	对象车型	项目	室内作业场地					停车场地	
			车辆维修作业场地		零部件维修作业场地/m²	检查作业场地			
			宽/m	进深/m		宽/m	进深/m	宽/m	进深/m
普通汽车拆解维修厂	普通汽车 ● 总质量在8 t以上的车辆； ● 最大装载量在5 t以上的车辆； ● 仅限定员在30人以上的车辆		>5	>13	>12	>5	>13	>3.5	>11
	大型专用车或普通汽车 ● 最大装载量在2 t以上的车辆； ● 定员在11人以上的车辆； ● 上栏中规定内容除外		>5	>10	>12	>5	>10	>3.5	>8
	普通汽车 ● 货运车辆； ● 洒水车、广告宣传车； ● 灵车及其他专用车； ● 上两栏中规定内容除外		>4.5	>8	>10	>4.5	>8	>3	>6
	其他普通汽车		>4	>8	>8	>4	>8	>3	>5.5
小型汽车拆卸维修厂	三轮以上的小型汽车		>4	>8	>8	>4	>8	>3	>5.5
	两轮摩托车		>3	>3.5	>4	>3	>3.5	>2	>2.5
微型车拆卸维修厂			>3.5	>5	>6.5	>3.5	>5	>2.5	>3.5

注：对不同装置认证的面积要求是不同的

（2）认定工厂 为了提高维修技术及维修设备水平，对于符合省令规定标准的设备、技术及管理组织机构的维修厂可以申请的方式，要求得到地方运输局局长认定的优良汽车维修厂称号。认定级别分为一类维修厂、二类维修厂、特殊维修厂。特殊维修厂的认定要按照表4-4所示承接的业务范围进行。

表4-4 特殊维修厂的业务类别

业务类别	业务内容
车身维修（一类）	车架校正、焊接、车身钣金及喷漆
车身维修（二类）	车身钣金及喷漆
发动机维修	拆卸维修发动机
电气装置维修	拆卸维修启动装置、充电装置、蓄电池及其他电气装置
轮胎维修	维修轮胎及其附属装置

（3）指定工厂 为了使车检制度合理化，并充分运用民间检查设备，拥有符合省令规定标准的检查设备，和选任车检员的维修厂，可以提出申请成为地方运输局局长认可的指定汽车维修厂。

指定工厂的设备、技术、管理机构要符合"汽车拆卸维修业认证及指定汽车维修业相关操作和指导要领"（见表4-5）。

如果该维修厂能够用电路监测仪替代调节器试验器、电容器试验器、线圈试验器，则视为已经具备条件。

另外，作为车检设施应具有能够实施保安基准符合性检查的室内工作场地，必须具备车轮定位试验台（或侧滑试验台）、制动试验台、前大灯检测仪、噪声计、车速表试验器、一氧化碳（CO）检测仪、碳氢化物（HC）检测仪及黑烟检测仪（从事柴油车维修的维修厂）。

表 4-5 维修工人数及有无维修设备的标准

序号	项目	审查标准	备注
1-1	员工数	5 人以上	
1-2	维修技师数	2 人以上	汽车维修工中技师人数
1-3	维修技师拥有率	1/3 以上	汽车维修工中技师比例
1-4	室内车辆维修场地	根据《道路运输车辆法实施细则》附表 4 的规定,车辆维修作业场地及检查作业场地的面积以上	用于现车检查、维修的作业场地
1-5	其他作业场地	◎	机加工、发动机、喷漆、锻造等作业场地
1-6	停车场地	$a \times 0.3$ 以上	室内外不限,a 表示进行该项操作所需占用的室内作业场地面积
1-7	车检场	◎	室内
1-8	底盘注油器	○	维修摩托车时不需要该仪器
1-9	活塞式吸油泵	○	
1-10	车轮动平衡仪	○	维修大型特种车时不需要该仪器
1-11	滑轮	△	只限维修四轮车时用此仪器(移动式也可以)
1-12	散热器盖试验器	○	
1-13	汽车调节器试验器	○	
1-14	电容器试验器	○	在自营维修厂只维修柴油机时不需要该仪器
1-15	线圈试验器	○	
1-16	电气检测仪	△	示波仪等
1-17	车检装置	○	验车台、升降机、检修坑等

注:◎表示室内现车维修作业场地基本面积外的面积;○表示进行该项维修时必备数量及功能;△表示建议拥有

4.1.2 维修厂的管理与污染处理

维修厂内汽车出入频繁,而且维修作业时需要升降汽车或使其处于悬吊状态,若对维修工作管理不善,随时可能发生意外事故。另外,在处理易燃物时,必须十分小心。对于维修用设备,应做到指定责任人,进行日常检查及定期保养,若维护不当,会出现维修错误,甚至发生火灾或损坏汽车。

更重要的是对周边居民生活环境造成危害的污染问题。因此,维修厂必须建在条件许可的地方,要充分调查周边环境。维修厂污染大致包括各种法规所限制的"大气污染""水质污染""噪声""废弃物""恶臭"等。这些污染物与汽车排放的废气、喷漆等大气污染有关,而洗车场、加油场、工作车间排出的含油废水,喷漆作业造成的喷漆及打磨排水等是造成水质污染的重要原因。因此,维修厂的排水必须符合国家规定的环保标准及各地方条例。对于不受管制的维修厂,最好也能够站在社会的高度,尽量采用环保处理措施。噪声主要有汽车排气噪声、空压机工作噪声、钣金加工噪声、气动扳手噪声等,因此,这些操作空间最好采取隔音措施,车间墙面贴上吸音材料,采用双层玻璃窗,尽量减少噪声外传。废弃物主要有废油、冷却水、含油洗车水及排水沟里的污泥、油罐及附着机油的元件、破纱布、轮胎等。这些废弃物不能散乱丢弃在维修厂周围,从而对周围居民生活造成影响。从能源再利用角度考虑,废油可作为暖炉和锅炉的燃料使用,或由回收厂回收。

鉴于汽车维修厂的环境条件及其特殊性,在住宅及商店密集区,或环境条件极好的农田地区屡屡发生噪声及水质污染等公害问题。因此,应综合进行城市规划,建立工业区,由国家和地方政府共同协作,充实必要的设施。

4.2 车辆检验场

4.2.1 车辆检验场的设备

车辆检验场的设备有侧滑试验台、制动试验台、车速表试验台、一氧化碳检测仪、碳氢化物检测仪、黑烟检测仪、噪声计等。

4.2.2 车辆检验场检测线及布局

车辆检验场的检测线一般要合理布置上述车辆检验用设备和仪器。检测线可以分为自动检测线及远程操控检测线两种方式。

自动方式检测线自动序列控制各种检测仪器及灯光感应式显示器，自动判断合格与否，只要将检测单插入记录仪，就可自动打印检测结果。这种方式有小型车专用的小型检测线，也有小型车和大型车混用的混合型检测线。

远程操控方式是以无法在自动检测线上检验的特殊车辆为对象的检测线，又称为测试线或柴油车检测线，手动操作控制各种检验仪器，检验时的信息传递采用灯光式信息显示器或用麦克风进行，检验结果是手动判断。

另外，摩托车专用检测线，配备有制动和车速表综合检测仪、轮胎夹紧装置、脚踏开关、跑道、前大灯检测仪等。上述仪器用脚踏开关操作，进行自动序列控制，按照顺序依次进行检验。判断及信息显示采用光电显示方式。

近年来，伴随着汽车机构的复杂化及高科技化，需要配备相应的检验设备，为此，日本主要的车辆检验场都导入了自动综合检测线。这种检测线的侧滑检测部位装有轮胎侧向力释放装置、轮重测量和轴距测量等装置，在车辆前后轴上分别装有制动和车速表综合检测仪，可在车辆轴距间自动设置。另外，前大灯检测仪可在 1 m 距离内自动设定，同时还能检测尾气排放。检测线内的信息传递全部采用光电显示器，也可以检验 4WD/4WS 车及会车前大灯。

4.2.3 微型车检验协会的检测线及布局

微型车检测线分为自动式（A 式）与自动综合式（多种方式）两类。

4.3 车检维修厂的发展趋势

目前，由于对汽车维修业准入门槛降低，新加盟的汽车维修站及加油站越来越多，汽车维修业的竞争进一步加剧。另外，随着汽车维修业引入全新的用户服务模式（根据提供的信息进行的用户选择型维修），减少检验项目，可以在短时间内完成车检，并开发了称为"会同车检"模式，为进一步提高用户满意度起到了一定的作用。另外，作为简化维修所带来的事务性工作的设备，引入了通过计算机管理录入检查数据、在线发放制定记录簿等各种票据的各种省力化车检维修设备以及软件，综合效率得以大幅提高（见图 4-1）。

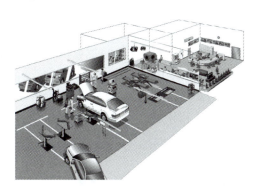

图 4-1 车检维修厂

4.4 车检仪器设备

4.4.1 车检仪器设备概述

指定维修厂用于车检的仪器设备必须符合国土交通大臣规定的技术标准，而且指定汽车维修厂每年必须接受一次由国土交通大臣授权备案单位（备案计量认证实施机构）的计量认证。

近年来为了提高车检业务的一致性以及大量缩短处理时间，正在普及计算机化的商品。例如管理部门和维修厂实施光缆联网，根据接收的检验数据、中间检验结果及整车检测线检测结果，在完成车检全部程序时，自动打印出指定维修记录簿、保安基准合格证、续检申请表（OCR 表）等（见图 4-2），对此可全部进行系统管理。

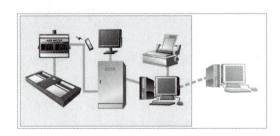

图 4-2　利用计算机处理车检业务

4.4.2　侧滑试验台

侧滑试验台是综合检测车辆直行时车轮定位状态的试验台。

该试验台配有只能横向自由滑移的踏板，当车辆直行通过踏板时，如果车轮定位良好，则踏板移动量（称侧滑）极小，如果车轮定位状况较差，踏板会向外侧或内侧移动。踏板的长度一般为 0.5m~1m，检测结果用 mm/m 或 m/km 表示。

上述检测可以用车轮动平衡试验台进行，但多数维修厂使用侧滑试验台。从形式上可以分类为左右一体式和分离式。仪表分为模拟型与数字型（见图 4-3）。

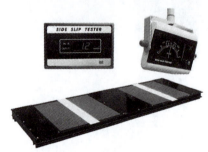

图 4-3　侧滑试验台

4.4.3　制动试验台

制动试验台是检测作用于汽车各车轮上的制动力，衡量制动力总和或左右车轮制动力之差是否符合保安基准的试验台。该试验台有两个转鼓，将车轮放置到转鼓上，由电机以一定的速度带动转鼓旋转。然后，在这种状态下给车轮施加制动力，此时转鼓受到制动车轮的阻力，而电机受到的反作用力也很大，电机将该力通过杠杆传递给计量器，由此可以读出制动力的数据。制动力测试形式有以下两种：一种是单独测量各车轮制动力；另一种是测量同一轴上制动力之和与差。后者需要事先设定轴荷，求出相对于轴荷的制动力比率（%）（见图 4-4）。

图 4-4　制动试验台

4.4.4　车速表试验台

该试验台是检测车速表显示值是否准确，配备有动能吸收装置，可检测汽车行驶功率。将驱动轮放在试验台转鼓上，比照车轮实际转动时车速表显示值与试验台上车速表显示值，然后参照标准，判断是否准确（见图 4-5）。

图 4-5　车速表试验台

4.4.5　制动和车速表综合试验台

该试验台为制动试验台与车速表试验台功能一体化的综合性试验台，可以提高工作效率，节省占地面积从而有效利用空间。此种试验台有双鼓式及三鼓式。就双鼓式而言，沿前行方向的前端转鼓为平滑型，后端转鼓为沟槽型。三鼓式试验台多数为前端两个转鼓为平滑型，后端转鼓为沟槽型（见图 4-6 和图 4-7），可进行多种组合。

图 4-6　制动和车速表综合试验台

图 4-7　摩托车用制动和车速表综合试验台

另外还有可同时检测四轮驱动车前后轮的四轮驱动车专用多功能试验台（见图 4-8）。

图 4-8　四轮驱动车专用多功能试验台

4.4.6　制动、车速表、侧滑综合试验台

该试验台为侧滑试验台、制动和车速表试验台 3 个功能一体化的试验台，按照侧滑、制动、车速表的顺序进行检测。这种试验台目前大多采用薄型结构，便于在楼上安装，可降低安装工程费用，属于静音型（见图 4-9）。

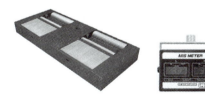

图 4-9　制动、车速表、侧滑综合试验台

4.4.7　前照灯试验台

该试验台用于测量前照灯发光强度及主光轴的偏移角，有聚光式前照灯试验台及光轴自动跟踪式前照灯试验台等。另外，现在可满足新标准的各种检测仪正在普及。聚光式前照灯试验台是在前照灯与试验台距离设置在 1 m 或 3 m 的状态下，利用特殊光镜测定聚集前照灯的灯光强度，根据照射到相距前照灯 10 m 的屏幕上的光度与光轴的偏移量，来判断是否符合标准。光轴自动跟踪式前照灯试验台，是将被试车与前照灯试验台正面对置，按照规定距离进行测量的方式，可自动跟踪光轴移动轨迹，短时间内判定光度和光轴偏移量（见图 4-10）。

图 4-10　前照灯试验台

4.4.8　排放检测仪

该检测仪是根据汽车排放标准，对在用车的排气浓度进行检测，主要有 CO/HC 检测仪及柴油车在无载荷急加速状态下测定黑烟浓度的柴油机烟度计（见图 4-11）。

图 4-11　排放检测仪

4.4.9　噪声计

用于测定报警装置声音、发动机排气噪声、行驶噪声等汽车噪声，也可测定工厂噪声等环境噪声（见图 4-12）。

图 4-12　噪声计

4.5 维修仪器与设备

4.5.1 发展趋势

目前，随着电子化，新材料/新结构的应用以及汽车用户嗜好的多样化，汽车维修及维修仪器设备也发生了很大变化。其变化的潮流是从使用传统的维修工具对故障零部件进行修理/修复，向通过诊断进行预防性检查/调整及更换元器件转变，随之而来的是，在维修仪器设备方面故障诊断装置以及省力化仪器设备的开发也取得了快速进展。

其中，汽车电子化进步显著，电子控制燃料喷射装置及各种安全类传感器，不仅在高档车上应用，也逐步推广到大众车上。不仅限于燃料喷射，包括点火正时及急速转速等发动机控制在内，以及自动变速器的变速、防抱死制动器等，对于由计算机控制的各种系统所使用的传感器及计算机的故障诊断来说，能够进行综合诊断的系统试验台是不可或缺的。

在车身维修方面，随着车型增加及造型多样化、新材料和新涂料的应用、确保正确的车身定位和前轮定位等，车身维修正进一步趋向复杂化和高科技化。同时，维修数量逐年增加，因此，需要可高效工作的维修用仪器设备。

另外，从维修作业环境来说，要求普及便于操作笨重零部件及改善人员作业姿势等考虑操作环境的人性化的维修仪器设备，使用可防止维修仪器自身原因造成事故的安全结构，并提高安全性。

4.5.2 维修厂的仪器设备

（1）升降机 该设备用于将汽车提升到所需高度，广泛用于提高维修效率及安全性。升降机依维修内容不同而有很多种类，主要有将汽车整体举升的自动升降机、将汽车前后轮一方升起的汽车前端举升机及地坑式升降机、举升大型载货车及大客车的车身底架支撑式举升机。升降一般使用液压式，而产生液压则需要压缩空气或使用液压泵。

（a）自动升降机：从结构上大致可分类为安装在地板上的上置式和将液压缸埋在地板下面的下置式。上置式根据立柱数量不同，又分为单柱升降机和双柱升降机等，而双柱或 4 柱升降机较为普遍，但大型汽车用升降机为 6 柱式。下置式一般采用两个液压缸，但也有单缸式的，有的则采用 X 型连杆机构。上置式升降机安装简便，工期短，但立柱会影响车辆进出及开关车门。下置式虽便于开关车门，但工程量大，工程费用高，结构上不便于在 2 层结构以上的建筑物中安装。

根据车辆支撑方式，又可分为将汽车直接开上去的支撑车轮式，用活动臂支撑车架的摆臂式，用平板支撑车门坎板的平台式。不论选择何种支撑方式，都要根据车型、安装场所、维修内容而定（见图 4-13）。

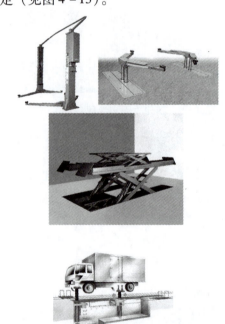

图 4-13 自动举升机

（b）汽车前端举升机、地坑式举升机：汽车前端举升机埋设在地板上，地坑式举升机在地坑内设置成可移动的状态。自动升降机可支撑起整个车辆，而上述举升机结构简单，只要撑起车辆前轮或后轮即可，因此结构相对简单。另外还可以与移动式简易升降器一并使用，因此，可以同时提升车辆前后轴（见图 4-14）。

图4-14 汽车前端举升机、地坑式举升机

（c）车身底架支撑式举升机：属于移动式升降机，支撑大型车的车架，用气压控制升降，一般用于检修底盘部分及清洗作业（见图4-15）。

图4-15 车身底架支撑式举升机

（d）摩托车举升机：用于摩托车的检修，可提高工作效率，用压缩空气或电机驱动（见图4-16）。

图4-16 摩托车举升机

（2）千斤顶 千斤顶因用途不同种类繁多，主要用于升降重物。主要的种类有车库用轮式千斤顶、变速器千斤顶、差速器千斤顶等。车库用轮式千斤顶是维修车辆底盘所不可缺少的工具，顶起后用刚性支架支撑车辆进行维修作业。另外，为了能够维修装有空气动力零部件的车辆，还普及了低底板式、用气泵驱动的千斤顶。变速器千斤顶及差速器千斤顶，主要保证拆卸变速器和差速器作业时的安全性，并提高作业效率（见图4-17）。

图4-17 变速器千斤顶

（3）洗车机

（a）门型洗车机：用上部及两侧的旋转刷洗车，形状像门，故称为门型洗车机。喷嘴可以喷射水、洗涤剂及喷蜡，可进行冲洗、去水垢、打蜡等工序。这种洗车机非常普遍，除维修厂外，加油站等也在广泛使用（见图4-18）。

图4-18 门型洗车机

（b）高压洗车机：用高压温水清洗污泥及油污，不仅能用于洗车，还可用于冲洗车辆底部及发动机舱。用以煤油为燃料的锅炉加热，用泵加压，然后从喷嘴喷水冲洗车辆。这种洗车机最近多用于收费洗车场。另外，在车检时为了方便清洗车辆底部，可自动清洗车辆底部的底部自动清洗装置也在迅速普及（见图4-19）。

图4-19 高压洗车机

(4) 零部件清洗机　也称为零部件清洁器，可在车辆维修或拆卸维修发动机、变速器时，切实有效地进行清洗，分为高压小水流式和低压大水流式。装有零部件的清洗筐在清洗槽内转动，清洗喷嘴开始工作，可全方位地将零部件清洗干净。为防止腐蚀铝制零部件，使用专用洗涤剂（见图4-20）。

图4-20　零部件清洗机

(5) 发动机油换油器　用油泵抽出发动机油，分为电动式和气动式两种。可以提高机油更换效率，防止抽取机油时机油飞溅（见图4-21）。

图4-21　发动机换油器

(6) 变矩器换油器　用油泵抽取AT车及CVT车的机油，分为两种方式，一种是沿着液面仪标准线抽吸废油和加注新油的方式，另一种为卸下机油冷却器，沿液面仪标准线加注新油的循环方式（见图4-22）。

(7) 氟利昂回收再生充填机　可回收、再充氟利昂。最近正在普及在不排出制冷剂的情况下，通过自动运转来清洁制冷剂管路，补充不足气体/机油的质量管理方式（见图4-23）。

(8) 空压机　制备压缩空气，用于气动工具及轮胎充气，分为一级压缩式及二级压缩式。另外，环保型的静音式空压机广泛用于市区工厂（见图4-24）。

图4-22　变速箱换油器

图4-23　氟利昂回收再生充填机

图4-24　空气压缩机

4.5.3　发动机维修用仪器设备

(1) 发动机调试试验仪　是发动机转速表、触点闭合角试验器、真空计、点火正时指示灯等的总称，是调试发动机的必备仪器，也有将上述仪器的功能组合在一起的综合装置。发动机转速表用于测定发动机转速，触点闭合角试验器用凸轮转角表示点火一级电路上电流流动时间。真空计可测量进气歧管内的负压，以此判断密封垫和汽缸之间的密封性及怠速是否稳定。点火正时指示灯，在一号汽缸产生火花的同时，放电管发光，照射发动机的曲轴皮带轮或飞轮的标记，以此检测点火时间。由于作为触点闭合角试验器主要使用对象的在用车在逐渐减少，使用机会也越来越少（见图4-25）。

图4-25　发动机调试试验仪器

（2）散热器盖检测仪　由手动泵及压力表组成，用于检验散热器盖的开起压力。另外，在散热器冷却水泄漏检测中可起到加压作用（见图4-26）。

图4-26　散热器盖检测仪

（3）喷油嘴试验装置　检验柴油机喷油嘴的喷雾状态及喷射起始压力，由燃料压缩泵、压力表、喷嘴安装组件构成（见图4-27）。

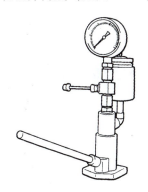

图4-27　喷油嘴试验装置

（4）蓄电池充电器　对放电状态的蓄电池进行充电，可分为小电流慢速充电的普通充电器和大电流快速充电的快速充电器两种。快速充电器是给蓄电池充到可启动发动机的程度，具备辅助启动电量不足车辆发动机的辅助功能和普通充电器的功能（见图4-28）。

图4-28　蓄电池充电器

（5）蓄电池试验器　测量蓄电池电压及充电状态，通过给电池施加负荷时端子的电压来判断充电状态。负荷分为固定电阻式及可变电阻式，前者用于小型蓄电池试验器，后者除了用于蓄电池检测之外，还用于可检测充电系统的多功能蓄电池试验器（见图4-29）。现在通常采用固定电阻式试验器。

图4-29　蓄电池试验器

4.5.4　底盘维修用仪器设备

（1）车轮定位检定仪　可测量汽车车轮外倾角、主销后倾角、转向主销倾角、车轮前束、车轮切角等车轮定位状态，主要有前轮外倾、主销后倾、主销内倾测量仪、前束测量仪、转弯半径测量仪等。另外还有测量四轮定位的四轮定位试验台。车轮定位检定仪不仅用于普通的维修，更重要的是还可在车身维修厂确认维修事故车的修理状况时使用。

（a）前轮外倾、主销后倾、主销内倾测量仪：分别装有测量车轮外倾角、主销内倾角和后倾角用气泡测量仪。车轮外倾角测量仪是在汽车直行状态进行测量，主销内倾角是在规定量与车轮相切的状态下测量气泡的左右变化量，主销后倾角是根据前后变化量进行测量。另外，车轮切角用转弯半径测量仪测量。

（b）前束测量仪：用于测量前束，测量出左右两轴前后间隔,求出其差值。

(c) 转弯半径测量仪:用于测量车轮切角,除测量车轮最大切角外,还可与前轮外倾、主销后倾、主销内倾测量仪并用。

(d) 四轮定位检定仪:除可以进行传统的前轮、后轮的分别定位外,还可以测试前后4轮排列状态。尤其是相对于车辆中心线(连接左右前轮和左右后轮中心的连线)的后轮方向偏差对车辆行驶姿势及操纵舒适性影响很大。测试结果根据安装在各轮上的传感器算出。分为必须对显示读数进行计算的机械式和自动显示结果的计算机式,而且后者大都配有打印机。计算机式可以在调试时随时显示车轮定位变化情况,有助于提高工作效率。计算机式还可分为在车轮转动状态下进行调试的动态式和在车轮静止状态下进行调试的静态式(见图4-30)。

图4-30 四轮定位检定仪

(2) 轮胎装卸工具 安全、高效地从车轮上拆卸轮胎的工具,目前主要流行一边转动车轮,一边更换轮胎的欧式工具。转动车轮的动力可用压缩空气或电机,车轮夹具采用压缩空气。另外,为了解决扁平胎更换问题,目前比较普及支撑臂结构(见图4-31)。

图4-31 轮胎装卸工具

(3) 车轮平衡机 用于测试轮胎/车轮的平衡状态与位置。从汽车上拆下轮胎/车轮,以单体方式在分体式车轮平衡机上可同时测试动态平衡及静态平衡。而一体式车轮平衡机虽不能测试动平衡,但其优点在于可同时测试同轮胎一体转动的轮毂、驱动轴等车辆部件在内的静平衡。另外,有的高精度平衡机还可以精确测试轮胎均匀性(见图4-32)。

图4-32 车轮平衡机

(4) 轮胎均匀性测试仪 一种给轮胎施加负荷测试其均匀性的工具,与车轮平衡机并用,可用于维修快速振动的车身。轮胎均匀性测试仪作为维修用设备,一般来讲只测试引起车身快速振动的RFV(轮胎径向力变化)。

(5) 振动计 可用数值定量测试仅凭感觉才能发现的车身振动故障的工具,有的带有频谱分析功能。通过频率分析,可探明空腔共鸣噪声的来源,掌握振动等级,确认维修效果(见图4-33)。

图4-33 振动计

4.5.5 电子装置维修用仪器设备

(1) 万用表 用于测量电路的电压、电流及电阻,是各种电器件检修、调试及判断故障原因必不可少的仪器。分为可测定交流、直流两种电压、电流的,连接上电流测试用夹子就可很简便地测试大电流的,用数字显示代替模拟式检测仪更容易读取数据等种类。

（2）电子装置诊断检测仪　此种检测仪是为准确高效地诊断日益增加的电子控制装置的故障而开发的。通过与车辆上的专用接头连接，即可对大多数电子控制装置进行测试及故障诊断。

该检测仪能与车辆计算机进行通信，可直接读取、调用计算机中存储的数据。通过对各种数据与标准值的对比，可较容易地锁定故障系统。该检测仪具有数据记忆功能，即使出现很难再现的故障时，也能够通过调用存储的原始数据探明故障原因。

其他功能还有，由检测仪向车辆计算机发出指令而间接操纵执行装置的功能，将检查顺序显示在诊断检测仪屏幕上的功能，用画面显示电子控制装置的自诊断结果的功能等。

对检测对象被限定的传统检测仪来说，每种电子控制装置都需要单独配备多个检测仪。问题在于如果更换电子控制装置，必须增加附属装置及辅助线束，给实际操作带来诸多不便。但是，电子控制装置诊断检测仪就不需要上述附件，检测仪控制用程序可通过更换 IC 卡及 ROM 组件而轻易解决上述问题。而且，最近主要流行使用 PC 的诊断检测仪，其功能取得了飞跃发展。检测时不用拆卸任何零部件，不仅提高了维修工作效率，而且不需要拆装连接，并有效地防止了维修作业造成的两次故障。这种电子控制装置诊断检测已成为目前维修厂必备的检测仪器（见图 4-34）。

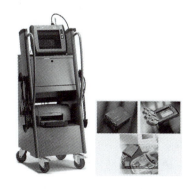

图 4-34　电子控制系统诊断检测仪

4.5.6　车身维修用仪器设备

（1）焊机　汽车维修用焊机大致分为电阻焊机、电弧焊机、气焊机等。

（a）电阻焊机：又称为点焊机，不需要特殊技术，但广泛应用于其焊接外观要求与汽车厂的焊接部位相同的焊接。一般情况下，能够表示焊机能力的短路最大电流为 7 000 A 左右，但最近有的已经超过 10 000 A。

电阻焊机由加压电极、变压器、控制器构成。为了使加压电极可适用于各种部位的焊接，焊机厂一般会准备 10 种左右各种形状的电极。为了防止传统电力损失，变压器大多采用与电极一体式，但比较重、操作笨拙，因此，现在广泛采用把变压器移到控制器内的电极和变压分离型（见图 4-35）。

图 4-35　电阻焊机

（b）电弧焊机：通过电弧放电进行焊接的电焊机。分为使用焊条的 TIG 焊机与不需要焊条的 MIG 焊机。汽车维修广泛使用易于薄板焊接的 MIG 焊机。MIG 焊机用自动输送的焊丝作为电极，故又称为半自动电弧焊机。

维修汽车时电弧焊大多采用铆焊替代堆焊。该方法在需要焊接的两块板中的一块开孔，然后进行埋孔焊接，无焊缝，每个焊点的焊接强度与汽车厂家的点焊相同，所以广泛用于结构复杂且点焊机无法操作部位的焊接（见图 4-36）。

（c）气焊机：将可燃性气体与氧气混合燃烧，将其火焰作为热能进行焊接，其代表性焊机为氧气/乙炔焊机。该焊机虽价格低廉，但需要一定操作技术，而且焊接时受热面积大，所以现在除低档维修厂外，基本不使用此种焊机。

图 4-36 电弧焊机

（2）车体（车架）校正机　对车体及车架损伤进行校正时，一般使用与各种附件并用的液压工具，比较轻便的装置有螺旋式及手动卷链式。为了提高修整精度及效率，有的校正机配备了三坐标测量功能。

（a）中型校正机：采用简易工作塔通过链条拉出损伤部位。工作塔放置在固定槽或导轨上，采用气泵/液压推杆作为动力。由于校正力及拉伸方向的自由度受限，这种校正机适用于轻微损伤的校正（见图 4-37）。

图 4-37　车架校正机（中型校正机）

（b）大型校正机：车辆固定采用专用装置进行，拉伸方向自由度较大，也没有校正力不足的问题。设备占用面积大于一辆车，故需要 30 m² 以上的空间。大型校正机有移动式和固定式两种，规格大致可分为落地式、台架式和平台式。

落地式校正机是将固定用导轨纵横安装在地板上，固定位置具有充分的自由度。将坚固的工作塔固定在导轨上，把工作塔作为固定器，车辆之间用链条传动，再巧妙地与强力液压推杆组合在一起使用。在拉伸方向上设有工作塔，只要将链条拉向工作塔即可，很容易按步骤操作。其优点在于，在不使用校正机时，只留下导轨，可用于一般维修（见图 4-38）。

图 4-38　车架校正机（落地式）

台架式校正机在车辆升降台上安装有坚固的支架，将车辆固定在台架上，台架上安装有拉伸工具。拉伸工具分为从台架水平上安有支柱，在其上面安装液压推杆的方式，以及从台架上伸出工作塔，使工作塔运动再拉伸挂在塔上的链条的方式。另外，台架式校正机精度较高，可在与台架保持一定距离的情况下安装车辆。因此，可将台架作为基准面用于测量尺寸，有的直接将测量装置安装在台架上进行测量（见图 4-39）。

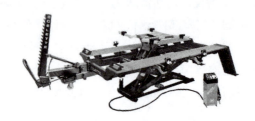

图 4-39　车架校正机（台架式）

平台式校正机是在放置车辆的平台周围配备多个作为移动式拉伸工具使用的工作塔，在塔上安装有气动的液压缸。车辆被固定在平台上，该设备体形很大，但工作塔很容易移动，在拉伸方向上固定车辆和调节都比较方便。另外，属于地面设备可以移动。将整个平台倾斜非常容易将车辆放置在平台上，测量仪器操作也是得心应手。这种机型虽然属于重型设备，但是经过不断改善，操作变得越来越容易。

（3）计算机式车身测量仪　用计算机测量车

身尺寸，计测装置有接触式和非接触式两种。车身的调试精度对车轮定位影响很大，预计今后将会得到进一步普及（见图4-40）。

图4-40 计算机式车身测量仪

（4）喷漆房 在清洁的气流中可进行喷漆作业的特殊工作室成为喷漆房。一般来说漆料受热后，很快就干燥固化，所以现在许多喷漆房都配备有加热装置，即在喷漆后，在清洁环境下，转入加热烘干工序。喷漆房内的空气流动以前多采用结构简单、便于维修的横流式，从设置喷漆房最原始的目的供应清洁空气这一点来看，横流式很难解决气流下端喷漆过盈的问题。现在使用的独立喷漆房都采用上下流动方式的推挽式喷漆房。上下流动方式是喷漆房顶棚往喷漆房内抽取空气，顶棚上装有滤清器，这个只是二级滤清器，实际上一级滤清器安装在空气管道靠前部的进气口附近。排气口位于喷漆房工作间地板上，而为了防止污染，也必须安装滤清器。

推挽式喷漆房的鼓风机分别安装在进气口和排气口，利用鼓风能力细微差异，使喷漆房始终保持正压状态，这主要是为了防止污浊的外界空气或尘埃从喷漆房的缝隙钻入，同时更重要的是可充分发挥喷漆房本来的功能。但是，仅安装1台鼓风机的简易式喷漆房（挽拉式）重点是排除污染的空气，鼓风机只安装在排气口上。这样喷漆房内形成负压，不是最好的结构。

（a）喷漆房的照明：为了确认喷涂工序的漆面状况及色调，有必要配备照明设施。一般情况下，将普通荧光灯安装在顶棚角上和内墙上。最理想的方式是用色调评价用荧光灯照明，在墙壁下方也安装照明灯，照射到车辆下端（见图4-41）。

图4-41 喷漆房

（b）喷漆房内烘干设备：分为热风式和红外线式。热风式是把提供给喷漆房的空气用柴油、煤油、瓦斯将空气间接加热。如果在喷漆作业中使用的话，可进行暖房喷漆。在加热烘干工序中可使热风循环使用，从而降低燃料成本。用瓦斯加热时，其可燃气体中不含碳黑等污染成分，可以直接加热使用，但是不能用于暖房喷漆。红外线式大部分采用电加热器，但也有一部分采用煤油喷烧器的方式，将燃烧气体引入喷漆房内的管道里，放射出远红外线。此种将烘干设备设在喷涂房内的方式称为单室式喷漆房（见图4-42）。

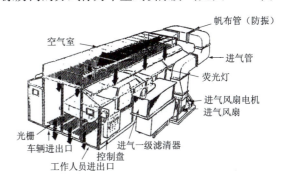

图4-42 烘干设备（单室式喷漆房）

另外，在与喷漆房相邻的地方设置烘干房的方式是双室式喷漆房。双室式喷漆房由于要使用两套鼓风机，考虑到成本因素，一般不采用热风式。中小车身维修厂大多采用单室式喷漆房，规模较大的车身维修厂往往采用双室式喷漆房。这是因为烘干专用喷漆房（两室中的一间）可连续使用，效率更高（见图4-43）。

（5）烘干机

（a）红外线烘干机：作为底漆处理和喷漆的

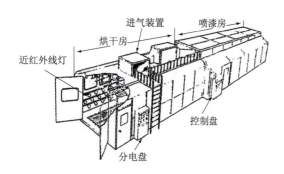

图 4-43 烘干设备（双室式喷漆房）

图 4-44 红外线式烘干机

烘干机有红外线烘干机，可分为远红外线、中红外线、近红外线式烘干机。远红外线烘干机用普通加热器加热，温度上升慢。近红外线烘干机采用卤素系列加热器加热，温度上升快，但使用时要十分小心。作为折中方案的中红外线加热方式，可以温和地烘干涂料，具有良好的干燥性（见图4-44）。

（b）水性涂料烘干机：用水性涂料喷漆时，烘干时间受湿度影响较大。适用于水性涂料的烘干机组合使用定向式空调和普通加热器，广泛使用干燥的暖风（见图4-45）。

图 4-45 水性涂料用烘干机

第 5 章

回收再利用技术

5.1 概　　述

5.1.1 构建循环型社会

第二次世界大战以后，世界进入了人口快速增长、社会经济活动飞跃发展的时代，日本经济也经历了高度成长期，发展成为世界第二经济强国。在此过程中，发达国家形成了"大量生产、大量消费、大量废弃"固定的社会经济活动和生活模式。

其结果导致城市区域出现了大气污染以及水质污浊等城市·生活型公害，而且伴随着经济规模的扩大，废弃物排放量也明显增加。尤其是随着化学物质使用量的增加，也产生了因化学物质造成的环境污染。

另外，从全球来看，臭氧层破坏、地球温室效应、酸雨等一系列共性环境问题接踵而至。

作为解决种种环境问题的措施之一，从20世纪90年代开始，开展了"为了重复使用有限的资源""为了减少废弃物"的构建"循环型社会"的活动。

日本于1993年制定了《环境基本法》，成为有计划地推进环保措施的综合性法律框架，在此基础上制定的"环境基本计划（第一次）"中，作为四大长期目标之一，首次提出了"循环"的概念。其目标是"为了防止对大气环境、水环境、土壤环境增加负担而影响自然社会的物质循环从而导致环境恶化现象，在生产、流通、消费、废弃等整个社会经济活动过程中，在资源及能源方面，进一步推进循环化和高效化，控制废弃物的产生或进行妥善处理，尽可能实现经济社会中的物质循环利用，尽量减轻对环境的负担，构建以循环为主旋律的经济社会体制。"

为了实现上述目标，日本在2000年制定了《循环型社会形成基本法》和《资源有效利用促进法》，之后陆续针对容器包装、家电、食品等个别行业分别制定了相应的再利用法。《汽车再利用法》于2002年7月制定，2005年1月1日正式实施。

在《循环型社会形成基本法》中，将法律主体指定为国家、地方公共团体、经济实体以及国民，并明确了各自的责任和义务。其中，经济实体的责任有4点：

① 控制原材料在生产过程中变成废弃物，进行循环利用，不能循环利用时，应进行妥善处理。

② 提高产品可靠性，完善维修体制，控制其成为废弃物。

③ 为了促进产品的循环利用，并便于妥善处理，从设计阶段便给予足够重视，对材质进行标识。

④ 努力使用可再生件。

同时，规定可循环利用资源的措施优先顺序：减量（控制固体废弃物产生的产品开发和生产方法）；再使用（产品及零部件的重复使用）；

材料再利用（作为资源再生利用）；能量回收；妥善处理。《资源有效利用促进法》（简称为3R法）将汽车制造业以及汽车指定为3R（减量、再使用、再利用，即 Reduce、Reuse、Recycle）对象行业以及产品。

《汽车再利用法》的制定目的是在回收以及移交报废汽车、回收、销毁氟利昂类物质、回收、再利用安全气囊类零部件、再利用汽车残渣（Automobile Shredder Residue，ASR）时，通过采取妥善而合理的措施，确保资源的有效利用，妥善处理废弃物。

国外尤其是欧洲在汽车再利用方面比较活跃，与报废汽车相关的 EU ELV 指令于 2000 年生效。该指令的目的是"使报废汽车不会对环境造成影响"，其主要内容如下：

① 对 2002 年 7 月以后销售的新车进行报废处理时不给终端用户增加负担；从 2007 年度起则适用于以前销售的所有车辆。

② 在 2006 年年底之前建立报废汽车回收网络。

③ 再利用率在 2006 年达到 85%，2015 年达到 95%。

④ 禁止使用特定化学物质（铅、镉、汞、六价铬）。

⑤ 主要塑料件和橡胶件标识材质。

⑥ 编制拆解手册。

⑦ 向用户提供再利用信息。

在这样的国际环境下，日本汽车工业协会从 1995 年开始制订行动指南和自主行动计划，在法规正式出台之前自主采取措施积极应对。1997 年发布的报废汽车再利用自主行动计划要求厂家积极、率先承担责任，针对可再利用率以及实际再利用率、铅使用量、填埋处理量制定具体的数值目标。2002 年公开发表了"减少产品环境负担物质的自主行动措施"，提出减少铅、镉、汞、六价铬的具体减量目标。为此，各厂家自主采取减量化措施，并纷纷公布了各车型的减量结果。

5.1.2 汽车再利用现状、课题以及今后的对策

报废汽车在拆除发动机、变速箱、蓄电池等主要零部件后，经过压缩，由破碎企业对铁、非铁金属等进行分选，余下部分作为资源进行再利用处理。这部分即 ASR 大约占 20%，主要成分是树脂、纤维、橡胶以及玻璃等物质，在日本每年大约会产生 70 万 t。以前对 ASR 基本上进行填埋处理，但是近年来由于工业废弃物最终处理场不能满足全部填埋需求，因此，尽可能减少处理量是非常必要的（见图 5-1）。

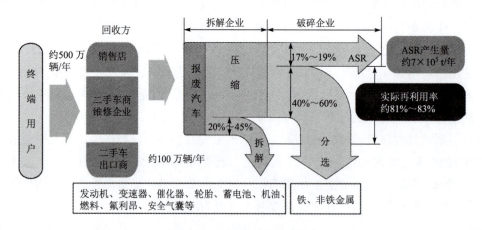

图 5-1 报废汽车处理流程

《汽车再利用法》明确规定在 2015 年以后 ASR 再利用率的最终目标为 70%，如果换算成汽车整体的再利用率，则相当于 95%。

要达成这个目标，必须做到以下几点：从产品开发、设计阶段便考虑减量化、再使用、再利用；减量使用报废汽车中增加环境负担的物质以及影响再利用的物质；控制 ASR 的产生量，充分考虑采用再利用以及妥善处理的方法。

5.2 减量、再使用、再利用技术

5.2.1 概述

鉴于日本主要资源大部分依赖进口、大量消耗资源，同时又大量排放废弃物的现状，为了控制废弃物以及报废物的产生，促进再生资源和再生物品的利用，日本于 1991 年 4 月施行了《资源有效利用促进法》。同时在省令（2001 年 3 月 28 日经济产业省、国土交通省 4 号令以及 2001 年 3 月 28 日经济产业省、国土交通省 1 号令）中，规定了控制废弃物产生以及推进再生资源或再生零部件利用的相关判断标准。

控制废弃物产生的对策有小型化、轻量化、长寿命化，推进再生资源或再生零部件利用的对策有减少原材料种类、提高拆解性和分选性、对材质进行标识等。

这里将控制废弃物产生称为减量化（Reduce）、对零部件的重复使用称为再使用（Reuse）、对再生资源进行利用称为再利用（Recycle），将三者结合起来统称为 3R（Reduce、Reuse、Recycle 三个单词的首字母）。另外，一般的顺序规定为 Reduce、Reuse、Recycle。

为积极推进 3R 工作，需要进行适合 3R 的结构设计和材料设计，而且对推进 3R 技术的开发和积累也是非常重要的。

本节将解释结构设计和材料设计的基本思路、案例以及有关减量化、再使用、再利用的相应技术。

5.2.2 结构设计的必要性

（1）对减量化的贡献　长期以来，轻量化、小型化、长寿命化成为设计过程中采用的减少产品废弃物所不可缺少的要素。

作为汽车用户，不仅要求汽车具有行驶、转向、制动等三项基本功能，还要求油耗要少、价格要低、维修要方便等。

轻量化与提高燃料经济性紧密相关，小型化可以实现低价格，机油、橡胶件等更换性零部件的长寿命化不仅可以减少车辆维护频次，还可以降低维修费用。防锈钢板（镀锌钢板）作为应对车身生锈的手段可以实现车身的长寿命化。

由此，减量化对于车辆开发者来讲，已经成为基本的设计活动，也是汽车厂家下功夫最多的重要事项。

随着这种设计活动的持续、强化、扩大，相信会取得更大的减量化效果。

（2）对再使用的贡献　再使用是指对从报废车辆上拆解下来的零部件进行清洗或维修后重新安装在其他车辆上使用的情况。为此，在拆解时要保证零部件不会受到销毁或损伤，而且尽可能在不使用特殊工具的情况下进行拆解，这些要素必须在结构设计中事先加以考虑。

对于再使用的零部件，产品开发人员在设计阶段和零部件完成阶段就要确认上述事项。例如将零部件用铆钉铆接到车身或零部件上时，如果不将其销毁就很难拆解下来。这样，除保证车辆组装方便性之外，还要确保其拆解性，这也是促进零部件再使用的重要事项。

（3）对再利用的贡献　再利用是指将从报废车辆上拆解或维修时更换下来的零部件作为原材料重新用于制造汽车零部件（再资源化）的情况。

为此，在进行结构设计时就应考虑从车辆拆解的简便性，进行单一材料拆解的可能性分析。另外，还要掌握拆解下来的零部件是用什么原料制造的，更重要的一点是，要对同一种材料进行识别并能够按照材料种类进行分选。因此，通常在质量达 100 g 以上的合成树脂制零部件上要标示出材料名称（材料编码）（见图 5-2、表 5-1）。

图 5-2　材料编码

表 5-1　材料编码一览表

	材料名称	编码
主要树脂材料	乙烯聚醋酸乙烯酯	> EVAC <
	改性聚苯醚	> PPE + PS <
	聚乙烯	> PS <
	丙烯腈—丁二烯—苯乙烯共聚物	> ABS <
	聚碳酸酯	> PC <
	聚丙烯	> PP <
	聚缩醛	> POM <
	聚酰胺 6	> PA6 <
	聚酰胺 66	> PA66 <
	聚甲基丙烯酸甲酯	> PMMA <
	低密度聚乙烯	> PE – LD <
	高密度聚乙烯	> PE – HD <
	聚对苯二甲酸丁二醇酯	> PBT <
	聚氯乙烯	> PVC <
	热塑性聚氨酯	> PUR – TP <
主要橡胶材料	天然橡胶	> NR <
	丁基橡胶	> IIR <
	丁苯橡胶	> SBR <
	乙丙橡胶	> EPDM <
	聚丁二烯橡胶	> BR <
	天然橡胶及丁苯橡胶混合物	> NR + SBR <
	丁腈橡胶	> NBR <
	氢化丁腈橡胶	>HNBR <
	聚氨酯橡胶（聚酯系）	> AU <
	氯丁橡胶	> CR <
	氯磺化聚乙烯	> CSM <
	硅胶	> VMQ <
	丙烯酸酯橡胶	> ACM <
	氟胶	> FKM <

（4）减少零部件安装部位的数量　在再使用和再利用时，需要把零部件拆下来，而减少安装部位的数量成为节省拆解时间的有效手段，减少安装部位数量，不仅可以减少螺栓螺母的使用量，也有助于实现减量化。

但是，随意减少安装部位的数量，可能会导致组装强度下降或者零部件变形，因此，在设计上零部件形状和安装位置的最佳化是非常重要的。

（5）易拆解的结构　以再利用为目的拆解零部件时，由于以回收原材料为主要目的，往往要求在尽可能的短的时间内回收多种材料，因此，零部件一般采用易于从车身脱离的结构设计。

在此介绍一下线束和仪表板安装部分的结构。

（a）线束接地端结构：汽车线束质量中约有50%为铜，可作为资源回收。在回收时往往需要用大型设备以及器械等生拉硬拽，才能够拆解下来（见图 5 – 3）。有些线束是通过高刚性零部件的下方来布线的，如果车身接地端牢固地固定在车身上，线束回收难度较大。

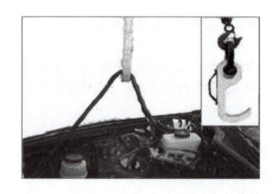

图 5 – 3　用 J 型钩剥线束

车身接地端采用插接式结构后可以剥离线束，具体事例见图 5 – 4。

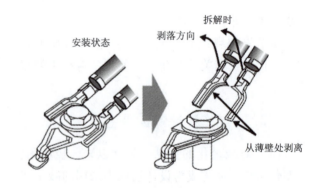

图 5 – 4　插接式车身接地地线端子

（b）仪表板安装部的形状：以再利用为目的拆解仪表板时，往往需要采用大型设备以及器械等进行拖拽。而在与车身的安装部位采用 V 形槽设计，拖拽时只销毁 V 形部分，便可方便地拆下仪表板，具体例子见图5-5。

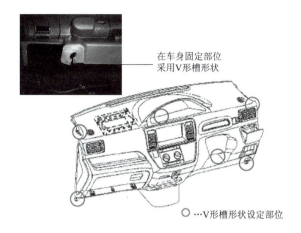

图5-5 仪表板安装部位的形状

（6）设计指南 每位设计师对3R设计的理解、技术水平是不同的，其结果会直接影响到3R性。另外，在不同风格和规格的车辆中，有时会采用3R性较差的结构设计。为了防止3R性劣化，不断提高3R性，日本各汽车公司制定了"设计指南"。

该"设计指南"明确提出了主要零部件安装部位数量的上限，以及可提高3R性的推荐性结构，使得设计师能够根据标准规定从事设计活动，防止3R性劣化。另外，如果开发的结构利于提高3R性，则将其编入"设计指南"中，以期不断提高3R性。

5.2.3 材料设计的必要性

（1）对减量化的贡献 在推进3R工作中材料设计与结构设计同样十分重要。材料的高强度化有助于零部件的薄壁化，节省资源和轻量化。轻量化则有利于提高燃料经济性，也利于有效利用资源。例如，车身使用高抗拉性钢板后，车身质量可减小5%～20%，保险杠使用高强度聚丙烯树脂后，可实现10%～20%的轻量化。

（2）对再使用的贡献 即使在设计零部件时采用了再使用的理念，但是在零部件报废时如果构成零部件的材料生锈或者质量劣化，有时就无法再使用了。但是，过长寿命的材料设计，会因质量过剩导致成本上升，因此，充分考虑零部件从使用到报废的期限以及可再使用的期限，这对材料的设计和选材十分重要的。

（3）对再利用的贡献 再利用是3R的最后一个阶段，具体是指对报废车辆的结构材料进行回收后，作为原材料重新利用（材料再利用），以及作为发电、精炼的能源（热能再利用）来使用。而材料设计（选材）是有效推进材料再利用的重要一环。

一般来讲，热塑性树脂容易再利用，而热固性树脂则不适宜再利用。在热塑性树脂中，PP是非常容易进行再利用的材料。

由此可见，选用热塑性树脂是有效推进材料再利用的途径之一。微型车采用的树脂材料构成见图5-6，所采用的树脂材料中85%为易于再利用的材料。

图5-6 微型车的树脂材料构成

树脂制零部件多由单一材料构成，有时也会复合使用多种材料，此时材料设计尤为关键。下面以仪表板为例，说明提高再利用性的材料设计。

仪表台多采用表层、缓冲层、基体材料三层结构（见图5-7），通常表层采用氯乙烯、缓冲层采用发泡聚氨酯、基体材料采用玻璃增强树脂，这三层为胶接结构。此时，既是为了再利用把仪表台拆解回收后，将热塑性树脂＋热固性树脂＋无机物的混合物直接还原成原材料也是不可能的，而且由于采用了粘接结构，无法对其材料逐一分离，再利用难度很大，所以只能作为热能回收利用。

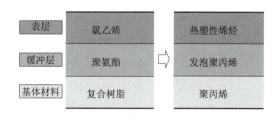

图5-7 仪表台材料构成（截面图）

但是，近年来已经开始出现了表层、缓冲层、基体材料用同一种材料即烯烃族树脂的材料设计，解决了原材料的再利用问题。

这种适宜再利用的材料设计对提高再利用率是非常重要的。我们将构成材料统一为同族材料简称为单一材料化。

（4）减少材料种类　汽车使用多种树脂材料，为了再利用树脂材料，需要按单一材料分选并进行保管、运输、再资源化，适合再利用的热塑性树脂就有10多种。用量最大的PP可分成保险杠用、仪表板用、内饰件用等，其中又按照不同的用途分成若干个等级，而在其等级当中，每个汽车厂家又有专门的等级界定方法，种类非常庞大，因此对分类管理造成了很大的困难。

为了有效推进再利用工作，减少材料种类以及等级显得尤为重要，因此各汽车公司也在致力于本项工作。目前进展最好的当属保险杠用PP的种类，见图5-8。

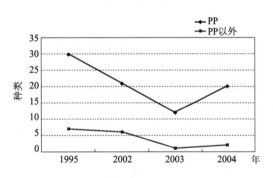

图5-8　保险杠材料的种类增减

5.2.4　减量化技术

在《资源有效利用促进法》中最重要的减量化对策（控制废弃物以及报废物质的产生量）是小型化、轻量化、长寿命化。

正如在"5.2.2. 结构设计的必要性"中所述，减量化已经成为汽车开发人员的基本设计理念。

下面介绍一下有关减量化技术的例子。

（1）电机小型化　与20世纪60年代线圈式电机相比，现在电机的单位转矩质量只有1/10。其质量大幅度变轻始于20世纪60年代后半期，那时磁铁由线圈式进化到铁素体（见图5-9）。之后，随着广角磁场、球轴承、高性能电刷、直连线柱、高性能磁铁等新技术不断涌现，才制造出现在这样的小型、轻量电机。

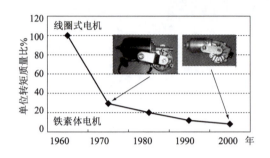

图5-9　电机的单位转矩质量

（2）车窗玻璃的薄壁化　车窗使用的钢化玻璃首先将普通玻璃加热到700℃后进行成形加工，然后放到空气中急速冷却，使玻璃表面和内部应力平衡后才获得高耐冲击性。在保持汽车安全玻璃应具备的足够耐冲击性的同时，为了实现玻璃薄壁化，开发了两种技术：一是提高玻璃加热温度精度；二是提高急冷却性能相关技术，才实现了现在的玻璃薄壁化。

下面介绍一下后窗玻璃的例子。

在1980年以前部分车型采用了3.5mm厚的后窗玻璃，当时多数还是使用5mm或4mm厚的玻璃。进入20世纪80年代，开始使用3mm厚玻璃，而1990年以后则开始使用3mm甚至2.8mm的玻璃。

1990年前后和现在后窗玻璃的厚度变化情况见图5-10，从图中可以看出后窗玻璃厚度在逐渐减薄，而且向薄壁玻璃的方向发展。现在的主流是2.8mm和3mm，而4mm厚度的玻璃一般用在对隔音要求较高的部分高档车以及对刚性具有一定要求的斜背式轿车上。

（3）传动带的长寿命化　传动带是指将发动机动力传递给发电机、动力转向泵、空调压缩机的橡胶制皮带。通过采用高耐久性橡胶材质或增强纤维层，以及通过研究其形状来实现长寿命和轻量化，其例子见图5-11。图中表示的寿命是利用一定的评价法进行比较而得出的寿命，可以看出其寿命呈梯状提高。

第5章 回收再利用技术

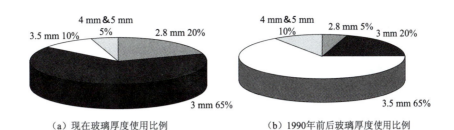

(a) 现在玻璃厚度使用比例

(b) 1990年前后玻璃厚度使用比例

图 5-10 1990年前后和现在后窗玻璃厚度的使用比例

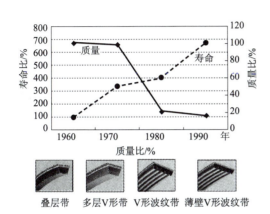

图 5-11 传动带的寿命和质量的演变

但是，由于不同的驾驶习惯和保养情况对传动带的寿命影响也不尽相同（施加给传动带的负荷不同），所以，其寿命增加率无法准确地反映在汽车厂家推荐的产品更换时间上。

5.2.5 再使用技术

再使用是指将从报废车辆上拆解下来的零部件，直接或经过修复后组装到整车上，或直接用于维修车上的情况。近年来，为了节省费用，汽车维修不使用全新零部件，采用二手零部件或翻新零部件进行维修的情况逐渐增多。下面对再使用的方法进行说明。

再使用普及体制 采用回收利用零部件维修汽车是一贯的做法。或者车主个人从拆解企业手中购买二手零部件进行更换，或者由部分维修企业使用二手零部件进行修理等。

近年来随着信息网络快速发展，全日本范围内建立了用回收利用零部件进行汽车维修的体制。图 5-12 为利用回收零部件进行维修的网络流程图。

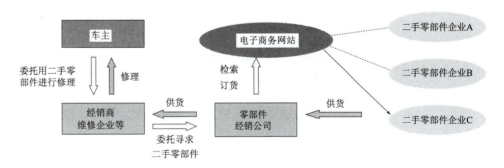

图 5-12 用回收利用零部件进行维修的流程

回收利用零部件是再使用和翻新零部件的总称。再使用零部件是指从报废汽车上拆解下来，在清洗后质量能够达到一定标准要求的零部件，主要用于外饰件。翻新零部件是指从报废汽车拆解下来或维修时更换下来后，根据需要对结构件的局部进行更换后，达到与新品质量水平相当的零部件，主要用于功能件（见表 5-2）。

表 5-2 回收利用零部件的例子

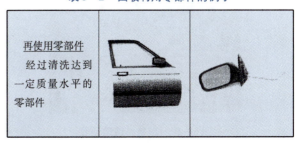

续表

翻新零部件	
拆解、清洗后，根据需要更换结构件，并确认达到与新品质量相当的零部件	

5.2.6 再利用技术

正如"5.1 概述"中所述，一直以来金属材料都是再利用的重点，但是大多数情况下用于建筑材料，作为汽车原材料使用的只有发动机和变速器上的铝材料。

剩余的树脂、橡胶、纤维、玻璃等在经过粉碎处理后作为ASR进行填埋处理，能够作为原材料再利用的价值很少。

下面针对树脂、橡胶、纤维等，能够作为汽车原材料再利用的技术进行说明。关于ASR再利用内容将在"5.3《汽车再利用法》对应技术"章节中详述。

（1）拆解技术 作为资源再利用的第一步首先需要对零部件进行拆解，要求能够在短时间内完成拆解工作。另外，需要将拆下的零部件按照单一材料类别进行分选。能够在短时间内完成拆解以及分选的技术在日本汽车工业协会、汽车厂家以及拆解企业的努力下已经取得了一定的进展。

在此介绍一下日本汽车工业协会采取的措施。该协会致力于研究妥善处理、拆解技术、工具、设备开发、分选技术，并公布了《报废汽车拆解技术研究》（见图5-13）。图5-14为前挡风玻璃的拆解作业情形，图5-15为对玻璃进行粉碎处理的场景（有关详细内容可参考该协会网页中"汽车与环境""协会活动"栏目）。

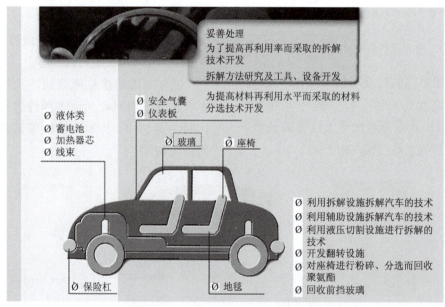

图5-13 报废汽车拆解技术研究

图5-14 前挡风玻璃回收

图5-15 玻璃切割机

(2) 材料再利用 报废汽车的零部件可作为汽车原材料再利用的种类以及数量是有极限的，最大的瓶颈在于成本过高。

回收报废汽车上的零部件，对其进行分选、运输、清洗、原材料化的所有环节都会产生庞大的费用，再利用材料成本要高于新材料。因此，只有在低价回收体制完善、开发出低价再生技术的将来，可再利用的材料种类和数量才能扩大。

下面说明可作为汽车零部件用原材料再利用的事例。包括汽车用途在内的再利用的情况见图5-16。

（a）ASR（从破碎物中回收金属材料后剩余的残渣）在汽车零部件上的再利用：报废汽车被送往拆解企业，拆下发动机、变速器等有用零部件后，由破碎企业用破碎设备破碎成粉末。

ASR由玻璃、树脂、橡胶、纤维类等物质构成，以往大多数进行填埋处理。自《汽车再利用法》实施后，约有50%的ASR作为回收热能的原料使用，而用做汽车原材料的非常有限。

唯一作为汽车原材料利用的ASR例子见图5-17，分选出的发泡聚氨酯和纤维类作为隔音材料得到再利用（见图5-18）。

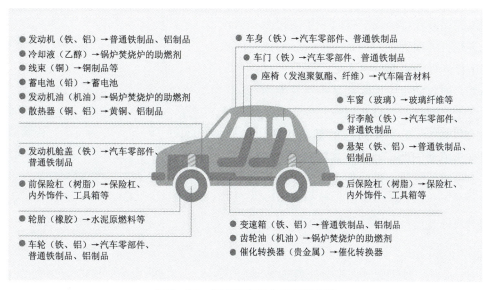

图5-16 报废汽车再生利用的用途

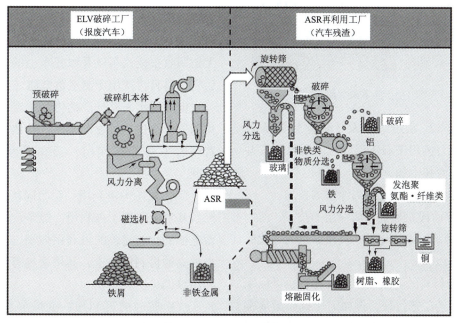

图5-17 ASR再生利用工厂

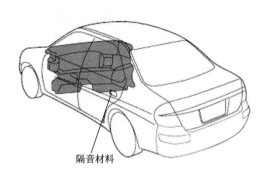

图 5-18 ASR 使用案例

（b）保险杠的再生利用：保险杠结构简单，容易拆解，是汽车中最有成效的再利用零部件。但是大半是以经销商在维修或更换时产生的报废树脂保险杠进行再利用为主，而从报废汽车上回收并再利用工作尚处于由部分汽车厂家进行尝试的阶段。另外，回收的报废保险杠基本上只能用于品质要求低于保险杠的车身底罩或其他壳罩类部件（见图 5-19），用于保险杠的数量极少，其主要原因在于喷漆问题。通常，其再利用的流程是保险杠→粉碎→融化→零部件成形（保险杠或壳罩类部件），如果不经除漆而直接制造零部件的话，会造成外观质量下降以及性能下降（耐冲击性下降）。

图 5-19 用于壳罩类零部件

因此，汽车厂家纷纷开发了保险杠除漆技术，使其可以直接用于制造保险杠。现已开发并投入使用的除漆技术如下：

① 在保险杠上机械式剥离涂层的技术；
② 在破碎阶段机械式剥离涂层的技术；
③ 在熔融阶段添加化学物质使涂层无害化的技术等。

（c）橡胶材料的再利用：橡胶材料也可以采用与树脂一样的工艺过程，再加工（成形）成零部件。其大致的工艺流程为材料→熔融→成形→零部件成品，但在成形阶段需要进行硫化（橡胶分子链三元共聚处理：交联）处理，使其富有弹性。橡胶材料经过硫化处理后一旦成形，则不能再度进行熔融处理。

为此，橡胶制品可直接粉碎当做铺装材料使用，或者把橡胶零部件作为填充材料使用，还没有作为原材料再生利用的实例。

但是，用做门窗密封条等的 EPDM 橡胶已开发出脱硫技术（交联还原技术），可以在生产过程中再利用（见图 5-20）。

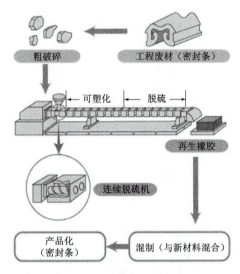

图 5-20 橡胶件的再利用

（d）蓄电池的再利用：报废蓄电池基本上可以再利用。日本电池工业协会对日本国产蓄电池，建立了再利用成本内部化的"再利用体系"，无偿回收报废汽车以及摩托车上的铅酸电池，然后将铅材料再次用于制造蓄电池（见图 5-21）。

但是近年来海外产的再利用成本未实现内部化的蓄电池进口量逐渐增多，导致蓄电池再利用费用的平衡即将崩溃，正在研究新的再利用体制。

（e）轮胎的再利用：轮胎同蓄电池一样，报废后基本上得到了再利用，但是没有建立类似于蓄电池的比较完善的再利用体制，而是形成了各自独立的再利用渠道，其用途也有限。轮胎的再利用事例见图 5-22。

（f）玻璃的再利用：就像典型的玻璃瓶那样，玻璃也是再利用进展较好的材料，但是主要用于制造玻璃纤维或铺装路面，未能作为汽车玻璃得到再度利用。日本汽车工业协会开发拆解技术、前挡风玻璃树脂脱膜技术，并尝试开发能够再利用的汽车门窗玻璃，现在即将完成。

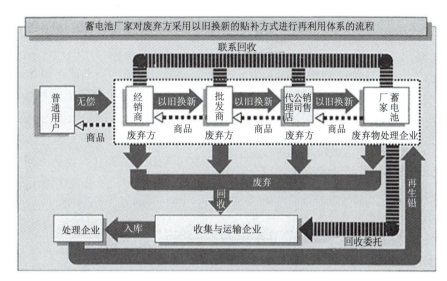

图 5-21　蓄电池再利用流程

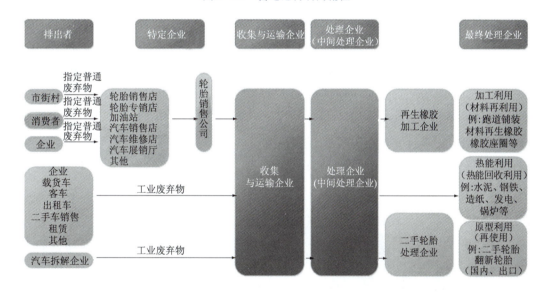

图 5-22　轮胎的再生利用

5.3　《汽车再利用法》对应技术

5.3.1　《汽车再利用法》概述

日本《汽车再利用法》（报废汽车再资源化相关法律）制定于 2002 年 7 月 1 日，于 2005 年 1 月 1 日正式实施。该法律的主要内容如下。

① 对阻碍再资源化进程的 ASR、安全气囊类、氟利昂类产品，由制造厂家和进口商（简称为汽车厂家等）承担再资源化的义务。

② 明确一直以来从事汽车再利用工作的相关方的职责（见表 5-3）。

表 5-3　相关行业的定位和主要职责

行业分类	登记、许可	主要职责
回收企业	在都、道、府、县政府登记	从终端用户手中回收报废汽车
氟利昂类回收企业	在都、道、府、县政府登记	从报废汽车上回收氟利昂

续表

行业分类	登记、许可	主要职责
拆解企业	获得都、道、府、县政府许可	拆解报废汽车、回收安全气囊
破碎企业	获得都、道、府、县政府许可	对报废汽车车体实施压缩、切割、破碎处理

③ 对三个品种进行回收、再资源化所需费用，以再利用费用的名目由车主承担。

④ 建立信息管理系统即"电子清单制度"，相关经营者之间对报废汽车、废车体、ASR、安全气囊类、氟利昂类回收和运输情况流转过程的确认，全部通过互联网来实现。借助于该系统，也可以将 ASR、安全气囊类、氟利昂类设施信息和妥善处理信息传递给有关经营者。

5.3.2 ASR 回收、再资源化

（1）ASR 的构成　ASR 是各种物质的混合物，其成分因破碎工艺方法以及各个车辆预分选状态不同而异，作为主要成分的树脂、发泡聚氨酯、纤维、橡胶等易燃物，大约占 60%，其发热量与煤炭相当（约 19 MJ/kg）（见图 5-23）。其他成分还有玻璃、砂土、未分选分选的金属以及水分。

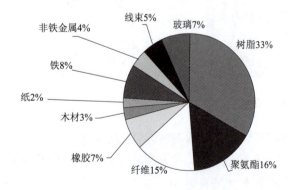

图 5-23　ASR 构成比例

（2）关于汽车厂家回收的 ASR 质量计算　汽车厂家承担着对自己制造和进口的汽车所产生的 ASR 进行回收的义务。由于破碎企业连续进行破碎不同公司的废车体，因此，无法分清 ASR 的归属。为此汽车厂家对各自生产和进口的每辆车产生的 ASR 质量进行计算，作为 "ASR 基准质量" 按比例进行分配。

ASR 基准质量是在车辆材料构成数据的基础上累计 ASR 的质量，然后再加上通常的水分、砂土后加权计算出来的。但是，对于汽车再利用法实施以前销售的汽车来说，很难以材料构成来计算，为此，先求出 ASR 质量和车辆质量的关系，然后在此基础上再进行计算。

（3）ASR 回收、再资源化体制　考虑到破碎企业和 ASR 再资源化企业的方便性，为了降低再利用成本，汽车厂家分成了两个小组研究 ASR 的回收和再资源化。2006 年 6 月当时的小组组成如下。

（a）ART 小组（Automobile Shredder Residue Recycling Promotion Team，汽车 ASR 再利用促进小组）：主要成员有五十铃汽车、铃木、日产汽车、日产柴、富士重工、马自达、三菱汽车、三菱 FSO 货车、客车。

（b）TH 小组：主要成员有大发工业、丰田汽车、日野汽车、本田技研。

汽车厂家与破碎企业交易的 "ASR 指定交易场所"，考虑到 ASR 运输以及对环境的影响，各小组分别把拥有 ASR 再资源化设备或最终处理场选择为定点破碎企业。

2006 年 3 月当时定点的 ASR 交易场所 ART 小组 37 处，TH 小组 57 处，共计 94 处。

（4）汽车再利用法中有关 ASR 再利用的思路　ASR 是在破碎工艺中回收有用资源后余下的 ASR，确实很难再利用。汽车再利用法的思路为，为了做到最终处理场最小化必须做好热能再利用的思路，设定了评价材料再利用和热能再利用指标的 "ASR 投入设施利用率（以下简称为设施利用率）"，将达到一定值的设施作为再利用设施，并将其作为计算 ASR 再利用率的一个因素。

ASR 设施利用率 =（回收热能的 ASR 换算质量合计 + 回收材料质量合计）/（投入可燃部分的 ASR 换算质量合计 + 投入灰分的质量合计）

设施利用率的一般水平设定为 0.4，这相当于积极进行热能回收的普通废弃物处理设施的水

平，超过该数值则称为综合实施材料回收和热能回收效果较好的ASR再利用设施。

（5）ASR再利用率的定义和标准　ASR再利用率考虑对上述设施利用率达到0.4以上的设施以及后述的全部资源化的再利用部分，并根据下式计算。

ASR再利用率 =［(投入到满足ASR设施利用率要求的设施中的ASR质量 - 该设施排出的废渣质量) + (以认定全部再资源化为前提条件投入到电炉的废车体中ASR相应质量 - 从电炉中排出的废渣质量)］/(汽车厂家回收的ASR质量 + 以认定全部再资源化为前提投入到电炉的废车体中ASR相应质量)

注：ASR是指从再利用设施或电炉排出后，需要填埋或焚烧处理的物质。

ASR再利用率标准与"报废汽车再利用自主行动计划（1997）"中"2015年以后报废汽车的再利用率达到95%以上"的目标一致，考虑到完善ASR再利用设施需要一定的准备时间，将以2015年为目标逐步提高（见表5-4）。

表5-4　ASR再生利用率标准

时间	ASR再利用率/%
2005年以后	>30
2010年以后	>50
2015年以后	>70

（6）ASR再利用技术　《汽车再利用法》实施以前，ASR多在管理型最终处理场进行填埋处理，但是也从ASR中回收以铜（Cu）为主的可用金属，还可以用非铁金属精炼技术将其作为助燃剂使用。自从实施《汽车再利用法》之后，对ASR进行热分解，将其气化或液化，回收热能或有效利用生成气体的同时，从阻燃物中回收金属和炉渣的方法逐渐增多。另外通过采用先进的分选工艺，可以回收并再利用特殊原材料的再利用设施也已亮相。

下面介绍一下ASR再利用技术的分类及其大概情况。

（a）原材料分选 + 燃料替代：通过对ASR进行精细分选，对特殊单一原材料进行回收和再利用。最终剩下的树脂可以作为燃料使用。

（b）燃料替代 + 原料化：采用现有非铁金属精炼技术，将具有高发热量的ASR替代煤炭和柴油等燃料使用，同时利用传统的精炼工艺对ASR中残留金属进行回收。

（c）焚烧处理 + 热能回收 + 原料化：在废弃物焚烧炉中投入ASR，利用持续排热式锅炉以蒸气和电力的形式来回收热能。炉灰和废渣用熔炉进行处理，作为混合金属和炉渣使用。

（d）热解气化 + 气体利用 + 原料化：在气化炉中投入ASR，将热解气体作为工业原料和燃气使用。热解产生的废渣投入熔炉变成炉渣或直接作为工业用碳材料使用。

气化炉按其形式可以分为回转窑式、流化床式、螺旋推进式。

（e）热解气化 + 热回收 + 原料化：在气化炉中投入ASR，可燃部分通过气化燃烧进行发电或融化灰分，而且还可将灰分作为炉渣原料使用。

5.3.3　全部再资源化

（1）概述　《汽车再利用法》中规定了利用不产生ASR的方法从而将废车体再资源化的全部再资源化的认定制度，即由汽车厂家委托拆解企业、压缩及切割处理企业对车辆进行细致拆解，将废车体投入到国产电炉以及转炉中，作为钢铁的原料进行再资源化。在这种情况下，汽车厂家经过主管大臣批准，可以得到ASR部分的再资源化费用。废车体中的铁分作为钢铁原料再资源化，而在破碎工艺中变成ASR的易燃物，可作为助燃剂使用，因此在全部再资源化的原则下进行再资源化处理的ASR可以计算到ASR再利用率中。电炉、转炉企业将废车体作为钢铁原料使用时，其中包含的Cu材料处理成为问题，因为Cu作为杂质对热加工性以及表面质量产生了一定影响。即使经过精炼反应也难以除去Cu，因此对含Cu量较高的金属屑与不含Cu的优质金属屑进行组合处理,以保质量。

如上所述,在全部再资源化工作中从事 Cu 部件去除处理的拆解企业与电炉使用企业相互联手,结成集团,以集团的名义向 ASR 各小组提出全部再资源化的方法和质量要求。接受提案的 ASR 小组对其进行评价和判断,与集团签订委托协议。而汽车厂家向政府主管部门提出申请,要求对受托方进行认定。

(2) 拆解企业采取的 Cu 部件去除处理措施

汽车中含 Cu 材料的零部件主要有表 5-5 中列出的几种。

表 5-5 含 Cu 材料的主要汽车零部件

部位	部件名称	部位	部件名称
发动机	EG 线束	车内	仪表板 W/H
	交流电机		鼓风机
	起动机		E/G 控制元件
	压缩机		加热芯
	分电器		地板 W/H
发动机舱	散热器	行李舱内	行李舱 W/H
	电动风扇电机	车门	车门 W/H
	E/G 舱 W/H		车门电机
	挡泥板内 W/H	其他	座椅 W/H
	ABS 执行元件		电动座椅电机
	雨刮器电机		音响
			钢板中的 Cu

注:E/G—发动机;W/H—线束

废车体含铜率因汽车种类、电气件多少而异,以普通小型轿车为例,以回收并销售线束为目的进行拆解后,一般情况下含 Cu 率大约为 1%。

在全部再资源化中为了达到全部利用的目的,需要采用精细拆解的方式,以便降低含 Cu 率。精细拆解的废车体含 Cu 率一般设定为 0.3% ~0.7%,这个数据是由电炉厂调整原料配比,调整产品质保限值,与拆解企业的工艺水平进行协调,最后由集团提案得来的。

为了达到低含 Cu 率的目的,采用动力设备以及起吊设备等剥开线束,有时还需要手工处理线束及电机类部件。

汽车厂家在设计产品时已经开始考虑推荐去除 Cu 的部位以及提高线束回收率等要素。

提高线束再利用性的设计可以举出如下几个例子。

① 在拆解线束时容易脱离的插接式地线端子结构;

② 安装部设置一个应力集中的部位,接线盒安装部位采用容易断裂的结构;

③ 附带可以集中并连续剥开线束的引线。

5.3.4 安全气囊处理技术

(1) 概述 作为座椅安全带的辅助性被动安全系统(Supplemental Restraint System,SRS),在车辆碰撞时能够填充驾驶席和副驾驶席前部空间的安全气囊逐渐得到普及。近年来在车辆碰撞时能够锁紧安全带而将乘员固定在座椅上的预张紧式安全带、侧部安全气囊、帘式气囊等的用量也在不断增多。为了使这些装置在车辆碰撞瞬间就能工作,因此,装有在碰撞瞬间能引发火药或膨胀气体爆炸的气体发生器。在实际汽车使用过程中安全气囊起爆的概率极低,因此当汽车报废时需要对未曾使用的安全气囊气体发生器进行处理。在汽车再利用法中将安全气囊类指定为应回收物品,因此,汽车厂家有义务对其进行回收并再资源化。

安全气囊分为电子式和机械式两种。

① 电子式安全气囊由传感器测定车辆减速度,当减速度超过一定值时发出点火信号,电热丝通电,点火起爆。

② 机械式安全气囊是车辆碰撞减速度高于触发簧压力时,牵引柱位移,撞针弹射到气体发生器起爆安全气囊。

(2) 安全气囊的处理方法 为提高回收·再资源化的效率和拆解方便性而成立的汽车再资源化协力机构(有限责任中间法人,下简称汽再协)在汽车厂家的委托下,回收安全气囊,并妥善处理。安全气囊的再资源化方法有两种。① 拆解回收:拆解企业将拆解并回收安全气囊的气体发生器,然后用再资源化设施进行处理;② 车内处理:受汽车厂家的委托,在报废汽车上直接对安全气囊进行处理。

（a）拆解回收：拆解企业基于汽车厂家提供的安全气囊妥善处理相关信息，从报废汽车上取下安全气囊，并送往指定回收点。25个指定回收点分布在日本各地，这些回收点回收全部气囊后送往5个指定地点，用再资源化设施进行起爆或再资源化处理。利用再资源化处理设施首先除去气体发生器上的线束，然后将气体发生器投入到塔式加热炉中，在400 ℃~540 ℃的高温环境下进行爆炸处理。为了避免在爆炸时出现飞溅以及引起爆导致炉内温度不均匀的情况，一般在专用炉中处理。工作塔大小不一，通常采用单次处理量为1 000~1 500个气体发生器的间歇式，在这里称为热处理方式。

还有一种方式是电处理方式。将气体发生器收放在密封钢瓶内，在气体发生器点火装置上连接电缆，通电，最后爆炸。这种方式由于需要给每个气体发生器连线，比较烦琐，因此处理量受到限制。

驾驶席和副驾驶席安全气囊气体发生器含有90%的铁、铝、不锈钢等金属材料，其余为树脂、药剂等。座椅安全带预张紧器按模块回收，因此金属材料约占70%，树脂材料约占20%。爆破后的气体发生器主要回收金属材料后进行再资源化处理。《汽车再利用法》要求安全气囊再利用率达到85%以上。

（b）车内处理：车内处理方法分为分体式和整体式。

① 整体式是在车辆ECU上连接专用工具，一次性使所有安全气囊爆炸，1998年以后日本国内汽车厂家的新型车均采用了该系统。

② 分体式适用于没有安装整体式电子安全气囊，利用蓄电池给气囊通电起爆。

电子清单系统上设有每个车辆的"底盘详细信息界面"，详细地显示安装在报废汽车上的安全气囊种类、数量、可否整体起爆等信息，而且在"安全气囊妥善处理信息"界面，显示出安全拆卸回收安全气囊以及车内处理的方法。

汽车厂家为了降低再利用费用，正在设计和开发简易拆卸安全气囊的结构以及整体起爆时连接气囊ECU的专用工具，以期能够更加简便地在短时间内处理完毕。

5.3.5 氟利昂处理技术

（1）概述 1994年以前生产的汽车空调制冷剂使用的特定氟利昂CFC-12排放到大气中后会销毁臭氧层，因此根据臭氧层保护法中对其分阶段停止生产的要求，日本在1994年基本完成了车用空调制冷剂向替代氟利昂HFC-134a的过渡工作。但是从保护臭氧层的观点，需要对过去生产并报废的车辆用氟利昂进行回收并加以销毁。另外由于替代氟利昂产生温室效应气体，因此，从防止地球温暖化的角度应对其进行回收并销毁。2001年日本制定了确保实施特定产品氟利昂类回收以及销毁相关法律《氟利昂回收销毁法》，从2002年10月起开始对报废汽车的氟利昂进行回收和销毁。《氟利昂回收销毁法》中汽车空调部分的框架内容直接引用到了《汽车再利用法》中。

（2）氟利昂类的回收工作 作为回收、再资源化安全气囊接待窗口的汽再协同样负责氟利昂类的回收和妥善处理。

氟利昂类回收企业遵循回收有关标准，将氟利昂类分成CFC和HFC，分别回收到相应的罐体中，送往指定地点。

氟利昂类回收标准：制冷剂回收口压力值保持一定时间后，根据表5-6所示的氟利昂填充量吸引（通常吸引两次），以保在其规定压力值下。

表5-6 氟利昂类回收标准

氟利昂类填充量/kg	压力/MPa
2	0.1
2	0.09

考虑到区域性、物流效率、经济性，在全日本共设置6处指定回收点以及销毁设施。另外以氟利昂类回收达到一定数量为条件，允许在公司内设置回收并销毁氟利昂类的销毁即所谓的"本公司内部回收销毁设施"。

(3) 销毁处理技术　日本环境部在1999年修订的《CFC销毁处理指南》中，对CFC销毁处理技术和运营管理条件做出了如下规定。

① 采用回转窑式废弃物焚烧炉（筒形回转炉）的方法；

② 采用制造水泥的回转窑式炉的方法；

③ 采用回转窑式炉以外的传统废弃物焚烧炉（直接焚烧城市垃圾的熔炉、两级式固定床式燃烧炉等）；

④ 采用针对CFC专门开发的销毁处理技术（高温水蒸气分解法（见图5-24）、高频等离子法等）。

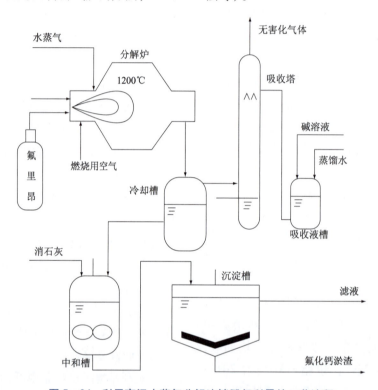

图5-24　利用高温水蒸气分解法销毁氟利昂的工艺流程

5.4　环境负担物质减量技术

5.4.1　概述

EU ELV指令（2000/53/EC）以及日本汽车工业协会的自主行动计划（JAMA Report No.93）禁止或限制使用铅、六价铬、汞、镉（统称为环境负担物质）（关于EU ELV指令、日本汽车工业协会自主行动计划的详细内容参见第6章）。

从传统上，报废汽车经过破碎处理后产生的ASR一般进行填埋处理。该ASR中含有的环境负担物质连同雨水一起渗透到地下或流入江河中，如果这些环境负担物质直接或间接通过鱼贝类渗入体内，则对人类身体健康造成重大影响（见表5-7）。

表5-7　环境负担物质对人体的影响

	对人体的影响
铅	（1）接触后会导致腹痛、呕吐、牵引肌麻木、感觉异常症等； （2）吸入后会导致免疫功能障碍、肾脏功能障碍、中枢神经系统功能障碍、造血器官功能障碍
六价铬	接触或吸入后会导致肠胃炎、肾炎、皮炎、鼻中隔溃疡、肺癌、红疹、炎症
汞	（1）接触后会导致痢疾、肺炎等； （2）吸入后会导致肾脏功能障碍、肝脏功能障碍、贫血、白血球减少、手足知觉丧失、精神功能障碍、食欲不振等（水俣病）
镉	吸入后会导致肾脏功能障碍、骨质疏松等（疼痛病）

在日本将 ASR 直接填埋在管理型最终处理场,控制环境负担物质渗透地下或流入江河中,而且在汽车再利用法实施以来,约有 1/2 的 ASR 得到再利用,减轻了对环境的污染。

但是,在汽车零部件制造阶段操作工人直接面对这些环境负担物质,因此,禁止或限制上述物质使用是非常必要的。

5.4.2 含铅零部件以及减量技术

汽车中含铅零部件见图 5-25。

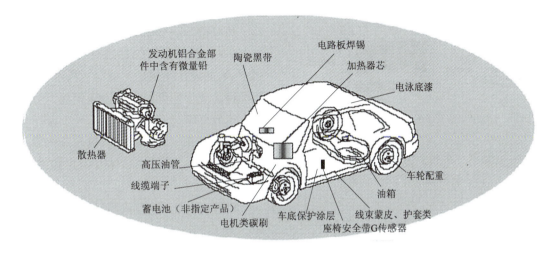

图 5-25 汽车中含铅零部件示例

日本汽车工业协会的自主行动目标指出:"2006 年 1 月以后生产的新车铅使用量为 1996 年的 1/10",而到了 2005 年已经有 87% 的车型达到了这个目标(见表 5-8)值要求。

在 1996 年轿车的平均铅用量为 1 850 g,各主要零部件的情况:铜散热器(580 g)、蓄电池线缆端子(290 g)、车轮配重(240 g)、油箱(200 g)、铜加热芯(110 g)、线束类(90 g)、电泳涂料(50 g)等。

表 5-8 铅减量目标实现情况(轿车)

年份/年	投入市场的车型数量/个	2006 年达到目标要求的车型数量/个	完成率/%
2003	26	14	54
2004	24	17	70
2005	31	27	87

注:资料来源:社团法人日本汽车工业协会

下面介绍一下减少铅用量的事例。

(1)散热器 铜散热器是铅用量最多的零部件。铜散热器的无铅化(包括加热芯)在 EU ELV 指令和日本汽车工业协会自主行动计划实施之前的 20 世纪 90 年代中期已经完成,用无铅的铝散热器替代。

在市场要求轻量化的形势下,20 世纪 80 年代初期开始实施铜散热器的铝化,而最关键的是芯部(散热管、翼片等)的连接方法。

铜散热器采用制造成本低廉的焊锡(成分为 Pb-Sn 系),但这种材料相对于铝的电极电位较高,容易电解腐蚀铝材料,因此铝散热器无法采用锡焊。为此铝散热器在连接时采用了钎焊(成分为 Al-Si 系)。

用于连接铜散热器的锡焊,对铜的电极电位低,锡焊部分容易受到电解腐蚀,因此铜散热器需要涂敷。但是铝散热器采用的 Al-Si 系不会出现电解腐蚀,不需要涂敷工序,这在节省成本方面也是一种进步。

图 5-26 表示散热器芯部结构和钎焊工序。其工序如下:① 组装散热器芯并涂上焊剂之后投入到炉中;② 在焊剂作用下铝氧化膜脱落;③ 包覆在翼片或散热管上的钎焊材融化;④ 钎焊材可以准确地流到焊接部位;⑤ 回到常温后钎焊材固化形成焊层。

伴随着上述接合技术的发展,可以成功地用铝散热器替代铜散热器,同时减少了环境负担物质—铅的使用量。轻量化率为铜散热器的 30%~50%。

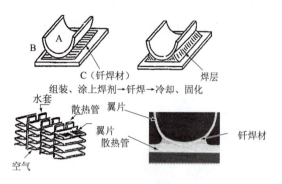

图 5-26 散热器结构

(2) 车轮配重 车轮平衡配重是为了在将轮胎装到车轮上后修正斜线方向的质量而附加的部件。

配重要求：① 价低；② 小型；③ 容易组装。配重由卡夹（铁）部和配重部（铅合金）构成。

配重的无铅化最好在不改变车轮形状和组装方法的状态下实现，因此在原基本结构不变的状态下研究无铅化。

首先是配重材料的选择。铅合金的比重为 11.2，铁为 7.85、锡为 7.30、锌为 7.14。从比重和成本两个因素考虑最终选择了铁。

其次是研究加工方法。以往将卡夹部分铸进铅合金（溶解温度约330℃）中，而配重材料选择铁后则无法完成，为此采用了棒料锻造的方法。

在对铁的防锈处理中采用了丙烯树脂系的镀银方式，并且在研究卡夹和配重接合方法后，最终采用了铆接结构。其结果得到了设计优良的无铅配重。

(3) 油箱 要求制造油箱用钢板具有以下性能。

① 内表层耐腐蚀性；
② 外表层耐腐蚀性；
③ 可焊性；
④ 成形性。

腐蚀或焊接不良会出现燃料泄露并导致重大事故发生，而成形性不佳将影响复杂形状油箱的生产。而如今采用的 Pb-Sn 合金镀层钢板（镀铅锡钢板）能够满足上述性能要求。

作为无铅钢板，已经开发了热浸镀 Sn-Zn 钢板、热浸镀铝钢板、有机镀层合金化热浸镀锌钢板、热浸镀锌钢板+Ni2 镀层钢板等，但是考虑到性价比，主要采用了热浸镀 Sn-Zn 钢板。

热浸镀 Sn-Zn 钢板将 Sn 的延展性、耐腐蚀性和 Zn 的替代防腐蚀性进行有效结合，因此镀层中 Zn 的设计比例是 7 wt%~9 wt%。成本、耐腐蚀性、成形性等同于镀铅锡钢板，但点焊等焊接生产效率略显逊色。

(4) 线束 汽车发动机舱及车内卷绕着很多电线（线束），主要由导体（铜）和皮层（PVC）构成。

PVC 在加工或使用时遇热老化，机械强度下降。为了控制这种情况，一般添加铅化物。控制老化的方法：① 置换不稳定的 Cl；② 调节在分解时产生的盐酸。

作为铅系稳定剂的替代品，已经开发和使用了在 Ca/Zn 系中添加各种助剂的无铅稳定剂。目前已经开发出与添加铅化物的 PVC 同等耐热寿命水平的电线皮层。

(5) 电泳涂料 阳离子电泳涂料，因其防锈性、涂膜均匀、涂膜效率高、低 VOC 等特点，广泛用于所有的汽车底漆。

电泳涂料一般来讲添加铅化物，其主要目的如下。

① 在钢板表面形成静态皮膜和生成腐蚀反应控制物质，可以达到控制腐蚀发生和腐蚀过程（皮膜形成功能）的目的；

② 调节氯阳离子等腐蚀因素，控制其延伸到钢板层（腐蚀物质捕捉功能）。

为了实现无铅化，需要选择具有与其同等腐蚀控制功能（皮膜形成功能＋腐蚀物质调节功能）的物质。能够替代铅金属的候补元素多达20多种，而作为涂料成分，锁定在金属单体、氧化物、酸、盐、有机化合物等范围内，最终选择了无铅化耐腐蚀控制物质 M。图 5-27 显示了腐蚀物质捕捉功能，可以看出 M 具有超越传统铅化物的腐蚀物质调节功能。

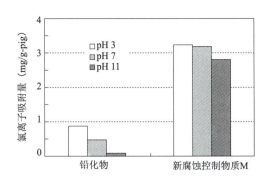

图 5-27　新腐蚀控制物质 M 的腐蚀物
质调节功能（氯离子捕捉功能）

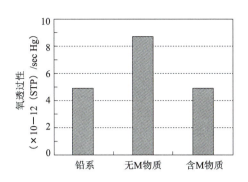

图 5-28　物质防透功能（氧透过性）

开发无铅化阳离子电泳涂料时，研究了物质防透功能（防止水及氧等腐蚀促进物质的透过功能）及基体黏合性。新腐蚀控制物质 M 的防氧透过功能见图 5-28。基体黏合性方面的问题，通过新开发的特殊丙烯树脂已经得到解决。

5.4.3　含有六价铬、汞、镉成分的零部件以及减量技术

汽车中含有六价铬、汞、镉成分的零部件见图 5-29，日本汽车工业协会自主行动计划目标见表 5-9。

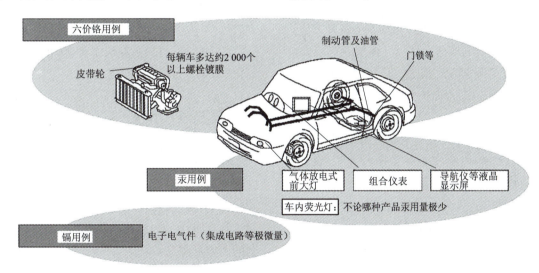

图 5-29　含有六价铬、汞、镉成分的汽车零部件示例

表 5-9　六价铬、汞、镉的减量目标

减量物质	禁止使用目标	例外部件
汞	《汽车回收利用法》实施以后生产的新型车	• 导航装置用的液晶显示屏； • 组合仪表； • 气体放电式前大灯； • 车内荧光灯
六价铬	2008 年 1 月以后生产的新型车	
镉	2007 年 1 月以后生产的新型车	

采用六价铬的目的大多是为了防锈，汞用于光电管发光，而镉用于电气件，但用量很少。

下面介绍一下减少六价铬、汞、镉含量的例子。

（1）对镀锌层进行铬酸盐光泽处理　为了防止螺栓、螺母、支架等镀锌件或镀锌钢板生锈或产生白斑，广泛采用铬酸盐光泽处理，由此六价铬被膜生成在镀锌层表面，发挥以下功能。

① 保护锌层不被氧化的屏蔽功能；

② 被膜受到损伤时，被膜上的六价铬渗到镀锌层上后，再生铬酸盐光泽被膜的自修复功能。

为了推进铬酸盐被膜的无六价铬化工作，研究使用三价铬替代，但目前尚有一些问题需要解决，例如：

① 屏蔽功能下降；
② 自修复功能下降；
③ 摩擦系数变化；
④ 外观颜色发生变化等。

关于屏蔽功能，利用药剂进行调整后，即使是三价铬也能保持同等的水平。关于自修复功能，通过添加 Si 和 Co 化合物也能实现。摩擦系数也可以添加药剂保住原来的水平。

剩下的问题就是外观颜色的变化。六价铬可以选择黄色、银白色、黑色和深绿色四种颜色，而三价铬只有银白色和黑色两种。虽然可以通过染色可以变成黄色，但在紫外线照射下难以维持色调稳定，只能对应六价铬中银白色和黑色两种颜色。因此有必要继续研究涂敷识别等各种方法。

（2）气体放电式前大灯　气体放电式前大灯（HID 前大灯）与卤素灯相比：① 省电（-30%）；② 明亮（3 倍）；③ 寿命长（4 倍），因此，使用量逐渐增多。

HID 前大灯为了维持灯管电压和高效率封装了微量汞，灯泡内除了汞外，还封装了 Xe 气、金属碘化物（NaI、ScI_3 等）。

点灯初期 Xe 气发光，然后按照汞、金属碘化物的顺序发光，最终保持光亮度。汞在金属碘化物发光之前起到保持电压和高效率的作用。

关于无汞化，选择了能在无汞环境下实现 Xe 气发光→金属碘化物发光的金属碘化物。通过采用碘化锌（ZnI_2）或碘化砷（InI）可以实现无汞化。

（3）厚膜浆料　ECU 基板是在氧化铝（Al_2O_3）基板上印刷电阻和电极，用焊锡固定集成电路和电容器等。

印制电阻和电极采用厚膜浆料，而厚膜浆料采用 Ag、Pt、Pd、RuO_2 等烧结金属作为导体，而为了接合导体和氧化铝基板以及控制电阻值，采用了硼硅酸铅玻璃。

导体和硼硅酸铅玻璃呈粉末状，无法直接印制到基板上。为了使其具备印刷的性质，加入适量的树脂和溶剂进行混合，并均匀分布，变成浆状，使导体和硼硅酸铅玻璃能够印制到基板上。

该浆料经过印制→干燥→烧固（成膜）的工序变成电阻及电极。

由于下述理由，电阻器中添加了镉（Cd）元素。硼硅酸铅玻璃表面张力较低，在干燥、烧结时，容易出现渗透、断口等缺点。为了弥补该缺点（加大表面张力），采取的方法就是添加镉元素。

随着环境温度的变化电阻值也会发生变化，而为了控制变化幅度，也在使用镉元素。

在开发电阻器无镉厚膜电阻浆料时，为了防止玻璃出现渗透、断口等现象，研究了一种改变玻璃成分和添加氧化物等方法。作为防止电阻值变化的对策曾研究过添加 Nb_2O_5、TiO_2、MnO_2 等方法。

如上所述，已经实现了厚膜电阻浆料的无镉化。

5.5　摩托车的再利用

在日本摩托车同汽车一样，也是由行业自律进行再利用。

为了合理回收利用报废摩托车建立了相应体制，并从 2004 年 10 月 1 日开始实施。有关该体制的内容见图 5-30。

当有意废弃摩托车时，可以拿到遍布在日本的 15 000 个"报废摩托车回收点"或指定回收窗口进行回收处理。加盟该体制的摩托车厂家和进口商有以下 16 家（2006 年 4 月）。

（株）本田技研工业　　（株）雅马哈发动机
（株）铃木　　　　　　（株）川崎重工业
（株）成川商会　　　　（株）CAGIVA JAPAN
（有）APRILIA JAPAN　（株）福田电机商会
（株）KYMCO JAPAN　　（株）PRESTO - CORP.
（株）BRIDE　　　　　（株）DUCATI JAPAN
（株）BMW　　　　　　（株）TRIUMPH JAPAN
（株）SYM　　　　　　（株）伊藤忠汽车

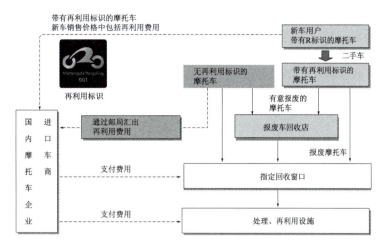

图 5-30 摩托车回收再利用体制

参 考 文 献

(1)（财）自動車リサイクルセンターホームページより

第 6 章

法规、标准

6.1 概 述

6.1.1 汽车维修保养相关法令概述

（1）日本法令概要 汽车产品在经过厂家生产、销售和登记后便进入使用阶段，在使用过程中还要经历保养、维修、车检，最终要报废并再利用，而每一个过程都以法律为依据。其目的是确保汽车安全性、环保性，明确所有权以及使用者的责任、汽车厂家和维修行业的业务范围、义务、责任，以及从业人员资格等。为了实现这些目的日本制定了重要的法律即道路运输车辆法，同时制定了相关的法律、政令（内阁制定的命令）、省令（主管行政部门的命令），还通过行政主管部门的告示、通知等方式进行补充和完善。由此可见，日本汽车相关法令自成体系，而且非常到位。

汽车相关的主要法令见表 6-1。

表 6-1 主要汽车相关法令汇总（汽车制造、使用、维修、报废相关）

法 律	政 令	省令、行政主管部门的告示、通知以及有关团体的规程等
道路运输车辆法 汽车抵押法 地方税法 汽车质量税法 汽车损害赔偿保障法 确保汽车保管场所相关法律 大气污染防治法 汽车 $NO_x \cdot PM$ 法 汽车再利用法 道路交通法	道路运输车辆法实施令 汽车登记令 道路运输车辆相关手续费令	① 通用：道路运输车辆法实施规则。 ② 维修行业相关： • 优质汽车维修事业认定规则； • 指定汽车维修事业规则； • 汽车维修技师技能认定规则。 ③ 车检相关： • 汽车形式指定规则； • 装置形式指定规则； • 召回申请等实施要领（通知）； • 车检业务等实施要领（通知）； • 车检业务独立行政法人审查事务规定。 ④ 车辆检查、保养和维修相关：汽车检查基准。 ⑤ 保安基准相关： • 道路运输车辆的保安基准； • 制定道路运输车辆保安基准细目的告示。 ⑥ 登记相关：汽车登记规则

(2) 国外法令概要　国外汽车维修、保养相关法律体系与日本有很大的差异，美国和澳大利亚则因州以及地区而异。具体地说，有的国家采用类似于日本的制度，有的国家虽然有法律规定但对其内容再度进行细化，有的国家虽然没有法律上的义务但采用需要由使用者承担维修、保养责任的管理制度，有的国家则至今没有健全的法律体系。对违规处理的方式各国也是各有其道。汽车结构和装置相关基准（在日本称为保安基准）与厂家的制造、出口关系十分密切，因此需要关注各国的规定。在环保方面处于领先地位的欧盟（EU）各国、美国、日本等对排放要求很严，因此与环境相关的标准相对较为严格。

6.1.2 《汽车再利用法》概述

(1) 日本《汽车再利用法》　一直以来，日本在市场经济机制下，由汽车拆解企业对报废汽车进行回收和处理。由于产业废弃物终处理场日益紧张，在报废汽车处理最后阶段产生的残渣（ASR）处理费用上涨，车体压块价格不够稳定，导致再利用和处理系统没有能够走上正常轨道，出现了非法弃置现象。另一方面，为了对应汽车空调用氟利昂以及安全气囊的新环保要求，2005年1月起实施《汽车再利用法》，由汽车厂家和进口商承担以上三种指定物质的回收、再利用以及妥善处理的义务。

《汽车再利用法》除了对汽车厂家和进口商提出义务要求外，还规定了汽车所有人即车主、新车和二手车销售商、维修企业、拆解企业、破碎企业等应承担的职责，目的是使所有与汽车相关的方面共同努力，减少废弃物质，促进资源的有效利用，建立循环型社会。

(2) 欧洲《汽车再利用法》　欧洲《汽车再利用法》的实施早于日本，于2002年10月EU报废汽车指令（EU ELV指令）生效，各成员国逐步完善国内立法（End of Life Vehicle, ELV）《汽车再利用法》中称为"报废汽车"。EU ELV指令包含了原则上禁止使用重金属类（铅、汞、六价铬、镉）汽车零部件的内容，于2003年7月起分阶段实施。另外，修改车辆形式认证指令，将可再利用率列入形式认证指标中，并于2005年12月生效，因此，汽车厂家需要采取新的对策。

6.2 汽车维修、保养相关法律

6.2.1 日常检查、保养和维修（《道路运输车辆法》第47条之2）

日常检查是指在车辆运行前对车辆的安全状态进行判断的例行检查，车主有责任和义务在指定时间段对其使用状态连续性地进行日常检查。进行日常检查的部位根据车检标准要求，一般指重要的安全性零部件或一旦发生故障会导致重大事故的零部件，其检查可以由车主通过目测或简易操作便可完成。日常检查的时间因车型而异，对营业用汽车以及家用货车的要求是在车辆运行前每天进行一次，而对家用轿车的要求是根据行驶距离和使用状态由车主自行判断，在合适的时间内进行。

6.2.2 定期检查、保养和维修（《道路运输车辆法》第48条）

定期检查、保养和维修是对保证车辆安全行驶和防止污染相关部件以及装置进行定期检查、保养和维修的制度，车主有义务执行。检查时间和项目根据不同的汽车类型、用途而异。检查可自己做，也可委托维修厂家进行。

6.2.3 车辆检查、保养和维修记录簿（《道路运输车辆法》第49条）

对车辆进行定期检查和保养是车主应尽的义务，为了保证有效实施，编制了车辆检修记录簿，要求车主如实进行记录，并存放在汽车上。

记录簿的项目：① 检查日期；② 检查结果；③ 保养和维修概述；④ 保养和维修日期；⑤ 汽车登记编号或车辆编码；⑥ 检查时总行驶里程；⑦ 检修人员姓名和住址。营业用车辆、家用货车、摩托车的记录簿需要保存一年，家用轿车记录则需要保存两年。

6.2.4 汽车维修质保制度

为了提高定期检查的实施率，提高检查、保养和维修技术水平，日本1985年4月开始在汽车维修行业实施了汽车维修质保制度，即对汽车定期检查、保养和维修操作承担责任的制度。目前，在日本经过认证的维修工厂中约有91%实施了该质保制度（该制度不具备强制执行的法令性质，属于行业推荐性制度）。

（1）维修质保制度的内容 维修厂承诺对家用轿车进行定期检查、保养和维修后的6个月或1万km内不会出现因本次检修项目引起车辆不当的情况，即对检修质量做出承诺。

（2）维修质保对象项目 定期检查、保养和维修规定项目。

（3）维修质保对象

（a）承担定期检查、保养和维修的维修厂在受理该业务时，应交给车主一份维修质保书。

（b）当车主在该维修质保期内发现问题时，可以向承担质量责任的维修厂家出示该维修质保书，要求对检修质量给予保证。

（c）承担定期检查、保养和维修工作的维修厂在判断本次故障确属于维修质保范围后，将无偿给予维修。

6.2.5 检修管理者制度（《道路运输车辆法》第50条）

以汽车运输为主业的商家拥有多辆大型车辆（车辆总重超过8 t或定员超过11人的汽车）或出租车、租赁车时，为了保证车辆安全管理和实施自主检修，应指定专职检修管理人员，建立对所保有的车辆进行检修管理的责任制。专职管理人员的职责是全面负责车辆检查、保养和维护以及车库管理工作，因此应赋予其相应的权利。胜任这项工作需要具备一定的专业知识，掌握专业技术，因此要求获得3级以上的汽车维修技师资格，或具有2年以上从事车辆检修或管理工作的经验，并且参加过地方行政管理部门组织的培训。当指定或换人时，需要呈报给地方行政管理部门进行备案（见表6-2）。

表6-2 专职检修管理人员的选拔标准

选拔专职检修管理人员的义务方	对应车辆数量等标准	示 例	职 责
定员11人以上的汽车（不包含下述情况）使用者	每个营业点车辆拥有量为一辆以上	营业用、家用大型客车、营业用微型客车	①制定日常检查实施方法。 ②决定日常检查结果和操作可行性。 ③进行定期检查。 ④根据其他临时需要进行检查。 ⑤落实检查结果，实施必要维修。 ⑥制定检修实施计划。 ⑦管理定期检修记录簿等其他记录。 ⑧管理车库。 ⑨指导和监督驾驶员、维修人员
定员11人以上29人以下出租家用车（租赁车）使用者	每个营业点车辆拥有量为两辆以上	微型客车的租赁车	
定员10人以下车辆总重在8 t以上的家用汽车以及定员10人以下的营业用车主	每个营业点车辆拥有量为5辆以上	营业用大型货车	
出租车微型车运输用汽车以及定员10人以下车辆总重在8 t以下出租家用车（租赁车）使用者	每个营业点车辆拥有量为10辆以上	营业用微型汽车中型、轻型货车以及轿车的租赁车	

6.2.6 检修命令（《道路运输车辆法》第54条以及第54条之2）

由于车主自主检修不当引起汽车不能满足保安基准，或不能满足现状时，可向车主发出命令，要求其进行检修，以期达到保安基准。如果不能满足保安基准的原因，不是源于零部件年久老化产生的磨损或故障，而是因为进行不合理改造或安装使用不符合要求的零部件以及装置造成的，则可以发出更加严厉的命令，并进行重罚。

6.2.7 车辆检验（《道路运输车辆法》第58条）

车辆检验（车检）是防止汽车事故发生、减少污染物排放的有效措施，根据《道路运输车辆法》等规定的车检要求执行。

如前所述，对车辆日常运行时保安基准的符合性检查，是主要以车主为主体进行自主性检查、保养和维修，而国家方面也对汽车进行检验，确认车主履行保安基准的情况。检验对象是道路运输车辆中除微型车以及小型专用车外的所有车辆（见表6-3）。

表6-3 车检对象车辆

道路运输车辆		微型车	车检对象车辆
		带发动机的摩托车	
	汽车	普通汽车	
		小型汽车	
		大型专用车	
	微型车	列为检验对象的微型车	
		非检验对象的微型车	
		小型专用车	

（1）车检种类 日本国家方面进行的车检有新车登记时的初次检验、持有过程中的定期延续性检验、根据需要进行的临时性检验、结构等变更检验、与车检性质不同的预备性检验共5种（见表6-4）。

表6-4 车检种类

车检种类	内容	检验地点	备注
新车初次检验	开始使用新车时进行的检验（无牌照的二手车也要进行检验） 该检验因汽车类别、用途、样式决定有效期，检验合格后发放检验合格证和检验标识	使用地点所属运输支局、汽车检验登记事务所或微型车检验协会	在进行新车登记时同时申请（对现车的检验业务由汽车检验独立行政法人承担，下同）
延续性检验	检验合格证有效期到期后准备持续使用时进行的检验； 进行该检验可以变更有效期，检验合格后发放检验标识	就近的运输支局、汽车检验登记事务所或微型车检验协会	延续性检验和临时性检验时间发生冲突时以后者为先
临时性检验	在一定范围内，容易发生事故车辆的结构装置或性能难以满足保安基准时，国土交通大臣将做出公示，要求限期检验； 检验对象不仅限于列入检验范围的车辆，还包括范围外的微型车	就近的运输支局、汽车检验登记事务所或微型车检验协会	在公示有效期的最后一天检验合格证到期的车辆，在重新使用时接受检验即可
结构等变更检验	当所持有汽车的长度、宽度、高度、最大装载质量等参数发生变更时进行的检验	使用地点所属运输支局、汽车检验登记事务所或微型车检验协会	对检验合格证记载事项的更新申请，应在变更后15天内提出
预备性检验	销售店在将产品交付给用户之前进行的检验 汽车预检的有效期为三个月	就近的运输支局、汽车检验登记事务所或微型车检验协会	当使用者已定，在登记或申请时交回预检证，发放新的检验合格证

（2）车检有效期　车检的有效期因汽车用途、使用形态、新旧程度而异，具体规定见表6-5。在有效期之内，如果结构和装置发生变化，而国土交通大臣认为存在导致不符合保安基准的可能性时，可以缩短有效期（见表6-5）。当推断车主因遇到天灾或其他不得已的原因无法接受延续性检查时，可以规定范围并发出延长有效期的公示。

表6-5　车检有效期

有效期	汽车种类	示例
1年	① 从事汽车运输事业即用于运送旅客的汽车； ② 用于运输货物的汽车； ③ 国土交通省令规定的家用汽车： ● 定员11人以上的家用汽车； ● 以专门运输幼儿为目的的家用汽车； ● 获得《道路运输车辆法实施规则》第52条规定许可的家用汽车	出租车、客车 货车、厢式车、罐车 家用客车 幼儿专运车 租赁车
2年	① 车检有效期为一年的家用汽车中，车辆总重不满8t且用于运输货物，并首次得到检验合格证的汽车； ② 属于国土交通省令规定并首次得到检验合格证的汽车； ③ 其他汽车	货车 租赁轿车 家用轿车 消防车 压路机
3年	车检有效期为两年并首次得到检验合格证的家用汽车	家用轿车 两轮小型汽车（2007年4月1日起）

（3）车检的形态　车检时需要向各都道府县运输支局或汽车检验登记事务所申请，利用汽车检验独立行政法人的设施（简称车检所）进行检验。对于微型车，日本则成立了专门从事车检手续和业务的法人即微型车检验协会，从1973年起代行国家开展了车检业务。也可以在地方运输局长认可的汽车维修厂（平常称谓的民间车检厂）接受车检，但是限于在该维修厂接受维修服务的车辆。

下面介绍一下在就近进行延续性车检的例子。

① 在后述认证工厂接受检修后，在固定格式的检修记录簿上填写必要事项并提出申请，然后将车辆送往车检所，由车检官验车，当符合保安基准时发放检验合格证。

② 在定点汽车维修厂事先实施必要的检查和维修，利用厂内的正规车检设施由车检员验车。合格后，将由定点汽车维修厂发放的保安基准合格证和检验合格证一并提交给运输支局，办理检验合格证换证手续。像这样，在定点汽车维修厂进行延续性检查时，没有必要将车辆送往车检所。

③ 车主直接将车辆送到车检所即所谓的车主自检，在政策放宽的背景下采用这种方式的数量逐渐增加，占据了一定的地位。这种车检有两种，一种是由用户事先检修后再到车检所接受检验的"先检修，后车检"的方法，另一种是在检修之前接受车检的"先车检，后检修"的方法。车检不合格时，运输支局将发放车检不合格证，用户在对不合格项进行检修后需要进行复检。复检方法不同，可以由用户事先进行检修后再到车检所验车，也可以将车辆送往定点维修厂继续进行检修后再行验车，检验合格后将车检不合格证交还给运输支局，换取新的检验合格证。

车检数量的变化情况见图6-1。

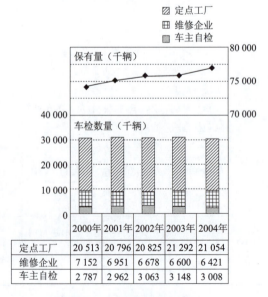

图6-1　车检数量变化情况

6.2.8 汽车拆解维修业（《道路运输车辆法》第77条）

（1）汽车拆解维修的定义　在维修汽车时如果需要"拆解维修"时，则应在拆解维修记录簿上记录维修实施情况，并保存两年，这是义务项。

这里所述拆解维修，不是指单纯地拆卸或组装部件或装置，而是指下列情况。

① 将发动机拆卸下来对整车进行维修或改造的情况；

② 将传动装置中离合器（不包括小型摩托车的离合器）、变速箱、传动轴或差速器拆卸下来对整车进行维修或改造的情况；

③ 将行走系统的前轴、前轮独立悬架装置（不包括撑杆）或后轴拆卸下来对整车（不包括小型摩托车）进行维修或改造的情况；

④ 将转向装置的齿轮箱、拉杆连接部位或转向叉拆卸下来对整车进行维修或改造的情况；

⑤ 为了拆卸制动装置的制动主缸、阀类、软管、管路、助力装置、制动气室、制动鼓（不包括小型摩托车的制动鼓）或盘式制动器的制动钳，或者更换小型摩托车的制动蹄摩擦片，而将制动蹄拆卸下来对整车进行维修或改造的情况；

⑥ 将减震装置的底盘弹簧（不包括螺旋弹簧以及扭杆弹簧）拆卸下来对整车进行维修或改造的情况；

⑦ 将牵引车或挂车的连接装置（不包括挂车挂钩、球笼式连接装置）拆卸下来对整车进行维修或改造的情况。

（2）汽车拆解维修行业的认证制度和种类　经常进行拆解维修的企业需要确定每个经营点的承接对象车辆以及业务范围（可受理汽车的种类以及装置的种类），然后获取地方运输局长的认证。经过认证的拆解维修厂一般简称为认证工厂。

汽车拆解维修行业的种类以及可受理的汽车种类大体上可以分为三类：

① 普通汽车拆解维修企业（普通汽车、四轮小型汽车以及大型专用车）；

② 小型汽车拆解维修企业（小型汽车以及列为车检对象的微型车）；

③ 微型车拆解维修企业。进行认证时，可以根据企业的技术水平和设施能力，指定可受理汽车种类以及其他业务范围。

（3）汽车拆解维修业认证标准　从事汽车拆解维修的企业必须满足以下法律上的要求。

（a）操作场面积：进行车辆维修的操作场以及车检场，不仅仅要求面积达标，还要根据受理对象汽车或装置的种类，具备能够进行拆解维修以及检验操作的面积，具体规定见表6-6。

表6-6　对于操作场面积的认证标准　　　　　单位：m

企业类型和列为受理对象范围的汽车以及装置的种类			室内操作场地					车辆存放场的规模标准	
从业类型	受理对象汽车	受理对象装置	整车维修场		部件维修场	检查操作场		宽度	进深
			宽度	进深		宽度	进深		
普通汽车拆解维修业	普通汽车（限于车辆总重超过8 t，最大装载质量超过5 t或定员30人以上）	发动机	5	13	12	5	13	3.5	11
		传动、行驶、操纵、制动、减震装置	5	12	7	5	12		
		连接装置	3.5	12.5	7	3.5	12.5		

续表

从业类型	企业类型和列为受理对象范围的汽车以及装置的种类		室内操作场地					车辆存放场的规模标准	
	受理对象汽车	受理对象装置	整车维修场		部件维修场	检查操作场			
			宽度	进深		宽度	进深	宽度	进深
普通汽车拆解维修业	大型专用车或普通汽车（车辆总重超过2 t或定员11人以上，不包括上栏内容）	发动机	5	10	12	5	10	3.5	8
		传动、行驶、操纵、制动、减震装置	5	9	7	5	9		
		连接装置	3.5	9.5	7	3.5	9.5		
	普通汽车（限于货车或洒水车、广告宣传车、灵车以及其他特种用途的车辆，不包括上两栏内容）	发动机	4.5	8	10	4.5	8	3	6
		传动、行驶、操纵、制动、减震装置	4.5	7	6	4.5	7		
		连接装置	3	7.5	6	3	7.5		
	普通汽车（不包括以上三栏内容）	发动机	4	8	8	4	8	3	5.5
		传动、行驶、操纵、制动、减震装置	4	6	5	4	6		
		连接装置	2.8	6.5	5	2.8	6.5		
小型汽车拆解维修业	四轮小型汽车	发动机	4	8	8	4	8	3	5.5
		传动、行驶、操纵、制动、减震装置	4	6	5	4	6		
		连接装置	2.8	6.5	5	2.8	6.5		
	小型三轮摩托车	发动机	4	8	8	4	8	3	5.5
		传动、行驶、操纵、制动、减震装置	4	6	5	4	6		
		连接装置	2.8	6.5	5	2.8	6.5		
	小型两轮摩托车	发动机						2	2.5
		传动、行驶、操纵、制动、减震装置	3	3.5	4	3	3.5		
		连接装置							
微型车拆解维修业	微型车	发动机	3.5	5	6.5	3.5	5	2.5	3.5
		传动、行驶、操纵、制动、减震装置	3.5	4.4	4.5	3.5	4.4		
		连接装置	2.5	4.7	4.5	2.5	4.7		

注：要求在所示长度和面积之上

规定面积的方式如下。

① 车辆维修操作场和车检操作场面积是对象汽车种类的投影面积与操作所需面积之和。

② 零部件维修厂的面积是各种机械投影面积与操作所需面积之和。

零部件维修操作场可以不与整车维修操作场在同一平面层上。

（b）设施：所需设施最好根据对象汽车或装置的种类配备齐全，而在道路运输车辆法实施规则中规定有最低限的认证标准。

（c）员工以及维修技师的数量：在维修企业从事拆解维修的人员最少两名，而且要从中选拔出维修主任。

包括维修主任在内的从事拆解维修的人员中，维修技师要占到1/4以上，有关维修技师数量要求见表6-7中规定。

表6-7　认证工厂必备的维修技师数量

从事汽车拆解维修的人员 （含维修主任）/名	维修技师/名
2~4	1
5~8	2
9~12	3
13~16	4
17~20	5
⋮	⋮

维修技师是指通过汽车维修技师技能评定规则考试合格的1级、2级和3级维修技师。

（d）维修业务主任的选拔：经过认证的汽车拆解维修企业要根据保安基准对车辆进行维修，有义务编制拆解维修记录簿，并且需要在每个经营点选拔对业务进行统管的维修业务主任。维修业务主任的职责如下：

① 确认拆解维修结果。

② 管理拆解维修的操作过程（维持合理的维修水平）。

③ 备案并保管拆解维修记录簿。

维修业务主任不允许在其他维修厂兼任，但是允许在同一个经营点选拔两名以上维修业务主任。

被选拔的维修主任必须在汽车维修技师技能评定中获得1级或2级维修技师资格（对发动机进行拆解维修的企业，不包括2级汽车底盘维修技师）。

（e）认证企业的标识：通过汽车拆解维修企业认证的企业，应在经营场所的显要位置做出图6-2所示格式的标识。

图6-2　维修企业标识

6.2.9　优良汽车维修企业的认证（《道路运输车辆法》第94条）

为了提高汽车维修技术以及增强汽车维修设施的能力，地方运输局长根据企业申请，对优良汽车维修企业进行认证。该制度针对具有优良设施、技术和管理水平的企业，进行以下认证。

① 一类维修企业的认证。

② 二类维修企业的认证。

③ 特殊维修企业的认证。

对于特殊维修企业的认证根据表6-8所示的工作分工进行。在认证标准中，一类和二类维修工厂的规模见表6-9，特殊维修工厂中车身维修厂的规模见表6-10。

表6-9　一类以及二类维修工厂

认证种类 项目	一类维修工厂	二类维修工厂	备　注
员工数量/人	>10	>5	
维修技师数量/人	>4	>2	工人中维修技师的数量
维修技师拥有率	30%	30%	

续表

认证种类 项目	一类维修工厂	二类维修工厂	备注
室内现车操作场	>a×1.6	>a	对现车进行检查维护的操作场地。 a 指认证标准中对维修操作场以及车检操作场的面积
其他操作场	○	○	机加工、发动机、锻冶等各类操作场
车辆存放场	>b×0.3	>b×0.3	室内室外均可。 b 指该维修企业室内现车操作场的面积
成品检验场	○	○	室内

注：○ 表示室内现车操作场地的面积标准

表 6-10 特殊维修工厂

认证种类 项目	车身维修操作（一类）	车身维修操作（二类）	备注
员工数量/人	>5	>3	从事车身维修作业的员工数量
维修技师数量/人	>2	>2	汽车车身维修技师数量
室内维修操作场/m²	>60	>50	限于对现车车身进行维护操作，包括不少于一辆车的涂装操作场，不包括其他操作场、成品检验场和洗车场
其他操作场	○	—	机加工、木工、锻冶等各种操作场
车辆存放场	>a×0.3	>a×0.3	室内室外均可。 a 指该维修企业室内现车操作场的面积
成品检验场	○	○	室内
洗车场	○	○	

注：○ 表示对于机器的设置和操作的实施都足够的面积

获得优良汽车维修企业认证的企业应在经营场所作出图 6-3 格式的标识。

优良汽车维修企业的认证不是强制性的，当符合标准的汽车维修企业希望获取认证时，均可

图 6-3 优良汽车维修企业认证标识

以随时提出申请。该认证常常与汽车拆解维修企业认证相混淆，实际上两者之间没有任何直接关系，是两个完全不同的事情。

6.2.10 定点汽车维修企业（《道路运输车辆法》第 94 条之 2）

为了使车检制度趋于合理，充分利用民间的检验设施，地方运输局长得到汽车拆解维修企业的申请后，可以对汽车维修企业进行指定，赋予其车检资质。但申请企业必须在设施、技术、管理组织等方面具备一定水平。

获取定点汽车维修企业资格后在其经营场所应做出图 6-4 所示的标识。

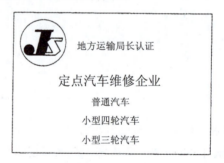

图 6-4 定点汽车维修企业认证标识

定点汽车维修企业进行的车检是代表国家进行的，因此在部分层面上被视为具有执行公务的职能，因此一定要做到公正第一。

（1）定点汽车维修企业的设施标准：

（a）定点维修工厂的标准：

① 希望获得定点汽车维修企业资格的企业，首先需要得到汽车拆解维修企业认证。

② 汽车维修企业应具备能够满足国土交通省法令要求的设施、技术、管理组织。尤其是应该

具有专用的车检场以及车检专用设施,即应该具备符合优良汽车维修企业认证规则且满足二类维修工厂标准要求的资质。

（b）车检操作场的标准：应该具有能够进行室内车检的场地,这是专门用于车检或进行相关调整、加油以及简单操作的场地,不能作为拆解维修场地共同使用。

（2）车检员　定点汽车维修企业需要在每个经营点从符合下列要求的人员中选拔车检员。

① 汽车拆解维修企业的维修业务主任（只具有2级底盘维修技师资格者除外）应具有一年以上的实际工作经验,而且接受过地方运输局长组织的车检相关知识和技能培训。

② 具有担任车检官的经历。

③ 具有在车检机构从事过审查业务的经验。

④ 具有微型车检验员经验。

车检员同认证工厂的维修业务主任一样,不能在其他经营点场所兼任,但如果符合国土交通省令规定要求,可以在同一定点维修企业的其他机构（同一法人资格的总公司、营业点或与第一工厂和第二工厂有关系的部门）兼任。

车检员为了能够合理地完成工作,需要站在第三方的立场确认检修结果,而进行自检的车辆也应该保证按流程进行。

（3）保安基准合格证等　定点维修企业根据国土交通省令规定的标准,对汽车进行检查、保养和维修后,由车检员根据国土交通省令规定的标准进行车检,当符合保安基准时向委托人发放保安基准合格证和保安基准合格标识。

车检根据表6-11中规定的三个项目和方法进行。

表6-11　车检方法

	检 测 项 目
利用车检设施进行检测	① 转向轮的排列状态→侧偏检测； ② 制动装置的性能以及制动能力→制动性能检测； ③ 汽车产生的噪声大小→噪声计； ④ 前照灯光照度以及主光轴的方向→前大灯检测； ⑤ 喇叭声音的大小→音量计； ⑥ 车速表指针的误差→车速表试验仪； ⑦ 车速显示误差→车速表试验仪； ⑧ 一氧化碳的排放浓度→CO、HC检测； ⑨ 碳化氢的排放浓度→CO、HC检测； ⑩ 柴油车排放的黑烟浓度→黑烟测试仪
利用锤子等检测工具检查有无出现龟裂、异响、安装部是否松动等	① 传动装置；　　　⑥ 燃料装置； ② 行走装置；　　　⑦ 车架以及车身； ③ 操纵装置；　　　⑧ 连接装置； ④ 制动装置；　　　⑨ 物品装载装置； ⑤ 减震装置；　　　⑩ 压力容器及其附属装置
利用目测等其他方法进行检测	① 发动机；　　　　⑩ 保证视野的装置； ② 电气装置；　　　⑪ 里程表以及其他仪表； ③ 乘用装置；　　　⑫ 防火装置； ④ 前挡玻璃即其他车窗玻璃；　⑬ 行驶记录仪； ⑤ 噪声防止装置；　⑭ 速度显示装置； ⑥ 烟雾颗粒等防扩散装置；　⑮ 最小离地间隙； ⑦ 灯具及反射器；　⑯ 最大稳定倾斜角度； ⑧ 报警装置；　　　⑰ 最小转弯半径 ⑨ 指示装置；

在定点维修工厂完成上述检验之后，将所需文件提交给就近的运输支局或汽车检验登记事务所，办理检验合格证有效期变更手续。

（4）定点维修记录簿　定点汽车维修工厂应准备定点维修记录簿，针对已经获得保安基准合格证、保安基准合格标识或保安基准不合格证的汽车，记录下列事项。

① 车辆名称、形式、底盘编码、发动机形式以及登记编号，作为检验对象已经授予车辆编码的微型车以及两轮小型车则记录该编码；

② 维修日期以及检验结果；

③ 检验日期；

④ 车检员的姓名；

⑤ 保安基准合格证以及保安基准合格标识的编号；

⑥ 委托人姓名或名称以及住址。

定点维修记录簿的格式由国土交通省令已经规定，该记录簿自记录起应保存2年。

6.2.11　各国车检制度

（1）车检动态　国外的车检制度与日本很容易进行比较，尤其是欧美与日本很类似。EU 各国自 1993 年 EU 法启动以来，要求没有车检制度的国家抓紧制定和实施，或缩短车检有效期，以此推动各国实施能够对应于 EU 法的车检制度。另外在汽车急速普及的亚洲各国，出现了较严重的大气污染、交通事故，因此需要尽快引用以检测排气为主的车检制度，但是有些国家进展很慢，有些国家即使已经引用其实施力度也远远不够。

目前，义务进行车检的国家见表 6-12。

（2）车检有效期　纵览各国轿车的车检有效期便可以了解到，对于新车有效期而言，英国、德国、瑞典和日本一样均为三年，法国、意大利、比利时为四年。对于延续性车检而言，德国、法国、意大利和日本一样为两年，英国、比利时为 1 年，而瑞典和瑞士则不很规律，最后变成两年或一年。

表 6-12　国外车检现状

实施车检制度的国家	备注
德国、英国、瑞典、比利时、荷兰、瑞士、西班牙、意大利、澳大利亚、新西兰、美国、韩国、日本、墨西哥	① 用户自身的汽车自主管理责任和车检的法律约束力因国而异，法律约束力弱的国家，即使是引用了车检制度其实施效果也较差。 ② 有的国家因地区和州采用不同的车检方式： 　● 澳大利亚、美国 ③ 有的国家只检测排气情况。 ④ 在美国实施车检的州（包括只检测排气的州） 　● 家用汽车：36 个州 　● 货车：38 个州 　● 客车：40 个州

资料来源：国土交通省网站/各国车检制度（JASIC 车检制度调查（1998 年），汽车检查、维护相关的基础调查研究会资料（2005 年），日本汽车运输技术协会/各国汽车检修调查报告书（1992 年），（株）JCM 网站/海外赴任 Car 指南/世界汽车社会）。

6.3　汽车再利用相关法律

6.3.1　日本汽车再利用制度

（1）汽车再利用相关的法规动态

日本《汽车再利用法》（"报废汽车再资源化等相关法律" 2002 年法律第 87 号）于 2002 年 7 月 12 日公布，从 2005 年 1 月 1 日正式实施。下面介绍在实施《汽车再利用法》之前与汽车再利用相关的法律法规动态。

1991 年制定的《再生资源利用促进法》（"促进再生资源利用相关法律"）中指出，汽车 "应采用在报废后能够便于再利用的结构和材料"。

根据 1995 年 6 月原厚生省 "破碎处理的汽车以及电器机械器具预分选指南"（统称预分选指南）规定，报废汽车在进行破碎处理前应该对汽油等燃料、各种油液、冷却水、蓄电池等进行分选，并进行妥善保管和处理。

1996 年 4 月起义务要求将 ASR 等填埋地从原来的 "稳定型" 处理场转向 "管理型" 处理场，原因是这些填埋物中包含铅等重金属。

1997年，在由通商产业省策划下制定的《报废汽车再利用行动》指导下，（社）日本汽车工业协会积极投身于特定氟利昂的回收和销毁、安全气囊气体发生器的回收和处理、ASR减量对策以及管理票制度，为解决报废环节的问题做了很多努力。

2000年度被命名为"循环型社会元年"，将以往分散实施的废弃物·再利用对策进行整合并制定了框架法即《循环型社会形成推进基本法》，完善了《资源有效利用促进法》（对《再生资源利用促进法》进行大量修改后名称也加以变更）和《容器包装再利用法》等各种再利用法。根据《资源有效利用促进法》，汽车领域则在再利用的基础上增加了减量化和再使用的概念（3R）。《废弃物处理法》也进行大量修改，增强了企业的排放处理责任（排放者责任）。

构建循环型社会的法制体系见图6-5[2]，各种再利用法作为资源有效利用促进法和废弃物处理法的过渡进行了完善。

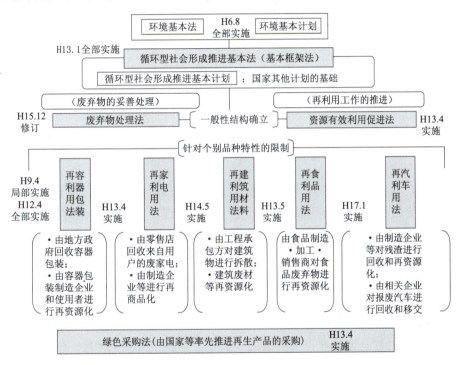

图6-5 推进循环型社会形成的法制体系[2]

《循环型社会形成推进基本法》中确定了"扩大生产者责任"（Extended Producer Responsibility，EPR）的一般性原则。（经济开发支援机构，OECD）研究了多年EPR，制定了面向加盟国政府的指导手册。主要思路是生产者（制造企业、流通企业等）对自己生产的产品等，从使用到变成废弃物的最后阶段应承担一定责任。在这种理念下，在《汽车再利用法》中，要求汽车厂家、进口商（简称汽车厂家等）承担回收报废汽车的ASR、安全气囊、氟利昂并进行再资源化处理（再利用，氟利昂则指销毁）的义务。

2002年10月1日起开始实施《氟利昂回收销毁法》（"确保实施特定产品相关氟利昂类回收以及销毁的法律" 2001年6月22日法律第64号），汽车空调部分被指定为第二类特定产品，在《汽车再利用法》实施之前汽车厂家已经开始承担回收、销毁氟利昂的义务。后来这个框架直接引用到了《汽车再利用法》中。

在国外从2000年10月21日起EU报废车指令（EU ELV指令）生效，要求在一年半的时间内各成员国完善国内法，这对日本制定《汽车再利用法》产生了很大影响。

（2）《汽车再利用法》的目的和概要[4]—[6]

（a）《汽车再利用法》制定背景：

① 每年高达 400 万辆的报废汽车含有丰富的有用金属以及零部件，可作为资源利用的价值很高，因此，一直以来由拆解企业和破碎企业以买卖的方式流通，进行再利用和处理，其中能够再利用的部分占车辆总重的 80%，剩余部分作为碎渣进行填埋处理（见图 6-6）。

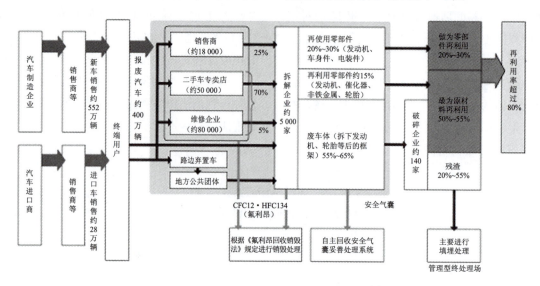

图 6-6 日本报废汽车流程和再利用情况[6]

销售商、二手车专销店、维修企业有兼营的情况

② 近年来由于产业废弃物终处理场渐趋紧张，导致破碎处理费用上涨，车体压块价格下降，而且动荡不定，为此出现了补贴回收（在回收时倒贴费用）报废汽车的情况，导致原来的再利用系统功能不再健全，出现了非法弃置以及不当处理的可能性。

③ 报废汽车 ASR 处理以及构成新的环境问题的安全气囊、氟利昂处理是造成原再利用系统功能紊乱的主要原因，作为对策日本于 2002 年 7 月制定了《汽车再利用法》，2005 年 1 月 1 日起正式实施。

(b)《汽车再利用法》的基本思路：

① 分担原从事汽车再利用工作企业（回收企业、氟利昂类回收企业、拆解企业或破碎企业）的工作量，体现公正的竞争机制。

② 终处理量的最小化：要求汽车厂家等承担再利用残渣等的义务。

③ 防止非法弃置：

• 建立相关企业在都、道、府、县或保健所所在城市的行政管理部门进行备案、许可的制度；

• 报废汽车或拆解汽车（简称拆解汽车等）回收、移交义务；

• 引用电子清单（移动报告）制度；

• 建立在购买新车时（车检时）预缴再利用所需费用等制度；

• 引用汽车质量税退税制度。

④ 与原有制度做好接口：

•《废弃物处理法》；

•《氟利昂回收销毁法》。

(c)《汽车再利用法》整体概况（见图 6-7）：

1）报废汽车等的流程：

① 基于"扩大生产者责任"的理念，汽车厂家等对残渣、安全气囊类、氟利昂类回收并再利用（氟利昂类指销毁）。

② 关联企业均采用都、道、府、县等地方行政管理部门的备案、许可制，在分担任务的前提下，承担报废汽车等的回收、移交业务以及相应的行为责任。

2）再利用费用的流程：

① ASR、安全气囊类的再资源化和氟利昂类销毁所需费用，即所谓的再利用费用由车主负担。与其配套的信息管理费用和资金管理费用一并由车主承担。

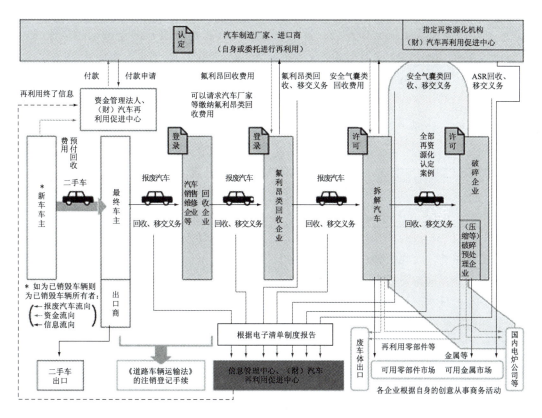

图6-7 报废汽车再资源化相关法律（统称为《汽车再利用法》）概念图[6]

② ASR等三种物质的再利用费用，由汽车厂家等重新制定并公布，由此可以增强汽车厂家之间的竞争，以期汽车厂家能够设计和制造便于再利用的产品以及降低再利用费用。

③ 再利用费用原则上在汽车用户购买新车时（已销毁车则规定在车检时）委托给资金管理法人，在国土交通省办理登记、车检手续的环节进行确认。

④ 为了防止因汽车厂家等倒闭、解散造成的损失，再利用费用由资金管理法人代管，当汽车厂家等从事破碎与再利用相关的工作时可以申请其支付这笔费用。

3）信息的流程：

① 引用电子清单（移动报告）制度，建立信息管理系统，以期各相关企业能够掌握报废汽车的回收、移交等流转过程信息。

② 具体地讲，当各相关企业回收、移交报废汽车等时，将数据传输到信息管理中心，然后通过互联网公开，这种制度能够对电子信息进行一站式管理。

注：汽车再利用促进中心是根据汽车再利用法规定成立，并经由经济产业大臣、环境大臣指定的法人机构，兼具着资金管理法人、信息管理中心、定点再资源化机构的职能（见图6-7及6.3.2（1））。

(3)《汽车再利用法》适用范围内的对象车辆
《汽车再利用法》（第2条第1项，第2项相关）

《汽车再利用法》规定的对象车辆除表6-13所列内容外，其余汽车均在适用范围之内，包括货车、客车等大型车、专用车、没有牌照的场地车。

表6-13 《汽车再利用法》中非指定车型

- 被牵引车；
- 两轮车（带动力源的两轮车，含带跨斗的车辆）；
- 大型专用车、小型专用车；
- 其他政令和省令规定的汽车；

农用机械、林用机械、铲雪车、场地赛车、部队用装甲车、厂内试验开发用车、轮式高空作业车、无人驾驶的搬运车辆、台车（只在道路外的场地使用，限于搬运功能）、重型自卸车、钻车（限于有两个以上磐岩机支撑臂）、混凝土喷吹机、非折叠式打夯机、高尔夫车、游戏用车对适用范围内的汽车进行改装的部分（见表6-14）很少由破碎企业处理，而且有的则直接换装或用于其他功能，因此《汽车再利用法》将其排除在外。这些改装部分根据通用的《废弃物处理法》规定的流程《废弃物处理法》规定的从业许可以及清单制度）处理。

表6-14 《汽车再利用法》中非指定改装件

- 保鲜车用的冷却装置以及其他厢型装载装置；
- 混凝土搅拌以及其他罐式装载装置；
- 运输沙土用的车厢板及其带有围栏的装载装置

改装是多种多样的，因此将哪一类改装排除在汽车再利用法之外，这需要根据（社）日本汽车工业协会和（社）日本汽车车身工业协会共同制定的《汽车再利用法·改装件判断指南》进行判断，并刊登在（社）日本汽车工业协会网站上。

（4）《汽车再利用法》与其他法的关系[5]

（a）《汽车再利用法》和《废弃物处理法》的关系[《汽车再利用法》第121条~第124条相关]：

① 根据《汽车再利用法》规定，报废汽车等（报废汽车、拆解汽车、破碎物、安全气囊类）不论有无经济价值都将其视为《废弃物处理法》中定义的废弃物（但是拆解下来的零部件等以及移交到电炉公司的拆解汽车（车体压块）一般符合《废弃物处理法》的思路，因此，只要具备有偿移交的性质，原则上不视为废弃物）。

② 根据《汽车再利用法》备案、许可的企业，在搬运、处理报废汽车时，不需要获得在《废弃物处理法》规定的许可，只要获得企业所在的都、道、府、县知事等备案、许可便可以在其他省市从事收集和运输报废汽车的工作。但是在运输、处理时要符合《废弃物处理法》规定的废弃物处理标准。

③ 备案、许可的企业有义务将报废汽车等移交给下一个工艺流程的备案、许可企业，但是没有义务根据《废弃物处理法》签订委托协议书（但允许自主签订委托协议书）。对于回收和移交报废汽车应遵循《汽车再利用法》规定的电子清单制度，因此，不需要《废弃物处理法》要求的产业废弃物清单或传统的报废汽车用清单。

④ 将报废汽车搬运到下一个工序的工作委托给他方时，要求受托方具有《废弃物处理法》规定的收集搬运业从业资质（产业废弃物、一般废弃物均可，如果是产业废弃物不需要《废弃物处理法》规定的清单，但需要根据《废弃物处理法》签订委托协议书）。获取《汽车再利用法》规定资质的备案、许可企业从事报废汽车以外的废弃物相关工作时，需要得到《废弃物处理法》规定的许可资格。

（b）《汽车再利用法》和《氟利昂回收销毁法》（汽车空调部分从2002年10月起开始实施）的关系（《汽车再利用法》附则第3条、第4条、第18条、第19条相关）：

① 《氟利昂回收销毁法》（汽车空调）的框架原则上直接引用到《汽车再利用法》中，对报废汽车进行统筹管理。

② 根据《氟利昂回收销毁法》进行备案的第二类特定产品回收企业、第二类氟利昂类回收企业将自动具备《汽车再利用法》中规定的回收企业、氟利昂类回收企业的资格（需要做出标识）。

③ 备案企业的行为义务原则上直接引用《氟利昂回收销毁法》规定，但是氟利昂券征收费用方法与《汽车再利用法》纳入一体（取消氟利昂券制度），废止了氟利昂类管理书，统一采用《汽车再利用法》中的电子清单制度。

（5）相关方的备案、许可和行为责任[5]、[6]

（a）相关方的职责分工：

① 以充分利用传统汽车再利用设施为前提，相关方的职责分工见表6-15。在ASR和安全气囊类再资源化体制中，汽车厂家需要获得经济产业、环境大臣的认定，相关方需要在向各地方行政管理部门进行备案并获得许可。

表6-15 相关方的职责分工[6]

相关方	《汽车再利用法》规定的主要职责
车主	• 承担ASR、安全气囊类、氟利昂类的再利用所需的费用； • 最终车主将报废汽车移交给已经进行备案的回收企业

第6章 法规、标准

续表

相关方	《汽车再利用法》规定的主要职责
回收企业【备案制】 新车、二手车销售商、维修企业、直接进行回收的拆解企业等	从最终车主手中回收报废汽车,然后移交给氟利昂类回收企业或拆解企业
氟利昂类回收企业【备案制】 回收企业和拆解企业兼营	从回收企业收集报废汽车,根据氟利昂类回收标准进行合理回收,移交给汽车厂家等
拆解企业【许可制】	接收来自回收企业或氟利昂类回收企业移交的报废汽车,根据再资源化标准进行妥善拆解,回收安全气囊类,移交给汽车厂家等
破碎企业【许可制】	根据再资源化标准对拆解汽车(ASR)进行妥善的破碎处理(压缩、切割处理、粉碎),将残渣移交给汽车厂家等
汽车厂家、进口商【认证制】	• 自己制造或进口的汽车报废后,回收该车辆产生的ASR、安全气囊类、氟利昂类,进行再利用处理; • 在汽车设计、零部件或原材料种类方面多下功夫,延长汽车有效使用时间,有利于再利用,降低再利用费用。为相关方提供合理的汽车结构、零部件、原材料信息,并在其帮助下,合理且顺利地推进再利用工作

② 对于无备案、无许可但从事该工作的企业进行严惩,对于违反规定,不向具有备案、许可资格的企业移交,或者不遵守再利用等各种行为责任的企业,都、道、府、县等地方行政管理部门有权给予指导、劝告或发出命令使其改正,对于行径恶劣的企业剥夺备案、许可资格,或进行惩罚。(《汽车再利用法》第19条、第20条、第49条(第50条)、第66条(第72条)、第8章相关)。

注:对于无备案、无许可状态下经营的企业,根据汽车再利用法处以一年以下劳役或50万日元以下罚款。获取汽车再利用法规定的备案、许可资质后,可以不再申请废弃物处理法规定的行业备案、许可,因此如果在没有有获取废弃物处理法规定的行业许可的情况下,从事废弃物相关工作时,以无照经营的名义,处以5年以下牢役或1千万日元的罚款。

③ 对于各备案、许可企业,根据电子清单制度实施移动报告等,在向都、道、府、县等地方行政管理部门进行备案、许可外,还要登录到汽车再利用系统。①

(b) 相关企业的备案许可条件(《汽车再利用法》第3章相关):

备案、许可标准,除了需要具备相应的资格外,还包括下列内容。

1) 回收企业:备有可以判断汽车空调中含氟方法的记录文件,或已建立由对汽车空调结构十分了解的人员对上述内容进行确认的体制。(备案);

2) 氟利昂类回收企业:拥有适当的氟利昂回收设施。(备案);

3) 拆解企业:对拆解企业所需设施和申请者的能力进行规定。(许可标准)。

ⅰ) 保有设施:

• 为了防止废油等泄露,拆解场应为混凝土地面,而且原则上应带有油水分离装置和顶棚;

• 报废汽车保管场应该带有围栏,范围明确。

ⅱ) 申请者的能力:

• 要常备拆解程序等标准作业书,并要求从业人员都能够掌握;

• 拆解企业的持续经营能力(从事业计划书中进行判断)。

4) 破碎企业:从保护生活环境和保证具有适当的再利用能力的观点,对破碎企业所需设施和申请者的能力进行规定。(许可标准)

ⅰ) 保有设施:

• 报废汽车(废车体)保管场应该带有围栏,范围明确;

• 作为破碎预处理措施应该采取防止废弃物飞散和泄露、噪声和振动和措施;

• 破碎设施属于产业废弃物处理设施范畴时,应根据《废弃物处理法》规定接受许可认证,否则等同于破碎预处理设施;

• ASR的保管设施应采取防污水下渗的措施,带有废水处理设施,并带有顶棚。

---

① 由(财)汽车再利用促进中心主办的汽车再利用综合信息网站(见6.3.2 (2))。

ⅱ）申请者的能力：
• 要常备拆解汽车保管、搬运方法、破碎方法以及 ASR 保管、搬运方法的标准作业书，并要求从业人员都能够掌握；
• 拆解企业的持续经营能力（从事业计划书中进行判断）
（c）相关方的业务内容：
1）回收企业的作用（行为义务等）（《汽车再利用法》第9条、第10条、第80条、第81条第1项和第2项相关）：
ⅰ）对装备和预付款进行确认。确认有无氟利昂类（汽车空调）、安全气囊类装备（装备确认）后，确认有无预付再利用费用（预付款确认）。
ⅱ）实施报废汽车回收和提交回收报告：
• 除混有垃圾等正当理由外，均应回收报废汽车；
• 确认底盘编码，根据电子清单制度，迅速将其传输到信息管理中心。
ⅲ）发放报废汽车回收证明：向最终车主发放报废汽车回收证明书。
ⅳ）实施报废汽车移交和提交移交报告：
• 将报废汽车移交给具有备案、许可资格的氟利昂类回收企业或拆解企业（无氟利昂类时）；
• 根据电子清单制度，迅速将报废汽车移交报告传输到信息管理中心。移交时将报废汽车和再利用券一同移交。
ⅴ）确认报废汽车完成拆解，并通知最终车主。在报废汽车确实得到拆解后可以进行永久注销登记，以及可以办理汽车质量税退税手续时，与最终车主进行联络。
注：原则上在破碎企业完成回收报告时，可以通过信息管理中心的电子清单系统通知回收企业。
2）氟利昂类回收企业的职责（行为义务等）（《汽车再利用法》第11~14条、第23条、第81条3~6项相关）：
ⅰ）实施报废汽车回收和提交回收报告：
• 除混有垃圾等正当理由外，均应回收报废汽车；
• 确认底盘编码，根据电子清单制度，迅速将其传输到信息管理中心。

ⅱ）根据标准回收氟利昂类：
• 根据回收标准回收氟利昂类；
• 回收氟利昂类时，针对每辆车判断是否可以移交给汽车厂家，是否可以再利用过后进行选择，然后通过界面输入到电子清单系统中；
• 各企业应该掌握再利用的氟利昂量，以便反映到氟利昂类年度报告中。
ⅲ）实施氟利昂类的移交和提交移交报告：
• 对于回收的氟利昂类，除了可以再利用的情况之外，应该根据汽车厂家等规定的"回收标准（性质、包装外形、回收方法）"，移交到汽车厂家等指定的具有资质的回收企业；
• 大型钢瓶、专用容器移交给汽车厂家等时，应根据电子清单制度，迅速将回收报告传输给信息管理中心；
• 提交氟利昂类的移交报告时，由汽车厂家等支付氟利昂类回收费用。
ⅳ）实施报废汽车移交和提交移交报告：
• 回收氟利昂类时，将报废汽车移交给具有资质的拆解企业；
• 根据电子清单制度，迅速将移交报告传输到信息管理中心。
ⅴ）氟利昂类年度报告。每个财政年结束后的一个月内（4月底之前）每个营业点应根据电子清单制度做出关于上一年度对汽车厂家的移交量、再利用量、保管量统计。
3）拆解企业的职责（行为义务等）（《汽车再利用法》第15条、第16条、第81条第7项~第9项相关）：
ⅰ）实施报废汽车的回收和提交回收报告：
• 除混有垃圾等正当理由外，回收报废汽车；
• 根据电子清单制度，迅速将回收报告传输到信息管理中心；
• 关于报废汽车的工作，不需要由本公司全部承担，可以移交给其他拆解企业处理。
ⅱ）根据标准对报废汽车进行拆解。
• 拆解报废汽车时，事先回收蓄电池、轮胎、废油、废液、客车等车内照明用荧光灯等；

● 作为产业废弃物处理时，可以委托具有《废弃物处理法》许可资质的企业，根据《废弃物处理法》进行处理。

ⅲ）对于没有经过引爆的安全气囊类，必须采取一定的做法进行回收或处理：

● 从报废汽车上拆卸下来的安全气囊类，由于汽车厂家没有对其人身保护装置的功能做出承诺，因此不会考虑再利用。

① 拆解回收。将气体发生器等拆卸下来进行回收后，搬运到汽车厂家指定的具有资质的回收企业进行处理。

② 车内处理：

● 接受汽车厂家的委托，参考"安全气囊类合理妥善信息"，直接在原安装状态下进行处理（引爆处理后拆卸下来，无需搬运到指定回收企业）；

● 在车内进行引爆处理时，需要通过有限责任中间法人即汽车再资源化促进机构①，与汽车厂家等签订委托协议书。

ⅳ）实施安全气囊类的移交和提交移交报告：

● 拆卸回收安全气囊类时，需要根据汽车厂家等制定的"回收标准（性质、包装形态、回收方法）"，将安全气囊类移交给指定回收企业；

● 提交安全气囊类移交报告后，由汽车厂家等支付安全气囊类回收费用或车内引爆处理委托费用。

ⅴ）实施报废汽车或拆解汽车（废车体压块）移交和提交移交报告：

● 报废汽车拆解后，将拆解汽车（废车体压块）移交给具有资质的销毁企业或销毁预处理企业（压缩、切割处理企业）；②

注：所谓拆解汽车全部利用企业是指将拆解汽车作为钢铁原料投入到日本国内电炉或转炉的企业，或者作为产品原料出口的企业，当移交给拆解汽车全部利用企业时，应该保管能够证明该移交事实的书面材料长达5年以上。

● 经拆解汽车移交给破碎企业时，根据电子清单制度，迅速将移交报告传输到信息管理中心。

4）破碎企业的作用（行为义务等）（《汽车再利用法》第17条、第18条、第81条第10项~第12项相关）：

ⅰ）实施拆解汽车的回收和提交回收报告：

● 除混有垃圾等正当理由外，回收报废汽车；

● 确认底盘编码，根据电子清单制度，迅速将其传输到信息管理中心。

ⅱ）根据标准实施拆解汽车破碎或破碎预处理：

● 将铁、铝等材料在技术可能的范围内最经济地进行分类回收（破碎处理工艺）；

● 破碎时尽量勿使异物混入汽车本身的残渣中（破碎处理工艺）；

● 勿将异物混入拆解汽车（废车体压块）中（破碎预处理工艺）。

ⅲ）破碎预处理企业可以移交给其他破碎企业或拆解汽车全部利用的企业。将经过预处理（压缩、切割）的拆解汽车移交给其他破碎企业或拆解汽车全部利用的企业。

ⅳ）破碎企业移交残渣。破碎工艺之后，汽车厂家等根据"回收标准（性质、包装形态、回收方法）"，将ASR移交给指定回收企业。

ⅴ）实施拆解汽车的移交和提交移交报告。移交拆解汽车或残渣时，根据电子清单制度，迅速将移交报告传输到信息管理中心。

(d) 关于全部再资源化的认定：

1）全部再资源化认定（《汽车再利用法》第31条认定）（《汽车再利用法》第31条等相关）：《汽车再利用法》规定，汽车厂家委托拆解企业等，利用不产生ASR的方法，在日本国内再利用拆解汽车（废车体压块）（汽车厂家等委托拆解企业进行精细拆解处理③，将废车体压块作

---

① 为了回收氟利昂类并再资源化，由日本国内汽车厂家和进口商协会成立的中间法人（见6.3.2（2））。

② 可以将拆解汽车移交给其他拆解企业或汽车全部利用企业。

③ 从拆解汽车上除去含有铜成分的电线束、电机类，便可以得到优质的钢铁原料。全部再资源化品（A类压缩）的含铜率因ASR再利用小组的操作而异，ART*小组制定了0.3%一个级别，而TH小组*制定了0.3%、0.5%、0.7%三个级别（ART小组和TH小组是以ASR再利用为目的由汽车厂家等组成的小组（见6.3.2（2））。

为钢铁原料投入到电炉、转炉）时，获得经济产业、环境部认定的汽车厂家等，可以得到 ASR 部分的再利用处理费的返款（所谓的全部再资源化认定方案）。

2）至全部再资源化认定（《汽车再利用法》第 31 条认证）之前的程序（见图 6-8）

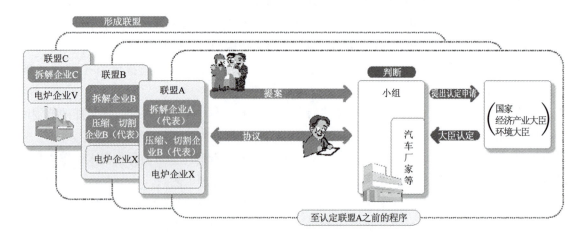

图 6-8　至全部再资源化认定的流程[7]

ⅰ）联盟的形成：拆解企业、压缩、切割处理企业、电炉、转炉企业等相关方结成联盟。

ⅱ）提案：通过精细拆解、压缩、切割、全部利用（国内的电炉、转炉）等一系列工艺，由汽车厂家等判断其有效性和可靠性。联盟代表在对全部再资源化方法、设施、工艺以及联盟机构图、责任关系等进行整理后，为汽车厂家等（小组）做出提案。

ⅲ）判断：汽车厂家等（小组）对"ASR 再资源化成本最多能够下降多少""提高再资源化率的手段是否切合实际""整体方案是否合理可行"等方面，进行综合判断。

ⅳ）签约：汽车厂家等（小组）与联盟中从事全部再资源化的企业即拆解企业或压缩、切割企业签订协议。

3）委托费用的支付：对于签约的拆解企业或压缩、切割处理企业，汽车厂家等（小组）根据委托协议内容，将 ASR 部分的再利用费用作为资金，向其支付相应工作量的委托费用。

电炉公司等一般有偿回收废车体压块作为钢铁原料，从法律上讲，在移交废车体压块的那一时刻起被视为进入再资源化阶段，因此，电炉公司等虽然可以不受《废弃物处理法》中对行业、设施的许可等限制，但是必需满足二噁英类特别措施法以及《大气污染防治法》等一般性环境要求。

4）《汽车再利用法》中要求的提交报告等体制：基于《汽车再利用法》，进行全部再资源化的拆解企业或压缩、切割处理企业应承担提交下列报告的义务。在提案中需要说明实施体制。

① 拆解汽车的移交报告：

• 报告事项：移交对象的全部利用者名称、底盘编码等；

• 报告时期：②项指定传票从全部利用企业返回时需要提交报告（《汽车再利用法》要求时间为拆解汽车成功移交后的 3 天内）。

② 保存能够证明拆解汽车移交到全部利用者处的书面材料：

• 报告事项：进行移交的拆解企业或压缩·切割处理企业名称、全部利用者名称、全部利用者回收日期、移交车辆的底盘编码、搬运企业名称、验收签章等；

• 书面材料：汽车厂家等（小组）制定的验收传票；

• 保存时间：5 年。

5）向汽车厂家等（小组）提交报告的体制：汽车厂家等（小组）为了了解再资源化的实际情况以及确认是否妥善处理，要求参加联盟的拆解企业或压缩、切割处理企业以及全部利用者提交下列报告。在提案中需要说明实施体制。

ⅰ）由从事全部再资源化工作的拆解企业或压缩、切割处理企业提交的报告内容：

① 能够证明将拆解汽车移交给全部利用者的书面材料复印件：

- 记录事项：同前一项中的②；
- 报告方法：邮寄（汽车厂家等（小组）指定的验收传票的复印件）；
- 报告时期：每个汽车厂家等（小组）自行决定。

② 全部再资源化过程中受汽车厂家等（小组）委托，对精拆的结构件再资源化、处理的实际情况报告：

- 记录事项：移交对象企业的名称、数量等；
- 报告方法：邮寄（移交对象企业的接收传票、产业废弃物清单复印件等）；
- 报告时期：每个汽车厂家等（小组）自行决定。

ⅱ）全部利用者提交的报告：

① 对来源于拆解汽车的炉渣、飞灰等再资源化、处理情况报告：

- 记录事项：移交对象企业的名称、数量等；
- 报告方法：电子邮件（需要附上移交对象企业的接收传票复印件、产业废弃物清单复印件等证据）；
- 报告时期：每个汽车厂家等（小组）自行决定。

② 最终处理 ASR 的处理情况报告：

- 记录事项：移交对象企业的名称、数量等；
- 报告方法：电子邮件（需要附上产业废弃物清单复印件等证据）；
- 报告时期：每个汽车厂家等（小组）自行决定。

(6) 汽车厂家等的职责（认定制度、行为义务）[4]

(a) 认定制度等（《汽车再利用法》第 28 条等相关）：

- 汽车厂家等在进行 ASR 和安全气囊类的再资源化时，根据再资源化体制，需要得到经济产业、环境大臣的认定（称为 28 条认定。另外已经得到大臣认定的汽车厂家等或受其委托产生再资源化行为的企业，不需要得到废弃物处理法规定的从业许可）；
- 作为没有再利用义务或难以履行再利用义务的小规模企业（5 年内将生产、进口的汽车委托给指定再资源化机构的数量不足 1 万辆）的受托主体，成立指定再资源化机构①，形成稳定的网络。

(b) 行为义务等：

1) ASR②、安全气囊类的再资源化标准（《汽车再利用法》第 25 条相关）：

ⅰ）ASR 再资源化标准：

- 报废汽车整体再利用率，按材料计算时已经达到了 80%，为了进一步提高再利用率（填埋处理量的最小化），ASR 再资源化标准采用了热能再利用和原料再利用两个要素；
- 在计算 ASR 再利用率③时，首先将达到一定水平（0.4 以上）的各设施物质和能源投入和回收比例列入到 ASR 再利用率计算当中（见图 6-9）；
- 汽车厂家等根据图 6-10 所示的算式计算每一年度的 ASR 再利用率；
- 汽车厂家等应达到的 ASR 再利用率水平为能够充分满足"报废汽车再利用行动"（1997 年通商产业省制定）中制定的"2015 年以后报废汽车整体再利用率达到 95%"的目标（EU ELV 指令等同等目标水平）要求，具体情况见表 6-16。

表 6-16　ASR 再利用率目标

目标达到时间	ASR 再利用率/%
2005 年以后	>30
2010 年以后	>50
2015 年以后	>70

---

① （财）汽车再利用促进中心是获得大臣认可的指定法人之一（见 6.3.2 (1)）。

② ASR 是指从再利用设施或电炉等中排出后，进行填埋或焚烧处理的部分。

③ ASR 再利用率的计算应考虑到全部再资源化（《汽车再利用法》第 31 条）认定的情况。

$$\text{ASR设施利用率}=\frac{\text{回收热能的ASR换算重量合计}+\text{回收材料重量合计}}{\text{投入可燃部分的ASR换算重量}+\text{投入灰分的重量合计}}\geqslant 0.40$$

* 投入各设施中物质的例子：ASR、其他废弃物、矿石、化石燃料、石灰石；

* 进行回收的例子：金属、熔渣、回收电力、回收热、回收气；

* 可以从热能回收和原料回收两方面对各设施进行评价，即将能源换算成ASR质量进行评价

图 6－9　ASR 设施利用率算式

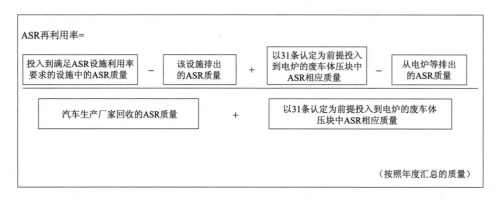

$$\text{ASR再利用率}=\frac{\text{投入到满足ASR设施利用率要求的设施中的ASR质量}-\text{该设施排出的ASR质量}+\text{以31条认定为前提投入到电炉的废车体压块中ASR相应质量}-\text{从电炉等排出的ASR质量}}{\text{汽车生产厂家回收的ASR质量}+\text{以31条认定为前提投入到电炉的废车体压块中ASR相应质量}}$$

（按照年度汇总的质量）

图 6－10　ASR 再利用率算式

ⅱ）安全气囊类再资源化标准：

• 安全气囊类的妥善处理、再资源化方法有两种：一是利用设施将拆卸回收的安全气囊类进行集中处理的方法；二是在车内直接进行引爆处理（在车载的原安装状态下直接进行引爆处理）的方法；

• 考虑到其金属材料构成，将汽车厂家等应达到的所有安全气囊再利用率水平，设定为每年 85% 以上（以质量为基准）。

2）其他：

ⅰ）再资源化等情况的公布（《汽车再利用法》第 27 条相关）。汽车厂家等有义务对下列情况进行记录并予以公布，即在每个年度分 3 类物质公布便于换算再利用率的数据（包括 ASR 投入设施超过实际应用率的部分）、委托对象的信息，以及收支情况（在每个年度由资金管理法人转交的再利用费用额度以及再资源化等所需资金的两个指标）。

ⅱ）其他：

• 有义务标识生产、进口商的名称（《汽车再利用法》第 36 条相关）；

• 有义务根据电子清单制度，将 ASR 等回收实施情况向信息管理中心报（《汽车再利用法》第 81 条第 13 项相关）；

• 除了再利用义务，还有责任承担以下工作（《汽车再利用法》第 3 条相关）；在汽车设计方面下工夫，进行有利于再利用的产品开发；为了顺利地实现再利用，提供汽车结构、零部件等相关信息。

（7）再利用费用（《汽车再利用法》第 34 条、第 73 条、第 74 条、附则第 7 条～第 10 条等相关）

再利用费用的额度因车辆而异，由车主负担。再利用费用中对 3 类物质的 abc 项由汽车厂家、进口商等决定，不合理时由国家下令更正。信息费用和管理费用即 d 项和 e 项需要经过国家认可，由各设定主体决定（见表 6－17）。

表6-17 再利用费用的构成和设定主体[6]

费用的构成要素	费用内容	设定主体	特　征
残渣处理费用	再利用所需资金	汽车厂家、进口商	• 基于合理的成本进行设定，因此每辆车的费用不同； • 当设定的费用不合理时，由国家发出纠正劝告，或下达命令
安全气囊类处理费用（包括安全带、预张紧器）	回收、搬运和再利用所需资金		
氟利昂类处理费用	回收、搬运和销毁所需资金		
信息管理费用	将各再利用工艺的报废汽车情况反映到电子信息系统即信息管理所需资金	信息管理中心	• 决定费用时，需要得到国家的认可； • 当委托申请时间、方法相同时，其费用也是同一的
资金管理费用	收取、管理、运用再利用费用所需资金	资金管理法人	

再利用费用的具体金额因车型和安全气囊类的个数、有无空调等而异，表6-18是根据汽车厂家等公布的数据整理出来的具体情况。

表6-18 再利用费用水平[1]

汽车种类		三种物质合计再利用费用水平/万日元
微型、小型轿车（紧凑型车）	安全气囊类四个，带空调	约0.7~1.6
普通轿车	安全气囊类四个，带空调	约1.0~1.8
中、大型货车	安全气囊类两个，带空调	约1.0~1.6
大型客车	安全气囊类两个，带空调	约4.0~6.5

注：另外需要资金管理费用380日元（购买新车时）或480日元（车检或报废时）、信息管理费用230日元（至2006年3月底为130日元）

（a）再利用费用的主要流程（见图6-11）：

1）车主将再利用费用委托给资金管理法人：

ⅰ）购买新车时预缴委托：新车出厂时所需缴纳的再利用费用，由经销商在销售新车时收取，并通过汽车厂家等委托给资金管理法人。

ⅱ）延续性车检时预缴委托（包括结构等变更检查、二手车重新登记）（至2008年1月31日的临时性措施）；

• 到认证维修工厂接受延续性车检的车辆，资金管理法人委托可以代收再利用费用的车检场等预收这笔费用；

• 到定点维修工厂接受延续性车检时，维修企业利用计算机网络提出预缴申请，通过邮局、便利店等支付再利用费用。

ⅲ）回收时缴纳：在没有预缴再利用费用的情况下移交到回收企业的报废汽车，可以由回收企业利用计算机网络提出缴费申请，通过邮局、便利店、银行账号等支付这笔费用。

2）预缴的再利用费用由资金管理法人采用安全有效的方法进行管理和运行。

3）对报废汽车进行再利用时，汽车厂家等可以得到3类物质再利用费用，然后将回收费用划转给相关企业。

4）出口二手车时，退还再利用费用（《汽车再利用法》第78条相关）：

• 当出口已经缴纳再利用费用的车辆时，车主（主要指出口企业）可以向资金管理法人提出能够证明出口事实的书面材料，要求退还再利用费用；

• 退还的再利用费用，从原缴总额中扣掉资金管理费用，然后加上委托期间产生的利息，另外要扣除相应的手续费。

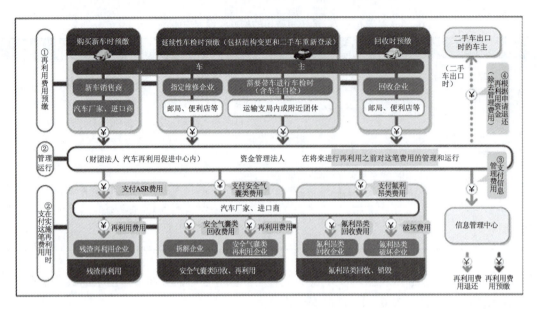

图6-11 再利用费用流转过程[6]

(b) 再利用费用余额的处理（《汽车再利用法》第98条、第106条相关）：预缴再利用费用的出口二手车，如果没有要求退还再利用费用或者因出口废车体压块而无需对残渣进行处理时，这部分留在资金管理法人手中的余额，在得到国家的认可后，可用于以下用途。

① 援助能够满足一定条件的孤岛地区的城市、农村（用于采取向岛外搬运报废汽车等措施的地区）；

② 援助对非法弃置或堆放在户外的汽车替代车主进行处理的地方政府；

③ 抵消部分资金管理法人或者是信息管理中心业务上所需的成本；

④ 当余额超过一定值时，可以降低将来车主的再利用费用比例。

(c) 再利用费用的财务处理（见表6-19）：

表6-19 再利用费用在财务上的处理[6]

费用构成要素	科目	财务处理
① ASR处理费用 ② 安全气囊类处理费用 ③ 氟利昂类处理费用 ④ 信息管理费用	预缴金	• 在移交报废汽车之前车主的资产（属于钱财性资产，不征收消费税）； • 报废汽车移交给回收企业时，由最终车主对费用进行处理
⑤ 资金管理费用	费用	• 在收缴后马上对费用进行处理

1) 购买新车时、延续性车检时预缴：

(5)项的资金管理费用到了资金管理法人银行账户后马上投入运营，因此在收缴之时起进行处理；

(1)、(2)、(3)项3种物质的处理费用和(4)项信息管理费用定位为委托给资金管理法人的"汽车所有人资产"，因此从财务处理方面需要进行资产核定。

2) 二手车销售时的处理方法（见图6-12）（《汽车再利用法》第77条）：转让已经预缴再利用费用的汽车时，这笔费用应一并转让，并视为新的车主已经缴纳，因此在交易车款中应该将这笔费用加进去。预缴款属于钱财性资产不用上税，需要与车款区别对待。

3) 回收企业移交时的处理方法：最终车主移交报废汽车后，可以对预缴金相应额度的费用（a~d项）进行处理。

(d) 再利用费用预收业务概要：

1) 费用查询：

• 在汽车再利用系统登录的包括回收企业在内的各个企业，在车辆入库前，如果已经知道底盘编码和登记编号、车辆编码，便可以利用计算机网络向资金管理法人查询再利用费用的信息；

第6章 法规、标准

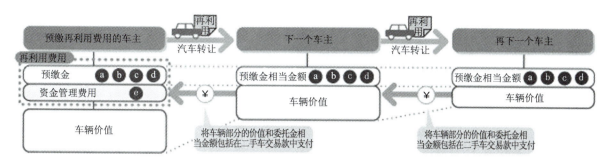

图 6-12 销售二手车时对再利用费用的处理方法[6]

- 企业可以利用计算机网络将费用查询结果作为费用通知书打印出来，在车主之前拿到结果。

2）预缴证明和费用收缴：

- 预缴再利用费用时，通过计算机网络，输入车辆特定信息（底盘编码和登记编号、车辆编码）或付款方法，向资金管理法人提出申报；
- 再利用费用预缴申报成功后，按照图 6-13 所示的流程支付再利用费用。

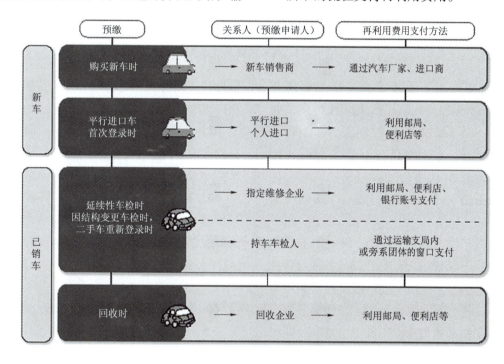

图 6-13 再利用费用的支付方法[5]

3）再利用券（预缴证明书）的发行：

ⅰ）再利用券的意义和发行方法：

- 再利用券是指预缴再利用费用时，证明其行为的文书（《汽车再利用法》第74条规定的预缴证明书）；
- 实际操作方法是再利用券发行者接受资金管理法人委托，在收到预缴的再利用费用时根据图 6-14 的方法发放。

ⅱ）再利用券的特征：

- 再利用券是在接受延续性车检时需要在缴费验证窗口（资金管理法人委托的运输支局等内部机构或旁系团体）出示的重要文书；
- 因为再利用券不是现金券，因此不能兑换成现金。另外，再利用券上记录有底盘编码，因此无法转让给其他车辆使用。

ⅲ）缴费证明：

- 《汽车再利用法》规定，新车在首次登记、首次车检、延续性车检时，如果没有再利用费用缴费证明，则无法进行登记和车检。

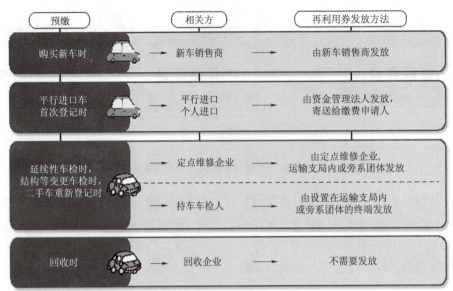

图 6-14 再利用券发放方法[5]

- 运输支局为了顺畅地推进缴费验证业务，由资金管理法人委托者确认再利用券，并在进行登记、车检时在相应位置盖上已缴再利用费用的签章①，然后将带有签章的书面文档出示给交通部门，说明已出示"预缴证明＝再利用券"（见图 6-15）（平行进口车等则在指定文档上贴花）。

另外，汽车使用相关手续的一站式服务（汽车登记、检验、保管场所证明、汽车各种税费的缴纳等各种手续统一在网上进行的服务）制度开始实施后，在进行新车首次登记、车检时，汽车厂家等再将完检证等信息提交给交通部门，同时传送再利用费用缴费证明信息，并由交通部门确认该信息后，就不再需要签章。

(8) 电子清单（移动报告）制度概要[5]

- 在《汽车再利用法》中规定，当有关企业回收·移交报废汽车时，原则上应该通过计算机网络在一定期间内向信息管理中心发送报告。其具体业务流程见图 6-16。

(a) 电子清单制度的采用目的及其功能：

1) 确保报废汽车进行妥善回收和移交（防止非法弃置）。根据移动报告制度，所有报废汽车等回收、移交企业可以通过信息管理中心掌握报废汽车的动态。在一定时间内没有回收、移交信息时，该信息（延迟报告）将传输到负责备案和许可的地方团体。

2) 支付再利用费用的依据。向信息管理中心提交的移交执行报告成为汽车厂家等支付氟利昂类、安全气囊类回收费用等的依据。

3) 提供相关制度的信息。各种移动报告执行信息，以及确认拆解的事实成为汽车质量税退税制度以及永久注销登记制度执行的依据。

4) 报废汽车相关统计信息的汇总：

- 信息管理中心汇总每年度回收、移交执行情况，并上报国家相关管理机构；

- 信息管理中心在每年度都要得到来自氟利昂类回收企业关于氟利昂类的再利用情况的定期性报告。

(b) 确认通知、延迟报告（《汽车再利用法》第 88 条第 4 项、第 5 项）：各关联企业在回收、移交的 3 天内要向信息管理中心传输回收、移交执行报告，如果回收、移交报告一直没有进展，则由信息管理中心发出确认通知和延迟报告（见图 6-17）。

---

① 签章相关业务由资金管理法人委托给新车销售商（通过汽车厂家、进口商委托）、运输支局等内部机构或旁系团体执行。

第6章　法规、标准

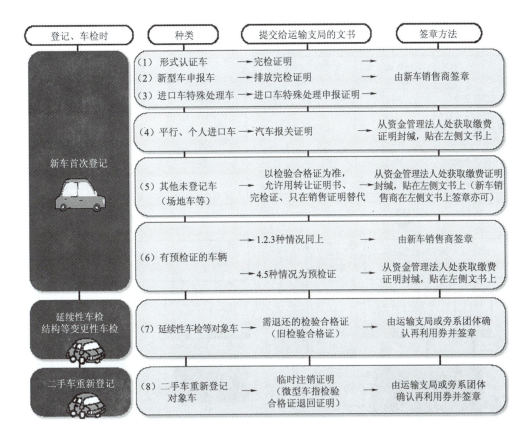

图 6-15　签章等方法[5]

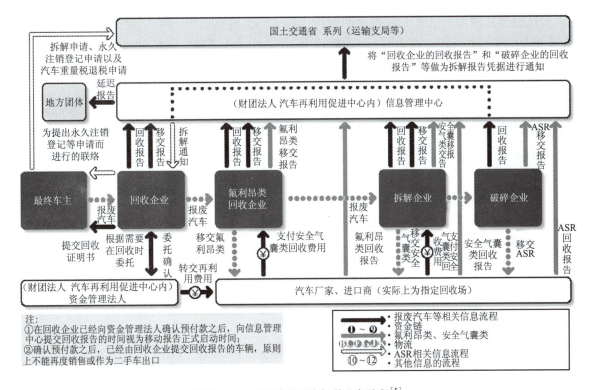

图 6-16　电子清单制度相关业务流程[5]

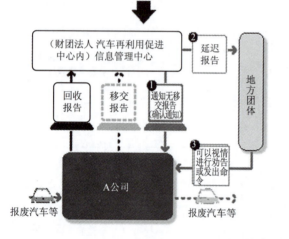
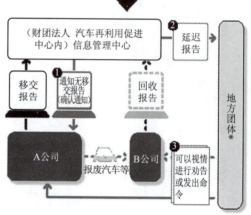

图6-17 确认通知、延迟报告[5]

1) 确认通知：例如，在 A 企业提交回收报告后没有提交移交报告，或 A 企业对下一个程序的企业（移交对象 B 企业）提交了移交报告，但移交对象 B 企业一直没有提交回收报告等情况下，信息管理中心将没有提交回收、移交报告的信息通知给 A 企业。

2) 延迟报告：在上述 1) 的"确认通知"之后，经过一段时间但一直没有得到报告时，信息管理中心向授予备案、许可权利机构即地方团体，提出其延迟报告的事实，同时自动上报 A 企业信息、底盘编码等。

3) 劝告、命令：地方政府在上述 2) 延迟报告的基础上，根据需要，对 A 企业进行劝告或下达命令，以期采取合理措施等。

(c) 阅览：

① 相关企业需要了解自行回收或者委托回收报废汽车等的电子清单信息时，可以向信息管理中心提出阅读或提供文档资料的要求（索取载有记录事项的文档时需要交费）；

② 将报废汽车移交给回收企业的最终车主可以向回收企业发出查询，确认该报废汽车的情况。

6.3.2 相关方的业务体制

（1）建立汽车再利用系统 2000 年 7 月在日本召开的产业结构审议会汽车再利用分委会议上，开始探讨制定《汽车再利用法》的问题，同年 10 月日本汽车工业协会为了综合、灵活地推动该工作，成立了"再利用推进特别委员会"。

汽车行业在容器包装、家电等再利用法进一步完善以及 EU 报废车指令生效的国内外背景下，汽车行业统一步调，推进报废汽车处理工作，而且为了使汽车再利用工作上升一个高度，2000 年 1 月成立了汽车再利用促进中心（Japan Automobile Recycling Center，JARC）。

2001 年 6 月，在《汽车再利用法》制定之前《氟利昂回收销毁法》已经通过议会立法，要求从 2002 年 10 月 1 日起汽车厂家等开始义务回收和销毁汽车空调上的氟利昂。日本再利用促进中心建立了综合性氟利昂回收、销毁运行体制,受托对汽车厂家等相关业务进行管理。具体而言,汽车再利用促进中心可以发行汽车氟利昂券,从汽车用户手中征收回收、销毁费用,并支付给回收企业。

2003年6月,汽车再利用促进中心得到经济产业、环境部授权,成为可以从事《汽车再利用法》中规定的资金管理业务、信息管理业务、再资源化等业务的指定法人(见图6-18)[8]。

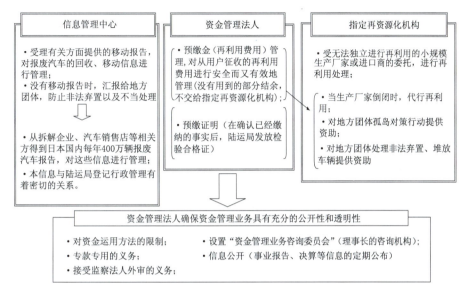

图6-18 《汽车再利用法》指定法人[8]

由此成为汽车再利用系统的建立、运行、管理的支撑机构。

汽车再利用系统的信息支撑系统从2002年4月起在以日本汽车工业协会为中心的相关机构策划下开始开发,经过两年半的时间完成。其间,针对再利用系统概念设计、细节设计、已销车、新型车等约1亿辆汽车的信息管理,系统分成150种功能进行研究。2004年下半年,与联网企业反复进行系统测试,做了很多工作,进展非常顺利[9]。

各个汽车厂家等与日本汽车工业协会计划项目同步,在企业内部建立了运行体制(车辆信息处理系统以及新车、已销车再利用费用设定系统)。

(2) 建立3类物质的回收和再资源化体制

日本汽车厂家等为了提高义务承担回收、再利用的3类物质中氟利昂类和安全气囊类的业务效率和相关方面的方便性,合并了窗口,于2004年1月由国内12家汽车企业和日本汽车进口协会共同成立了汽车再资源化协力机构(简称汽再协, Japan Auto Recycling Partnership, JARP)。

合并窗口后,物流、信息系统的规模优势显现,为降低车主负担的再利用费用和理顺相关人员的业务起到了一定的作用。

由于ASR的再利用技术尚不够完善,因此,为了达到逐步提高ASR再利用率目标,需采取相应对策,而且还需要建立低成本且高效的再利用系统。各汽车企业在这种形势下,研究回收ASR的规模特征,探索通过共同实施而赢取竞争力的方法,其结果分成两个执行小组,完善处理体制,即于2004年1月成立了ART(汽车残渣再利用促进小组)① 和TH小组(丰通再利用株式会社ASR再资源化事业部)②。

图6-19为《汽车再利用法》相关方的整体情况。

---

① 五十铃、(财)汽车再利用促进中心、铃木、戴姆勒克莱斯勒、日本、日产、日产柴、BAG进口、福特日本、富士重工、马自达、三菱汽车、三菱FSO货车、客车共11个公司一个团体。

② 本田技研、大发工业、日野汽车、丰田汽车、奥迪日本、BMW、标致日本、大众日本共8个公司。

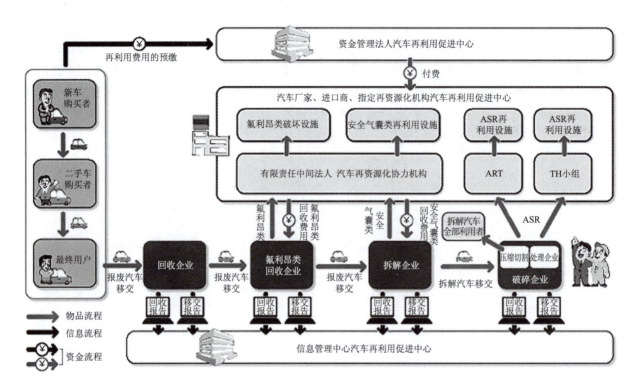

图 6-19 《汽车再利用法》相关方的全貌图[5]

（a）完善氟利昂类回收、销毁体制[10]：

① 汽车空调用氟利昂类回收、销毁业务由接受汽车厂家等委托的汽车再利用促进中心承担，而伴随着《汽车再利用法》的实施，汽车再资源化协助机构延续承接了该业务。汽车再资源化协助机构考虑到地区性、物流效率、经济性等，重新指定并公开了 9 个氟利昂类指定回收点（核心销毁设施为三所）。

② 为了能够切实有效地回收氟利昂类，氟利昂类回收企业将氟利昂类移交给指定回收点时，应满足汽车厂家等根据《汽车再利用法》规定的"回收标准"。

③ 为了保证回收、保管、搬运各个环节的安全、提高氟利昂类回收企业的方便性和社会效率而制定的回收标准见表 6-20。

表 6-20 氟利昂类回收标准[10]

类别	标准主要内容
性质和形状	气瓶中盛装的氟利昂类应为 CFC、HFC 其中之一
包装形态	• 满足高压气体保安法规定的 30 L 以下的大型气瓶，或 1 L 以上气瓶应放在专用托架上搬运； • 汽车氟利昂类移交书应为每个气瓶、每个专用托架各有一份

续表

类别	标准主要内容
回收方法	• 利用事先申请的搬运方法将氟利昂类移交到指定回收场； • 根据电子清单制度做移交报告

④ 利用大型气瓶或专用托架搬运时，应遵循氟利昂类搬运标准（不能随意填充、搬运、防止泄露措施等）。

（b）完善安全气囊类的回收、再资源化体制[11,12]：汽车厂家等对安全气囊类进行义务回收、再资源化时，一般采取以下方法（见表 6-21）。

表 6-21 安全气囊类回收条件[12]

类别	标准的主要内容
性质和形状	• 驾驶席、助手席等的安全气囊在带有气体发生器的状态、安全带预张紧器在收回状态下，从车架上完整拆下； • 电子式为电源线短路状态，机械式为启用安全装置的状态
包装形态	• 用指定容器、口袋装入一辆车的安全气囊类，然后放到专用回收箱进行移交； • 需要在装入安全气囊的容器、口袋上附加与其对应的底盘编码标签

续表

类别	标准的主要内容
回收方法	• 利用事先申请的搬运方法将安全气囊类移交到指定回收点； • 根据电子清单制度提交移交报告

① 拆解回收：由拆解企业拆卸安全气囊类的气体发生器，利用再资源化设施进行再利用处理的方法。

② 车内处理：委托拆解企业，在报废汽车原安装状态下，操作安全气囊类进行再利用处理的方法。

（c）车内直接回收：车内直接回收的方式有以下两种，其回收方法因车型而异，因此应确认汽车厂家以及汽车再资源化协助机构所提供安全气囊类准确的处理信息等，在对应车上直接处理。

① 个别引爆处理：用蓄电池给每个电子式安全气囊通电引爆。而对于机械式座椅安全带预张紧器则给予冲击使其爆炸。

② 整体引爆处理：在车载计算机上连接专用工具，一次性地使所有安全气囊爆炸。从1998年以后日本国内车厂的全部车辆都采用了这种方式。

在车内直接进行引爆处理的拆解企业需要得到汽车厂家的委托并签订委托协议，而协议业务的窗口是由汽车再资源化协力机构开办的。

与汽车厂家签订的委托协议要求受托拆解企业承担合理实施车上引爆处理，以及保管、记录账簿的义务，而汽车厂家通过对记录簿进行检查，确保车上处理。

（d）完善ASR的回收、再资源化体制[7、12]：

1）汽车厂家等回收的ASR质量：破碎企业利用同一设施对不同的拆解汽车（废车体压块）进行连续性破碎处理，不可能对每个汽车厂家的ASR进行准确的分配。因此，各汽车厂家根据每辆车的材料构成计算出其制造和进口的汽车所产生的ASR量即"ASR基准质量"进行分配。

具体来讲，根据电子清单（移动报告）系统掌握每辆车的"ASR基准质量"信息，在破碎企业用货车搬运ASR时，根据该基准质量信息分配汽车厂家等应负担的ASR质量。（实际上破碎企业在做ASR移交报告时，每辆车的"ASR基准质量"已经核算到货车装载的ASR实际质量中）。

2）ASR基准质量的计算（见图6-20）：实际上收集已销车的材料构成数据有很大难度，因此进行破碎处理试验，求出产生的ASR实际质量和所申请车辆质量数据的关联度，并在此基础上计算（追加水分等进行补正）。而对于新型车，则根据各自车辆的材料构成计算ASR质量（通常能够想到的水分、沙土尤其是破碎工艺质量引起的差异因素等都要加以考虑）。

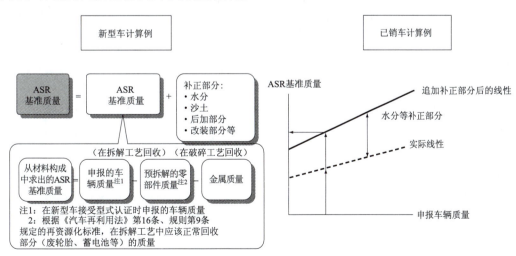

图6-20 ASR基准质量的计算[12]

3）ASR回收标准：为了推进汽车厂家能够有效顺畅地回收并再利用《汽车再利用法》规定的ASR，制定了ASR回收标准（《汽车再利用法》第22条）。另外，考虑到ASR本身的物质特性和破碎企业的实际状况，以及合理性和社会习惯等因素，又制定了表6-22所示的ASR回收标准。

表6-22 ASR回收标准[7]

检查项目		标准
性质和形状	异物	不要混入异物（非汽车、预分选处理品种）
	水分、沙土含量	在降雪寒冷地带，每个企业都要保证在设定值以下①
回收方法	回收场所	各小组规定的指定回收点
	回收时间	根据事先规定的时间要求按时搬运
	移动报告	在符合条件的电子清单上提交移交报告
包装形态	装载形态	不应在ASR飞散状态或渗水的状态下搬运（应带有保护罩等）
	搬运单位	应按照电子清单上登录的货车单位进行搬运（原则上为10 t以上）②
	异常漏水	货仓内不能进水

注：① 在降雪寒冷地带选择破碎企业的条件：个别提出申请并限时操作，且能够考虑ASR含水率因素；
② ASR产生量在6 t/日以下或者拆解汽车的破碎量在900辆/月的企业，经申请批准后，可以用4 t以下的货车搬运。

4）ASR指定回收点以及搬运：

① 汽车厂家等考虑到破碎企业在回收ASR的指定场所进行装卸对成本和环境带来的影响，将ASR指定回收点直接作为ASR再资源化设施，由各小组对每个破碎企业进行指定。

② 对于指定回收点ASR再资源化设施的标准符合性，由各小组成员密切联系，进行计量和检验。

③ 搬运到ASR指定回收点的运费，按照惯例，原则上由破碎企业承担，但距离ASR指定回收点的ASR运输单向距离超过125 km时，超出部分由汽车厂家承担。

④ 考虑到ASR再利用率目标以及成本最小化，各小组在日本全国选定ASR再资源化设施（《汽车再利用法》实施当初充分利用了填埋、焚烧设施）委托对象，向主管部门提出许可申请。

5）其他：破碎企业采取的ASR减量、减容措施，可以根据提案由汽车厂家进行判断，有意向时签订委托协议（以经济产业部门、环境部门许可为前提）。

（3）相关方备案、许可状况以及主管部门认可状况 2004年7月1日开始进入法律实施的第二阶段，在3个月内拆解企业和破碎企业提出许可申请（根据《废弃物处理法》接受从业许可时提出申请）、回收企业以及氟利昂类回收企业提出申报。

2005年3月末进行备案、许可的企业数量统计见表6-23，获得备案、许可的企业已经超过11万家。其后备案、许可企业数量持续增加，到2006年3月末达到12万家。

表6-23 关联企业备案、许可状况[13]

	企业数量		
	2005年3月末	2005年9月末	2006年3月末
回收企业	85 144	87 513	88 251
氟利昂类回收企业	22 661	23 212	23 450
拆解企业	5 490	6 042	6 279
破碎企业（压缩、切割）（破碎）	1 166（1 043）（123）	1 195（1 075）（120）	1 239（1 115）（124）
合计	114 461	117 962	119 219

经过汽车厂家等认可的破碎和安全气囊类再资源化设施以及全部再资源化联盟企业，需要得到经济部门、环境部门的认定。2006年6月1日的认定情况见表6-24。

表 6-24　28 条以及 31 条的认定状况（2006 年 6 月 1 日统计）[13]

28 条认定相关	经营场所数	企业数	31 条认定相关	合计
【安全气囊类】			（ART）	(210)
• 再资源化设施	5	3	拆解汽车	166
• 搬运企业	15	15	破碎企业	117
• 指定回收点	25	7	全部利用者（电炉等）	26
• 实施企业	2 384	2 243	其他（商社等）	28
			（TH 小组）	(239)
			拆解汽车	189
			破碎企业	145
			全部利用者（电炉等）	23
			其他（商社等）	17
【破碎】				
ART：	39	34		
• 再资源化设施（其中再利用设施）	27	26		
• 减量、减容固化设施	7	7		
TH 小组：	57	46		
• 再资源化设施（其中再利用设施）	30	30		
• 减量、减容固化设施	11	11		

（4）3 类物质的回收、再资源化等情况[13]

汽车厂家有义务每年度对回收、再利用情况以及再利用费用的收支情况进行报告，2005 年度实际情况见表 6-25～表 6-27。由表可知 ASR 的再利用率最低为 48%，大幅度超过了 2005 年以后达到 30% 的目标。安全气囊类超过了 85% 的目标值而达到了 93%～95%。

表 6-25　3 类物质的回收状况[13]

工艺类别	回收报告件数		移交报告件数	
	2005 年	法实施后累计	2005 年	法实施后累计
回收工艺	3 048 539	3 519 596	3 057 222	3 506 532
氟利昂回收工艺	2 419 473	2 802 816	2 416 276	2 776 478
拆解工艺①	3 167 138 (116 306)	3 592 778 (130 362)	3 128 945 (116 779)	3 503 924 (131 442)
破碎工艺②	4 823 812 (1 845 470)	5 366 537 (2 033 422)	4 777 585 (1 849 748)	5 232 491 (2 042 224)

①（）内为同一工艺内的移动报告件数

物质类别	回收报告件数	
氟利昂类	2 115 116	2 281 103
安全气囊类	462 118	498 772
ASR②	2 957 964	3 221 830

② 包含非认可全部利用的移交数

表 6-26 三类物质的回收、再资源化情况*（2005 年实际情况）[13]

		质量	个数	车辆数
ASR	回收 ASR 质量/t	427 508	—	2 417 342
	投入到再利用设施中的质量/t	289 519		
	从再利用设施中排出的残渣质量/t	40 588		
	再资源化质量/t	248 931		
	因"认定全部利用"为前提而投入的 ASR 部分质量/t	52 955		307 167
	投入到"认定全部利用"设施中的 ASR 部分质量/t	40 126		
	全部利用者排出的残渣质量/t	928		
	再资源化质量/t	48 199		
安全气囊类	拆卸回收个数	—	197 122	124 123
	再资源化设施回收质量/kg	89 940		
	再资源化质量/kg	84 026		
	车上直接处理的个数	—	740 615	337 995
氟利昂类	CFC 回收质量/kg	293 086		988 953
	HFC 回收质量/kg	386 938		1 126 166

* 注：汇总了各公司以及指定再资源化机构公开发表的数值

表 6-27 各汽车厂家等的再利用率以及收支状况（2005 年实际情况统计）[13]

	汽车厂家等再利用率①			汽车厂家等再利用相关收支②			
	再利用率/%				收支状况/百万日元		
	ASR	安全气囊类			收到的预缴款	再资源化等需要的费用	收支
目标	70（2015 年） 50（2010 年） 30（2005 年）	85		2005 年	20~6 746	41~7 115	△369~3
2005 年	48.0~70.0	93.0~94.7		2004 年	1~598	9~699	△102~△2
2004 年	49~69.1	91.6~100					

* 注：① 受指定再资源化机构委托从事再资源化等业务的企业除外，根据各企业的公开资料整理，有效数值的位数不很整齐。
② 汽车厂家、进口商除了再资源化等直接需要的费用外还要负担资金管理以及移动报告所需信息系统（汽车再利用系统）的程序初建费用，以及一定额度的系统运行费用

各汽车厂家等再利用率以及收支状况									
	再利用率						2005 年收支状况/百万日元		
	ASR			安全气囊类			氟利昂类		
	2004 年/%	2005 年		2004 年/%	2005 年		2004 年/千辆	2004 年/千辆	已收到的预缴款	再资源化所需费用	收支
		%	千辆		%	千辆					
五十铃汽车（株）	66.5	65.7	24	91.9	93.6	1.5	1	13	191	265	△74
铃木（株）	59.6	65.2	220	92.6	93.4	11	10	154	1 110	1 189	△79
大发工业（株）	49	56.0	193	94	93.0	14	9	133	993	1 056	△62
丰田汽车（株）	50	57	806	95	93	122	56	655	6 746	7 115	△369

续表

各汽车厂家等再利用率以及收支状况							2005年收支状况/百万日元		
	再利用率								
	ASR		安全气囊类		氟利昂类		已收到的预缴款	再资源化所需费用	收支
	2004年/%	2005年		2004年/%	2005年		2004年/千辆	2004年/千辆	
		%	千辆		%	千辆			
日产汽车（株）	64	67.9	531	94.5	93.5	146	36	445	4 623	4 852	△229
日产柴工业（株）	69.1	63.0	3	91.6	94.7	0.01	0.1	1	38	57	△19
日野汽车（株）	50	48.0	6	—	94.0	0.1	0.1	2	75	178	△103
富士重工业（株）	66.9	70.0	148	94.4	93.5	16	7	108	1 036	1 078	△42
本田技研（株）	53.2	59.6	262	94.5	93.5	50	15	203	2 029	2 026	3
马自达（株）	56	63.0	168	95	93.0	8	10	130	1 273	1 345	△72
三菱汽车工业（株）	59.3	64.2	261	94.5	93.5	29	15	197	1 857	1 971	△115
三菱FSO货车·客车（株）	60.7	60.4	15	—	93.0	0.2	0.3	5	132	185	△53
奥迪日本（株）	54.4	58.0	4	100	93.3	1	0.2	3	48	51	△3
戴姆勒克莱斯勒日本（株）	58	64	5	93	93	2	0.2	4	70	164	△94
BMW（株）	53	56	7	95	94	2	0.3	5	83	102	△19
BAG进口（株）	63.2	64.8	5	94.3	93.5	2	0.2	4	63	64	△2
福特日本有限（株）	61.4	66.1	22	92.6	93.1	7	2	19	238	238	0
大众日本（株）	50.8	55.4	16	95.7	93.5	7	1	13	198	206	△9
标致日本（株）	57	56	2	—	93	1	0.1	1	20	41	△21

6.3.3 《道路运输车辆法》的修订[5]

从促进报废汽车的再利用和防止非法弃置的观点出发，在实施《汽车再利用法》的同时修订了《道路运输车辆法》（注销登录相关部分），尤其是引用了汽车质量税退税制度。

（1）注销登记制度等修订情况概要（见图6-21）

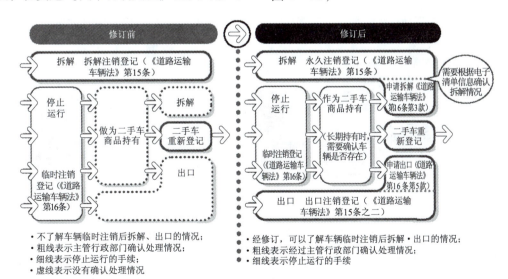

图6-21 修订后的注销登记制度[5]

（a）修订前的《道路运输车辆法》，对已登记汽车进行注销的情况分为永久性注销登记（所谓的15条注销）和临时性注销登记（所谓的16条注销）两种，对微型车采用了检验合格证退回制度。登记汽车或微型车在临时性注销登记或退回检验合格证后进行拆解或出口二手车时，无需办理申报等手续，在没有实施临时性注销登记或不退回检验合格证的情况下出口二手车时，也不需要登记或申报手续。

（b）修订后的《道路运输车辆法》，为了控制非法弃置等情况，采用了交通部门可以掌握汽车拆解或二手车出口情况的机制。具体地讲，继续保留永久性注销登记制度、临时性注销登记制度和检验合格证退回制度。同时已登记汽车或微型车需要临时性注销登记或退回检验合格证（停止运行）后进行拆解或作为二手车出口时，采用申报制度，而且在没有采取临时性注销登记措施或没有退回检验合格证的情况下出口二手车时，采用出口注销登记或申报的制度。

（c）因拆解而提出永久性注销登记申请或拆解申请时，需要在汽车再利用法规定的电子清单信息系统中确认已经完成拆解后方可进行申请。

（d）提交上述拆解报告后，在回收企业的电子清单界面上自动显示该报废汽车的拆解通知。回收企业将该内容通知给最终车主，然后由车主将提出以拆解为缘由的永久性注销登记申请或拆解申报（这些手续同往常一样，由回收企业代办）。

（2）汽车质量税退税制度概要

汽车质量税退税制度在报废汽车得到妥善拆解、以拆解为缘由进行永久性注销登记或提出拆解申报时，向运输支局等提出申请，退给最终车主（有时与检验合格证上登记的车主记录不一致）相当于车检有效期内剩余时间对应的汽车质量税税款部分。

（a）汽车质量税退还额的计算方法：

1）计算中采用的起算日：计算汽车质量税退还额时的起算日期，根据"国土交通部门受理回收企业的回收报告之日（报告受理日）"和"临时性注销登记、永久性注销登记或检验合格证的退回日"决定。具体而言在下列情况下将确定日的第二天作为起算日（见图6-22）。

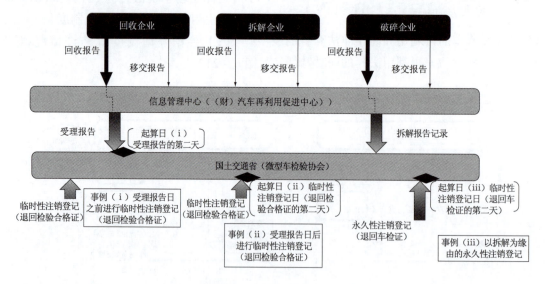

图6-22 退税额的起算日（确定日的第二天）[5]

• 事例（ⅰ）：报告受理日之前已经完成临时性注销登记或退回检验合格证时。

○ 报告受理日（回收企业进行回收报告的第二天）。

• 事例（ⅱ）：在报告受理日之后进行临时性注销登记或退回检验合格证时。

○ 临时性注销登记日或检验合格证退回日。

• 事例（ⅲ）：以拆解为缘由进行永久性注

销登记时（没有临时注销登记情况时）。

○ 以拆解为缘由进行永久性注销登记的当日。

2）计算单位：计算汽车质量税退税额时，车检有效期内剩余时间以月为单位，舍去不足一个月的天数。

（b）汽车质量税退税的申请方法：提出汽车质量税退税申请时，应同时提出以拆解为缘由的永久性注销登记申请或拆解申报。

回收企业代领汽车质量税退款时需要得到最终车主的认可，方可行使代领权利。

（3）回收企业的业务（当报废汽车尚在车检有效期内）

（a）报废汽车回收业务：

① 起算日对于汽车质量税退税额的计算非常重要，因此，回收报废汽车后，根据电子清单制度，应尽快向信息管理中心提交回收报告。

② 考虑到汽车质量税退税额计算中的起算日，应尽快提出临时性注销登记申请或尽快办理检验合格证退回手续。

③ 回收企业得到最终车主关于代领汽车质量税退税额的授权后，基于汽车质量税退税额计算的起算日以及计算方法，在回收报废汽车、发放回收证明书时，可以同时办理汽车质量税退税。此时，由于回收报告是企业自己提交的，很容易判断报告受理日，但对于临时性注销登记日或检验合格证退回日则需要由最终车主对其手续的流程情况进行确认。需要同时办理汽车质量税退税申请、永久性注销申请或拆解申报。

（b）报废汽车拆解时相关业务：

① 自行回收的报废汽车，通过电子清单系统提交拆解报告后，该回收企业的电子清单界面上自动显示拆解通知。

② 回收企业向最终车主发出通知，例如，以拆解为缘由的永久性注销登记申请、拆解申报、汽车质量税退税申请等。

③ 回收企业受托代领退回的汽车质量税税款时，需要通过电子清单系统界面确认已经提交拆解报告的事实后，方可提出汽车质量税退税申请。汽车质量税退税申请需要连同以拆解为缘由的永久性注销登记申请或拆解申报，一起向运输支局等提出。

以拆解为缘由的永久性注销登录申请或拆解申报、汽车质量税退税申请可以采用同一张申请书，有的申请书还包含了汽车质量税退款代领授权的格式。

参考：出口注销登录制度、出口预申报以及二手车出口时退还再利用费用。

④ 修订的《道路运输车辆法》规定，已经登记的汽车或微型汽车进行临时性注销登记或退回检验合格证（停止使用）后出口二手车时，或没有进行临时性注销登记或退回检验合格证的情况下出口二手车时，需要进行出口注销登记或提出申报（此时，国土交通部门将发放出口注销临时性登记证明书或出口预申报证明书）。

⑤《汽车再利用法》规定，当出口已经预缴再利用费用的二手车时，该车车主（主要指出口企业）可以向资金管理法人提出退回再利用费用（扣除一部分资金管理费用、手续费后的剩余部分）的要求。

⑥ 提出退回再利用费用要求时，需要写清申请者（出口汽车的车主）名称、地址、底盘编码、再利用费用（扣除资金管理费部分）、汇款账号，同时需要附上出口注销临时性登记证明书或出口预申报证明书。[①]

⑦ 资金管理法人除了上述申请书以及附加的书面材料外，还要从国土交通部门调出出口注销登记等信息，确认该信息是否属实。

6.3.4 企业自主措施

（1）环境负担物质的削减[9]

（a）采取企业自主措施的目的：削减环境负担物质的使用量，是为了妥善处理报废汽车，促进再利用，减少对环境的影响。日本汽车工业协会在2002年11月制定并公布了环境负担物质的自主措施要求（见表6-28）。

---

① 附加的书面材料除了出口注销临时性登记证明书或出口预申报证明书外，还要添加记录有出口汽车底盘编码的出口许可证的复印件、带有出口汽车底盘编码的装船单据复印件、船只运输协议书的复印件。

表 6-28　削减环境负担物质的自主措施要求[9]

- 对象物质除了以往的铅外，还包括汞、六价铬、镉；
- 设定了在世界上可以称为最为严格的标准值，而且将随着技术进步不断修正目标（与 EU 指令配套）；
- 同以往一样，铅仍然采用便于了解削减量的总量控制方法，设定数值目标（与 EU 指令配套）；
- 汞、六价铬、镉则采用限期禁止使用的方法；
- 对象车辆除了轿车，还包括大型商用车、两轮车（EU 指令中属于非指定对象），大型商用车根据其特征（零部件以及振动大、使用期限长）设定目标。商用车改装件则与底盘厂共同采取措施

续表

- 日本汽车工业协会会员单位都应采取自主措施。不仅限于铅、汞、六价铬、镉，还要针对全部环境负担物质积极采取措施，科学看待这个问题，并且今后还将继续探讨

值得关注的是，在原来只对铅金属采取自主措施的基础上，还针对汞、六价铬、镉共四类物质采取削减措施，与欧洲 ELV 指令中 4 类物质的削减方式看齐（见表 6-29）。

表 6-29　针对环境负担物质设定的目标（新型车）[9]

	日本汽车工业协会自主措施		欧洲 ELV 指令
	四　轮	两　轮	四轮（大型车除外）
铅	以 1996 年轿车平均铅用量（1 850 g；蓄电池除外）为基准，2006 年 1 月以后为 1/10 以下，但大型商用车（含客车）为 1/4 以下	以 1996 年铅用量（质量 210 kg 级车辆约为 80 g；蓄电池除外）为基准： • 不增加； • 2006 年 1 月以后 60 g 以下	2003 年 7 月以后，除了以下情况外原则上禁止使用： • 无限期豁免：易切钢、铜合金、蓄电池等； • 限期豁免：轴承、铝合金、涂料稳定剂、制动摩擦衬片等
汞	汽车再利用法正式实施（2005 年 1 月）以后，除以下部件外禁止使用： 从交通安全角度考虑，下列部件需极微量使用的情况除外： • 导航等液晶显示屏； • 组合仪表； • 气体放电灯； • 车内荧光灯	两轮车再利用自主措施正式实施（2004 年 10 月）以后，除以下部件外禁止使用： 从交通安全角度考虑，下列部件需极微量使用的情况除外： • 导航等液晶显示屏； • 组合仪表； • 气体放电灯	2003 年 7 月以后，除以下部件外原则上禁止使用： • 气体放电灯； • 仪表盘上的显示屏
六价铬	2008 年 1 月以后禁止使用	2008 年 1 月以后禁止使用	2007 年 7 月以后除以下部件外原则上禁止使用： • 底盘用螺栓以及螺母的防锈涂料（豁免至 2008 年 7 月）； • 厢式冷冻车
镉	2007 年 1 月以后禁止使用	2007 年 1 月以后禁止使用	2003 年 7 月以后除以下部件外原则上禁止使用： • 厚膜浆料（豁免至 2006 年 7 月）； • EV 用电池（豁免至 2008 年 12 月 31 日）； • 驾驶辅助装置中使用的作为玻璃基材的光学元件（豁免至 2007 年 7 月）

(b) 目前情况：至今各汽车厂家已经全部停用安全气囊的叠氮、制动块、离合器摩擦片等石棉材料以及作为汽车空调制冷剂的特定氟利昂（CFC-12）。而且从 1997 年起，在"报废汽车再

利用行动"的感召下，开始采取措施削减铅用量（总量限制）。

进入20世纪90年代后，日本使用的汞量得到了大幅度削减，现在只限于在保证交通安全必需的极微量荧光管部件（导航装置的液晶显示屏及气体放电式前大灯等）。镉用量也同样得到了削减，现在只是极微量地使用在电子电气元件（集成电路及Ni-Cd蓄电池）上。六价铬只用于螺栓螺母等金属件的防锈处理（电镀），但是替代技术以及测定技术还不够成熟，因此正在积极推进技术开发和性能检验。

从国际上来看，欧洲ELV指令从2003年7月起分阶段限制4类重金属物质（铅、汞、六价铬、镉）的使用①。该指令除了规定的豁免目录外，其他零部件原则上禁止使用。日本汽车工业协会从国际协调的观点出发，制定与欧洲同水平的限制4类物质的自主控制目标，积极推进减量工作。

具体的达标情况通过日本汽车工业协会以及汽车厂家的网站公布"各种车型环境信息"。

（2）对于商用车改装件的妥善处理自主措施

日本产业结构审议会汽车再利用工作组第二次报告（2002年4月）中指出"可以从商用车底盘分离的改装件，将不列入新的再利用系统对象范围，结合当前水平研究具体措施"。

在该报告发布后，日本汽车工业协会和日本汽车车身工业协会在调查改装件流通、处理情况、废弃物量的基础上，于2002年11月公布了共同采取措施的内容（见表6-30）。

表6-30 商用车改装件再利用相关的自主措施[17]

设计阶段	① 推进再利用设计： • 研究易拆解性、编制拆解手册； • 明确标识使用材料以及制造商名称； • 调查替代材料 ② 削减环境污染物质（铅、汞、六价铬、镉）的用量： • 掌握使用部位、使用量； • 推进替代产品，削减用量

续表

报废阶段	③ 推进难以进行再利用、处理材料的再利用和妥善处理工作：对木材、保鲜、冷冻用隔热材、FRP合理处理方法进行研究并提供信息； ④ 建立处理、再资源化协作者的网络：招募从事报废汽车处理、再资源化的协作企业，实现网络化

对于比较难以处理的木材、隔热材、FRP等，从全日本招募相关协作企业，于2004年4月建立协作企业联盟制度，并在日本车身工业协会网站上运行（见图6-23）。

2005年5月当时的加盟情况：① 木材处理企业：45家；② FRP处理企业：53家；③ 隔热材处理企业：54家，其后显现出增加的趋势[9]。

6.3.5 欧洲的汽车再利用制度

（1）EU ELV指令 在欧洲ELV相关指令2000/53/EC（Directive on end-of-life vehicles）于2000年10月21日生效，EU各加盟国有义务在18个月后的2002年4月21日之前制定国内法规，其概要内容参见表6-31和表6-32。指令生效当时EU加盟国为15个，而在2005年5月增加到了25个国家。虽然各国制定法规的速度有些缓慢，甚至有些国家因此而受到指责，但在2006年所有的加盟国都完成了法规制定工作，只是有些加盟国的执行机构不够完善。

EU ELV指令中将"拆解证明书"设为注销登录的条件，要求各加盟国制定报废汽车相关法律法规时，其处理费用由厂家承担全额或大部分承担，不给最终车主增添负担。ELV的无偿回收适用于以下两个阶段。

① 2002年7月1日以后销售车辆的ELV；

② 2007年7月1日以后所有的ELV（包括在2002年7月1日之前销售的车辆）。

EU ELV生效后需要关注的主要内容有以下3点[15]。

---

① 欧洲ELV指令中将大型商用车和两轮车为豁免对象车型。

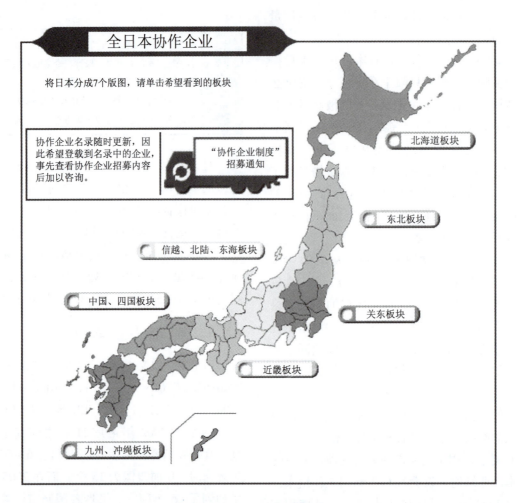

图6-23 协作企业联盟制度

表6-31 EU ELV 指令概要[14]

新型车环境负担物质相关规定（4条）	2003年以后销售的车辆原则上禁止使用铅、汞、镉以及六价铬，而对允许使用的13类品种在附件Ⅱ中进行了规定（见表6-33）。作为豁免对象并继续研究的5类品种则于指令生效后一年之内决定
ELV处理时预拆解相关的规定（6条）	加盟国保证根据ELV采取防止污染措施 ○ 处理设施等有义务接受有关行政管理部门的许可或进行备案： • 蓄电池·液化气罐的拆卸； • 易爆件（安全气囊等）拆卸或无害化； • 燃料、电机油、变速器油、齿轮箱油、液压件用油、冷却液、防冻剂、制动器液、制冷剂以及包含在ELV中其他液体的抽取和保管。但是再使用的情况除外； • 含汞件的拆卸 ○ 为了促进再利用，拆卸以下零部件： • 催化器、玻璃； • 含有铜、铝、镁金属的部件（只限于在破碎后无法回收的部件）； • 保险杠、仪表板、液体容器等大型塑料件以及轮胎（只限于在破碎后无法回收的零部件）

续表

再利用率（实际再利用率、可再利用率）相关的规定（7条）	○ 可再利用率： • EU 车辆形式认证指令（70/156/EC）于 2001 年末之前进行修订，修订第 3 年后推出市场的车辆增加这部分内容； • 可再利用率：95% 以上（其中能量回收部分为 10% 以内） ○ 实际再利用率： ☆ 2006 年 1 月起 ELV：[ ] 内为 1980 年 1 月以前登录的车辆，实际再利用率：85% ［75%］以上（其中能量回收部分为 5% 以内）； ☆ 2015 年 1 月起 ELV，实际再利用率：95% 以上（其中能量回收部分为 10% 以内）
ELV 回收网络相关的规定（5条，12条）	○ 加盟国采取妥善措施，保证作为经济主体的企业*建立 ELV 以及二手部件的回收、处理系统； * 销售店、回收企业、保险公司、拆解企业、破碎企业、再利用企业、处理企业的设施进行搬运： ○ 2002 年 7 月 1 日以后的新车以及 2007 年 1 月 1 日以后的所有 ELV 利用公认的设施进行搬运； ○ 加盟国建立将提示拆解证明书作为 ELV 登录注销条件的系统
EU 指令实施（10条）	要求加盟国在指令生效后的 18 个月内开始实施遵守该指令所需的法律、规则以及行政规定
ELV 无偿回收相关的规定（5条，12条）	采取措施，保证 2007 年 7 月 1 日以后的新车以及 2007 年月 1 日以后所有的 ELV，利用加盟国认可的处理设施移交车辆，由生产厂家承担所有或大部分*的回收、处理费用，而非最终车主担负 * 对"大部分（a significant part）"的解释没有统一定论，在理解上有很大偏差，从"多"到"有意义"等众说纷纭

表 6-32 豁免对象品种以及豁免持续研究品种[14]

附件 1. 在"附则Ⅱ"中规定的作为豁免对象 13 个品种	○ 含铅量最大为 0.35wt% 的钢（含镀锌钢）； ○ 含铅量最大为 0.4wt% 的铝合金； ○ <u>含铅量最大为 4wt% 的铝合金（轮毂、车窗摇把）</u>； ○ 含铅量最大为 4wt% 的铜合金； ○ 铅、青铜轴承壳以及轴瓦； ○ <u>蓄电池</u>； ○ <u>油箱内涂层</u>； ○ <u>控制振动的减震器</u>； ○ 高压或燃料软管用加硫剂； ○ 保护涂料的稳定剂； ○ 用于电子基板以及其他方面的焊锡的铅为适用对象外； ○ 作为防锈处理膜的六价铬（每辆车最多为 2 g）； ○ <u>灯泡以及仪表板显示灯用汞</u> * 带有下划线的部分为了可以事先拆卸，要求做好标签或标识显示
附件 2. 继续作为豁免对象进行研究的 5 个品种	○ 轮毂、发动机部件、车窗摇把的铝合金中使用的铅； ○ 蓄电池中的铅； ○ 配重上的铅； ○ 玻璃或陶瓷基材中含有铅的电气件； ○ 电动汽车用电池中的镉

① 与禁用重金属相关的豁免对象品种目录"附则Ⅱ"的修订,该目录将随着技术以及科学进步定期进行修订;

② 车辆形式认证指令 70/156/EC 的修订。将汽车可再使用性、可再利用性以及回收利用性相关规定列入到车辆形式认证指令中;

③ 2015 年以后再利用实际效率目标的再研究。如表 6-32 所列,已经规定了 2006 年和 2015 年的再利用实际目标,但对于 2015 年目标计划在 2005 年 12 月 31 日之前再做研究。

(2) 禁用环境负担物质　基于 EU ELV 指令 2000/53/EC 规定,从 2003 年 7 月 1 日以后登录的车辆禁止使用重金属。其中部分材料以及零部件在本指令"附则Ⅱ"(豁免对象品种目录)中豁免。

按照定期修订"附则Ⅱ"的规定,欧洲委员会在 2002 年 6 月 27 日进行了第一次修订,作为 2002/525/EC 采用。第二次修订是在 2005 年 9 月 20 日的 2005/673/EC 欧洲议长级理事会上决定并采纳,实施日期追溯到 2005 年 7 月 1 日。最新修订内容见表 6-33。

表 6-33　最新的豁免对象品种目录[15]

金属物质	材料以及部件	豁免范围和截止日期	基于第 4 条 (2) (b) 需要标签或标识的品种
作为合金成分的铅	○ 含铅量低于 0.35wt% 的机加工用钢以及镀锌钢		
	○ (a) 含铅量低于 1.5wt% 的机加工用铝 (b) 含铅量低于 0.4wt% 的机加工用铝	2008 年 7 月 1 日 修改:2007 年 7 月 1 日	
	○ 含铅量低于 4wt% 的铜合金		
	○ 轴承壳以及轴瓦	2008 年 7 月 1 日 修改:2007 年 7 月 1 日	
零部件中铅以及铅化合物	○ 蓄电池		X
	○ 减震器		X
	○ (a) 含铅量低于 0.5 wt% 的液类、动力传递系统弹性体用加硫剂以及稳定剂 (b) 含铅量低于 0.5 wt% 的动力传递系统弹性体用胶黏剂	2006 年 7 月 1 日	
	○ 电子基板以及其他电气件使用的焊锡		X[①]
	○ 含铅量在 0.4 wt% 以上的制动衬片中的作为摩擦材的铜	2007 年 7 月 1 日	X
	○ 阀座	2003 年 7 月 1 日以前开发的发动机形式 2007 年 7 月 1 日	
	○ 玻璃或陶瓷基材中含铅的电气件,但是玻璃灯罩以及火花塞的釉药除外		X[②](发动机压电元件以外的部件)
	○ 安全气囊起爆剂	2006 年 7 月 1 日以前接受形式认证的车辆以及更换件	

续表

金属物质	材料以及部件	豁免范围和截止日期	基于第4条（2）（b）需要标签或标识的品种
六价铬	○（a）防锈处理涂层	2007年7月1日	
	○（b）底盘用螺栓以及螺母防锈处理涂层	2008年7月1日 修改：2007年7月1日	
	○ 热吸收式厢式冷藏车		X
汞	○ 气体放电灯以及仪表显示屏		X
镉	○ 厚膜浆料	2006年7月1日	
	○ 电动汽车用电池	2008年12月31日以后向市场推出Ni-Cd电池限于在此日之前推出市场的车辆更换件的情况 修改：2007年末	X
	○ 驾驶辅助装置用玻璃制光学件	2007年7月1日	X

① 与（11）项相关，当平均阈值超过60 g/辆时卸下，在符合本项的情况下，如果不是在厂家生产线上安装的电子装置则不予考虑。

② 与（8）项相关，当平均阈值超过60 g/辆时卸下，在符合本项的情况下，如果不是在厂家生产线上安装的电子装置则不予考虑。

注：1. 铅、六价铬、汞相对于均一材料的质量比最大为0.1%，镉相对于均一材料的质量比最大为0.01%。

2. 在豁免期限过后，已经投放市场的车辆部件的再利用则无期限规定。

3. 2003年7月1日以后销售的备件用于2003年7月1日之前销售的汽车上时，可以不受规定限制。但是，平衡配重、电机碳刷、制动摩擦衬片则有各自时间限制，因此不适合该规定

在豁免目录中，对于（2）（a）项含铅量低于1.5%的机加工用铝、（4）项轴承壳以及轴瓦、（13）（b）项底盘用螺栓以及螺母相关部件的防锈处理涂层、（17）项电动汽车用电池，将豁免截止日期提前一年。

经过修订，原注释中的"根据意图使用的情况除外"已经被删除，即不问其理由，同质材料中铅、汞、六价铬的含量控制在0.1wt%以下，镉则控制在0.01wt%以下。这与EU对电气电子设施的特定有害物质的使用限制指令（RoHS）的规定相同①。

关于备件的注释在欧洲委员会决议2005/438/EC（2005年6月15日公报）中进行修改，2003年7月1日以后销售的零部件但用于2003年7月1日以前销售的车辆上时，不作为限制对象，可以永久使用。但是这些规定不适用于平衡配重、电机碳刷、制动衬片。（平衡配重和电机碳刷从2005年1月以后已经禁止使用）。

（3）可再利用率指令（Reusability, Rcyclability, Recoverability相关，修订车辆形式认证指令的指令→略称为可再利用率指令） EU ELV指令根据第7条第4项以及第5项规定，原计划在2001年末修订车辆形式认证指令，但是由于需要对认证车辆可再利用率条件符合情况进行确认，需要时间，因此拖延并最终在2005/64/EC（2005年11月25日发布）公报上刊登，于2005年12月15日生效，推动了车辆形式认证指令70/156/EC的修订工作。

可再利用率符合性，是今后获得汽车认证的条件，其概要见表6-34。

---

① RoHS指令从2006年7月1日开始实施，限制对象为铅、汞、六价铬、镉和溴族阻燃剂PBB（多溴联苯）、PBDE（多溴二苯醚）共6类物质。

表 6-34 可再利用率指令概要

1. 适用对象	M1 以及 N1 特殊车辆、N1 类驾驶舱、底盘车辆以及少量生产车除外
2. 可再利用率要素（均按质量比）	• 再使用　可再利用率：85% 以上（不包含能量再利用）； • 再使用　可回收利用率：95% 以上（包含能量再利用）
3. 认证要素 （1）厂家的初步评估（Preliminary Assessmbent） （2）个别车型的认证要素	• 官方在发放认证书之前针对下列个别情况，确认厂家的法规遵守体制： 　- 为计算可能率的数据收集、保存体制； 　- 为计算可能率的材料分析 • 计算系统； 　- 部件标识制度实施情况、对禁止再利用的部件要素采取对策情况等 • 认证书的有效期最多为两年，需要持续更新 • 厂家在提交认证书时应该添附各种零部件、材料的具体再利用方法相关的资料 • 在形式认证时，厂家需要提供根据 ISO 标准 22628：2002 的附录 A 编制的基准车辆计算单，其中要包含材料部分。计算方法采用 ISO 标准 22628：2002 的附录 B 规定的计算法 • 选择基准车辆时，应将车身形式、内饰水平、厂家选装件安装情况等综合情况考虑进去 • 计算时，将轮胎视为可再利用的部件。但是以下零部件不可以再利用：安全气囊装置、安全带组件、安全带固定器以及（或）内置安全气囊的座椅、带锁止机构的转向柱、发动机防盗锁止装置、催化器、DPF 等排气后处理装置、消声器 • 质量单位是 kg，小数点后保留一位数。比率采用%，小数点后保留一位数
4. 实施日期	• 可获得认证的时间：2006 年 12 月 15 日起； • 认证基准日：2008 年 12 月 15 日（BC 形式认证以及日本国内形式认证（NTA）同）； • 登记基准日：2010 年 7 月 15 日

（4）2015 年实际再利用率目标　EU ELV 针对再使用、再利用以及回收利用制定了具体目标。从 2006 年 1 月 1 日开始，所有加盟国必须实现以下目标：

① 平均车辆质量中达到最低 85% 的再使用和回收利用；

② 平均车辆质量中达到最低 80% 的再使用和再利用。

从 2015 年 1 月 1 日开始，将最低目标提高到以下要求。

① 平均车辆质量中达到最低 95% 的再使用和回收利用；

② 平均车辆质量中达到最低 85% 的再使用和再利用。

欧洲议会和部长级理事会决定，最迟在 2005 年 12 月 31 日之前，基于欧洲报告书及其提案，再次研讨 2015 年目标。但是，欧洲委员会在 2006 年 4 月还在制订报告中，可以想象修订目标值将需要相当长的时间。

指令规定，加盟国每 3 年要向欧洲委员会提交报告书。第一次报告书的时间跨度是 2002 年 4 月 21 日开始的 3 年时间，在截止日期后 9 个月内要求上交给欧洲委员会，而欧洲委员会在接到报告的 9 个月内，公布说明执行情况的报告书。

各国的报告提交截止日期是 2006 年 1 月 21 日，但在这个日期内只有 10 个国家完成提交。今后环境委员会总局（DG）将开始做协调工作，但结果公布将在欧洲委员会采用之后，因此可能还需要很长时间[15]。

6.3.6　北美的环境负担物质限制措施

（1）汞限制　在美国还没有出现制定《汽车再利用法》的迹象，而《汞限制法》则由各个州单独制定。2005 年 12 个州制定了《汞法》，要求含汞产品需贴附标签、禁止使用汞开关、报废汽车时事先去除含汞件、提出汞减量计划、支付补助金等。

（a）限制对象部件：恒温器、温度计、开关类、医疗、科学仪器、继电器电子件、灯具、蓄电池（纽扣式电池除外）

（b）含汞产品应贴附标签：为了便于在拆解汽车时能够在分离有害物质即汞后进行报废，要求厂家粘贴能够识别有无含汞件的标签。

（c）汞标签粘贴计划：当使用含汞件时，应事先向州政府提交报告。

- 车名；
- 含汞量；
- 标签尺寸（长×宽）、材质；
- 标签粘贴位置（需要样图）；
- 标注内容以及图像尺寸（需要样图）。

与上述限制要求同步，实施了全美汞自主回收计划，汽车及其他行业、环境团体以及 EPA 为了进行再利用，引用了在进行汽车破碎前回收汞开关的自主性国家计划，并在 2006 年 3 月达成共识。汽车行业以全美工业协会为中心启动回收汞开关、运输以及再利用的 NPO 计划，准备将自主回收计划转入实际实施阶段，由此阻止了很多州的补助金法案。

在加拿大也有准备对汞进行限制的迹象，汽车厂家有义务对 1994 年 1 月以后销售的车辆提交汞回收计划书。

（2）PBDE（多溴二苯醚）限制　PBDE 是作为普通塑料件和布制品的阻燃剂添加的化学药剂，有五溴二苯醚、八溴二苯醚、十溴二苯醚三种。这些药剂对动物以及人体健康具有影响，因此美国各州出台了禁止制造和销售阻燃剂的法规。除个别情况外，几乎所有的州都规定从 2006 年 1 月 1 日起禁止使用五溴二苯醚和八溴二苯醚，从 2008 年 1 月 1 日起禁止使用十溴二苯醚。

在 EU，关于电器电子元件的 RoHS 指令（电器电子件中包含的特定有害物质的使用限制指令）从 2003 年 2 月生效，对于铅、汞、六价铬、镉、溴族阻燃剂（PBB（多溴联苯）、PBDE）6 类物质，从 2006 年 7 月 1 日起限制使用。但是 PBDE 中十溴二苯醚，在指令生效后仍旧被讨论是否将其列为限制对象，而 2005 年 10 月 EU 委员会决定不对其进行限制，因此得以继续使用。

受到 EU 的上述状态影响，2006 年 3 月华盛顿州也决定将十溴二苯醚作为豁免对象品种。随之，2006 年 1 月 1 日后，只对五溴二苯醚和八溴二苯醚禁止使用。

在日本，法律上没有规定禁止使用五溴二苯醚和八溴二苯醚，但基本上没有采用，可以推测在车辆上也没有采用。

参 考 文 献

(1) （财）自動車リサイクル促進センター：自動車リサイクル法報道用資料（2005.1）

(2) 産業構造審議会環境部会廃棄物・リサイクル小委員製品3Rシステム高度化WGとりまとあ：ダリーン・プロダクト・チエーンの実現に向けて参考資料集，p.2（2005.8）

(3) （财）クリーン・ジャパン・センター：拡大生産者責任ガイダンス・マニュアル（仮訳）（2001）

(4) 経済産業省・環境省：自動車リサイクル法の本格施行に向けて関係事業者向け説明会資料（第2回全國説明会）（2003.9）

(5) 経済産業省・環境省：自動車リサイクル法2005年1月1日　本格施行に向けて　関係事業者向け説明会資料（第3回全國説明会）（2004.4）

(6) 中小企業基盤整備機構：自動車リサイクル法（平成17年度版）

(7) （社）日本自動車工業会：シユレッダー業者およびプレス・せん断処理業者業務説明会資料（2004.1）

(8) 産業構造審議会環境部会廃棄物・リサイクル小委員会自動車リサイクルWG・中央環境審議会廃棄物・リサイクル部会自動車リサイクル専門委員会第4回合同会議配布資料5 自動車リサイクル法の指定法人について（2003.6）

(9) （社）日本自動車工業会：環境レポート2005（2006.4）

(10) （财）自動車リサイクル促進センター・有限責任中間法人自動車再資源化協力機構：自動車リサイクル法フロン類回収工程の実務詳細マニユアル（2004.9）

(11) （财）自動車リサイクル促進センター・有限責任中間法人自動車再資源化協力機構：自動車リサイクル法解体工程の実務詳細マニユアル（2004.9）

(12) 産業構造審議会環境部会廃棄物・リサイクル小委員会自動車リサイクルWG・中央環境審議会廃棄物・リサイクル部会自動車リサイクル専門委員会第6回合同会議資料（2004.3）ASR，エアバツグ

類の引取利・再資源化実務体制概要
(13) 産業構造審議会環境部会廃棄物・リサイクル小委員会自動車リサイクルWG・中央環境審議会廃棄物・リサイクル部会自動車リサイクル専門委員会第10回合同会議資料（2006.7）2004年度（一部2005年度第1四半期）実績報告
(14) 産業構造審議会省廃棄物リサイクル部会第14回自動車リサイクル小委員会資料5（2000.11）
(15) ヒル&ノールトン・インターナショナル・ベルギー：「使用済み車両」に関する指令2000/53/ECの実施状況の外観（2006.4）JAMAのために作成されたもの
(16) 産業構造審議会環境部会廃棄物・リサイクル小委員会製品3Rシステム高度化WGとりまとあ：グリーン・プロダクト・チエーンの実現に向けて参考資料集，p.62（2005.8）
(17) 産業構造審議会環境部会廃棄物・リサイクル小委員会自動車リサイクルWG/中央環境審議会廃棄物・リサイクル部会自動車リサイクル専門委員会第2回合同会議配布資料（2002.11）

第 7 章

生命周期评价

7.1 LCA 概述

生命周期评价（Life Cycle Assessment, LCA）是指在产品和系统的整个过程中对其环境特性进行定量评价。本章在对汽车环境问题进行综合探讨的基础上对 LCA 进行说明，为采取合理的汽车环境对策做铺垫。为了便于理解 LCA 整体情况，首先在 7.1 中主要叙述环境问题与 LCA 的关系、国际标准中关于 LCA 的基本思路以及支撑 LCA 运行的软件和数据库。在 7.2 中介绍与汽车行业相关的 LCA 框架，观察产业间的连带关系。7.3 中展示汽车 LCA 的思路和事例，并提出问题。在最后的 7.4 中总结汽车 LCA 所面临的课题及其发展方向。

7.1.1 环境问题和 LCA

近年来，在全球范围内推动环保和建立循环型社会的背景下，有关方面已经开始从整个生命周期（资源开采→制造→使用→废弃）来评价产品和系统对环境的影响[1]。图 7-1 所示为汽车属于国际性商品，而且涉及的领域较多，因此，要求准确把握汽车产业在整个生命周期中产生的各种环境影响。例如，全球规模的气候变化（CO_2、氟利昂）、资源枯竭（化工燃料、金属矿物）、大气污染（CO、HC、NO_x、PM、SO_2）、

产业废弃物带来的土壤污染（废油、废液、重金属）等。如表 7-1 所示，汽车所面临的能源、环境问题日益严峻[2,5]，采取的对策逐渐严格，这可以从汽车厂家的环境报告书上有所感受。

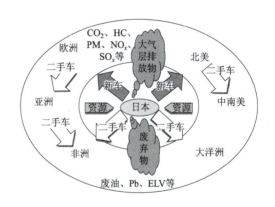

图 7-1 日本资料来源、汽车流向以及环境负担

具体体现该生命周期思路（Life Cycle Thinking, LCT）的方法就是 LCA（见图 7-2）。LCA 通过计算产品和系统生命周期中直接或间接投入的资源量、环境负担量以及人类和生态系的环境影响度，评价从起始到终结的整个过程（from the cradle to grave）。其目的不仅仅是为了"利于地球环保"，还在于定量且综合性地进行研究和评价[7]。

表 7-1 与汽车相关的能源环境问题和采取的主要对策动向

分类、项目			1960 年	1970 年	1980 年	1990 年	2000 年	2010 年	2020 年	2030 年
国际动向	国际会议			联合国人类环境会议		地球高层论坛		下届联合国会议		
	法规等		在日本四大	美国马斯基法（排放）	蒙特利尔议定书（氟利昂）	京都议定书（CO_2）→第一次约束期间	ISO 14000		第二次约束期间	
	世界性事件		公害问题表面化	第一次、第二次石油危机			资源价格高涨	BRICs 兴起和世界性汽车普及		
环境关键词			沉寂的春天	人口爆涨	成长边界	宇宙飞船地球号	可持续性开发 循环型社会	石油紧张说		
日本汽车相关行业采取的对策	制造阶段	全球变暖、节省能源、破坏臭氧层						工厂的 CO_2 排放比1990 年减少 10%		
		人体毒性					PRTR Pb 减少 事业 禁止使用 Cd、Cr^{+6}			
	使用阶段	全球变暖、节省能源		转向 10 工况		油耗标准 转向 10、15 工况	修订油耗标准	新油耗标准研究 转向 JC08 工况		
		大气污染	CO 限制	S48 限制 S58 限制	S57～S62 限制	长期限制 柴油 S 分 500×10^{-6}	新短期、新长期、新近期限制	汽油、柴油 S 分 10×10^{-6}		
				RG 无铅化	PG 无铅化	H10～H13 限制				
		噪声		S46 限制						
	废弃阶段	破坏臭氧层				自主行动计划	氟利昂回收、破坏法			
		废弃物（报废汽车）					汽车再资源化法	（ASR 再利用率达 70% 以上）	ELV 再利用率达到 95% 以上	
							ELV 再利用率达到 85% 以上			

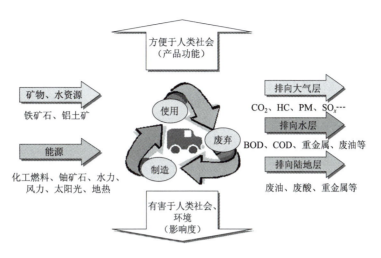

图 7-2　LCA 的基本思路

下面叙述一下 LCA 的发展过程。进行 LCA 研究的第一个对象产品是可口可乐公司饮料罐，早在 20 世纪 60 年代末，便开始对可再利用的玻璃瓶和用后直接扔掉的易拉罐进行比较研究，而在 1973 年第一次石油危机之后将能源分析提到了议事日程上，在这个阶段 LCA 也得到了很大进展。例如，生产电力和石油产品等商用能源时，就要重视能源收支问题，即获得的能源和直接或间接投入能源的差值。能源分析法大体上可以分为产业关联度分析法和积累分析法，这些方法直接引用于 LCA 的计算分析（收集和汇总环境负担物质的数据）中。同时，能源分析中存在的问题如对象范围的（系统临界）设定、同一个工厂生产多种产品或副产品时环境负担率的分配方法、再利用材料的评价等成为 LCA 分析方法中非常重要的课题[9]。

利用能源分析法对日本国内汽车相关能源消耗量进行计算的结果（见图 7-3[8]）。统计结果表明，1974 年日本所有汽车（除去出口部分后的生产量约为 400 万辆，保有量为 2 700 万辆）年消耗能源中，直接（行车）消耗部分占到 2/3，间接消耗部分占 1/3，可见间接消耗部分也是不容忽视的。

如上所述，在环境问题逐渐扩大和多样化的背景下，LCA 研究从 20 世纪 80 年代到 20 世纪 90 年代初期在欧美得到了很大进展，并于 1992 年前后发布了几个指南[10、11]，在 20 世纪 90 年

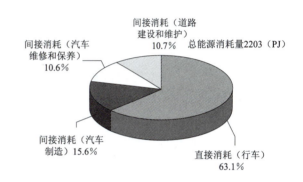

车型	直接（行车）消耗能源（PJ）	间接消耗能源			合计（PJ）
		汽车制造（PJ）	汽车维修和保养（PJ）	道路建设、维护（PJ）	
轿车	669	165	112	113	1 059
货车	662	168	111	112	1 053
客货两用车	59	10	10	10	90
四轮车比例	1 390 63.1%	344 15.6%	234 10.6%	235 10.7%	2 203 100.0%

注：① 引用的参考文献中，制造货车时投入原材料量有误，故进行了部分修正；
② 汽车制造用能源只列入日本国内部分，出口部分未计算在内。另外，原材料生产部分占 60%，整车和零部件制造部分占 40%；
③ 汽车维修和保养用能源和道路建设、维护用能源，以直接（行车）能源比例为基准进行计算，但这里包括了摩托车；
④ 1974 年用于日本国内市场的汽车生产量（国内生产量－出口量），保有量为当年年底（12 月末）
生产量：轿车 220.4 万辆，货车 169.9 万辆，客货两用车 3 万辆，四轮车总计 393.3 万辆；
保有量：轿车 1 585.4 万辆，货车 1 070.5 万辆，客货两用车 22.2 万辆，四轮车总计 2 678.1 万辆。

图 7-3　利用能源分析法计算的汽车相关能源消耗量（1974 年）

代后半期基本上与国际标准化（ISO 1404x）接轨[7]。相对来讲，日本晚于欧美，但在产业关联度分析方面却先行于欧美[7]，并在1993年发表了利用积累分析法且系统性较强的报告书，1995年成立了日本LCA论坛[13]，并且实施LCA国家计划（1998—2002年），像这样，在经历了这种令人瞩目的阶段后，LCA逐渐渗透到各个企业中[14]。下面介绍两个汽车LCA事例。

首先举一个先期的例子，1990年度以产业关联度分析为中心的温室效应气体计算结果[15]见图7-4。当时空调属于无法控制特定氟利昂（CFC-12）泄漏现象的非改良型结构，在拆解阶段不能回收，因此对环境造成了很大影响。这里不包含工厂使用的特定氟利昂。

再讲一个例子，日本国内汽车厂家的新旧产品比较结果[16]见图7-5。混合动力车在制造阶段虽然对环境影响较大，但由于通过提高燃料经济性可大幅减少行车阶段（含汽车制造阶段）的环境负担，因此从整个生命周期来看，占有一定优势。

目前，很多企业在环境报告书中都刊登了产品LCA结果，从事环境工作的人员基本上能够了解和掌握有关内容，但是对于非环境领域的技术人员或研究人员来讲肯定会有些难度，而普通市民甚至会完全不知。因此可简便提示LCA内容和计算结果的"环境信息发布"和"生命周期概念的普及"是未来的重要课题之一。

7.1.2 LCA的实施框架

LCA的概念表述起来比较容易，但是由于包含着诸如评价对象、调查范围、数据来源的质量以及实施者的理念、思路等很多人为因素，因此对其客观评价，达到透明、合理、可靠的要求似乎有一些难度，要做好这项工作势必需要投入很多的人力和物力。有鉴于此，国际标准化组织（ISO）从1993年起开始着手制定LCA评价方法的标准化工作，至今已经形成了下列标准以及技术要求[17-19]。

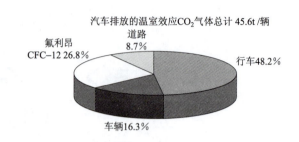

分 类		排放量 (kg-CO_2)	比例/%
CO_2排放	车辆		
	生产	3 570	7.8
	流通、销售	1 199	2.6
	修理、零部件	1 961	4.3
	废弃	6	0.0
	资本(生产、修理)	709	1.6
	车辆小计	7 444	16.3
	行车		
	直接燃烧（10工况 12 km/L）	19 656	43.1
	汽油制造（行车10万km）	1 742	3.8
	行车小计	21 398	46.9
	道路 建设、维护、相关设施	3 968	8.7
	CO_2排放量合计（车辆+行车+道路）	32 810	71.9
CO_2以外	氟利昂 CFC-12（初期填充量630 g）①	12 240	26.8
	行车		
	燃烧时 CH_4、N_2O	568	1.2
	开采时的 CH_4	20	0.0
	行车小计	588	1.3
	CO_2之外的温室效应气体排放量合计②	12 828	28.1
温室效应气体的排放量总计		45 638	100.0

注：① 引用文献中行车时的泄露量为81 g×10年=810 g，因此，总排放量可以推测为630+810 g（非全量回收）。

② 温室效应气体的特性化系数采用了IPCC-1995年的100年累计值，CH_4为24.5，N_2O为320，CFC-12为8 500

图7-4 单辆轿车的LCA结果（1990年型车）

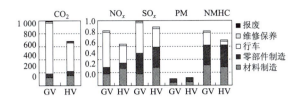

环境负担物质	车型	材料制造	零部件制造/%	行车/%	维修保养/%	废弃/%	比
CO_2	GV	13.4	5.0	80.4	0.8	0.43	1 000
	HV	23.4	8.4	65.3	2.3	0.64	686
NO_x	GV	22.9	7.7	67.9	1.5	0.04	0.84
	HV	42.1	10.6	44.5	2.7	0.05	0.63
SO_x	GV	19.2	29.4	49.4	1.9	0.04	1.00
	HV	31.9	34.3	30.9	2.9	0.05	0.90
PM	GV	55.3	33.7	7.3	3.7	0.02	0.10
	HV	60.4	31.8	3.8	3.9	0.02	0.11
NMHC	GV	39.0	34.4	24.2	2.3	0.02	0.83
	HV	42.7	44.6	9.8	2.9	0.00	0.70

注：① 贡献率直接采用了参考文献的表中数值，小数点后保留两位，因此总计很难达到100%。

② 右栏中的"比"（CO_2的基准值设为1 000，污染气体的基准值设为1），直接从参考文献［16］中的图表中读取。

③ 10与15工况下汽油车油耗为10.2 km/L，混合动力车油耗为18.0 km/L

图7-5 微型厢式汽油车（GV）/混合动力车（HV）的LCI结果（各阶段的贡献率，2001年型车）

① ISO 14040（LCA原则以及框架）；

② ISO 14041（目的及调查范围的设定以及生命周期计算分析）；

③ ISO 14042（生命周期影响评价）；

④ ISO 14043（生命周期释义）；

⑤ ISO TR 14047（14042的适用事例）；

⑥ ISO TR 14048（数据格式）；

⑦ ISO TR 14049（14041的适用案例）。

上述ISO 1404x标准规定的内容是公正客观地进行LCA工作的纲领性文件，虽然对试验方法等没有提出非常详细的技术要求，但至少可以说是外部信息公开或比较判断不可缺少的文件。ISO标准要求非常严格，因此严格按照ISO要求进行LCA有很大难度。例如，ISO标准要求进行不确定性分析，但是收录不确定信息的数据库目前还很少。这里遵循ISO标准的要求将LCA称为ISO-LCA，下面根据图7-6所示的实施流程进行说明[16—19]。

在以上7个程序中，②和③项属于定量部分，①和④~⑥属于定性部分，如果不对③项进行评价，相当于没有进行LCA。另外，正如图7-6中用双箭头表示的一样，各程序之间具有关联性，需要反复进行循环改进，以期提高可靠性。LCA需要大量调查，因此开始时可用预评价方式粗线条地掌握一些宏观内容，然后详细分析萃取的主要部分以及不确定的部分，进行整体修正，再进入下一个程序。

（1）设定目的和调查范围 在LCA中首先要设定其目的和调查范围，即为什么（目的）、将什么（对象产品）、怎样（具体操作、分析范围）进行。

LCA目的包括3个要素，即用途、理由（动机、背景）、传递方（利用者）。例如，"为了促进生态产品的置换，应该对本公司的新旧产品进行比较，将环境改善效果公示于众"等。

调查范围涉及下列内容，而且必须做到非常明确。

- 产品（或者系统）及其功能；
- 功能单位（保证在同一比较条件下），例如，行驶10万km、涂装1 m^2；
- 系统的界定（调查程序的范围）；
- 环境负担项目（CO_2、NO_x、PM、SO_x等）；
- 影响评价方法以及解释方法；
- 数据质量（时间、地理、技术的有效范围等）；
- 报告书的种类和格式；
- 专家评审的种类（内审、外审）。

（2）生命周期清单分析 生命周期清单（Life Cycle Invebtory，LCI）分析分为清单收集和汇总分析两个阶段。在清单收集阶段即收集投入的资源和能源、环境负担数据时，常常运用下述数据库以及文献，而汇总分析则利用LCA软件和表计算软件进行。LCI分析顺序如下：

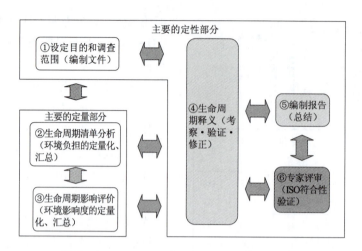

图7-6 ISO-LCA（ISO 1404x）的实施程序

- 编制生命周期流程图；
- 调查产品构成材料以及质量；
- 编制物质收支表和材料流程图；
- 调查清单数据；
- 汇总清单数据；
- 分析汇总结果（重点内容的把握、图形化等）。

汽车生命周期及材料流程图的例子见图7-7[20]。生命周期流程图能将系统界限范围可视化，便于把握必须的过程和容易忽略的内容。物质收支表和材料流程图根据产品的材料构成编制，但是在材料制造和移动过程中同样会产生环境负担物质，因此，清单数据的收集是非常基础的工作。

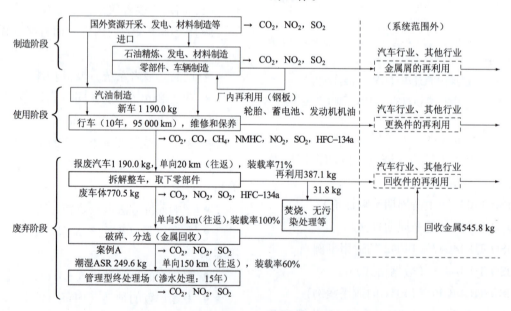

图7-7 生命周期流程、材料流程图例（轿车）

清单数据分为显性数据和隐性数据[13]，显性数据是指对LCA结果产生重大影响的数据和自己收集的本公司数据，例如汽车厂家进行的LCA中汽车制造数据和行车数据相当于显性数据。所谓隐性数据是指能源供应相关数据（燃料制造、电力等）、原材料制造相关数据、废弃、再利用数据以及物流相关的运输数据等。汽车LCA中主要的隐性数据分类见表7-2。在隐性数据中特别重要的是能源消耗比例较高的石油产品制造、购买电力供给、铁制品制造等。

第7章 生命周期评价

表7-2 汽车LCA中隐性数据分类

阶段	分类	主要内容*
海外制造	资源开采	化石燃料（煤炭、石油、天然气）、金属矿物（铁矿石、铝土矿等）、其他
	电力供应	从原产国购买电力、开采现场和制造厂自发电
	中间材制造	烧结矿、粉末、铁合金、精炼铝等
	原材料制造	原生铝、原生铜等
海外出口	陆运	载货车、铁路
	航运	石油、LPG、LNG罐车、煤、铁矿石等矿物、原材料、产品等运输船舶
日本国内制造	资源开采	石灰石等
	燃料制造	**石油产品（汽油、柴油、A重柴油、LPG等）**、民生用气
	电力供应	**购买电力（全国平均/各电力公司）**、自发电
	中间材制造	烧结矿、粉末、铁合金、焦炭等
	原材料制造	**钢材（铣铁、各种钢板、特殊钢）、非铁金属（原生铝、形变合金**、电解铜等）、合成树脂（PP、PE、ABS等）、涂料、橡胶、玻璃、液体类等
	再生材制造	非铁金属（再生铝等）、原生铅
日本国内运输	陆运	载货车（汽油、柴油）、罐车、铁路（电、柴油）
	航运	石油产品/LPG罐车
废弃处理	报废车处理	拆解工艺、破碎、分选工艺
	最终处理	管理型终处理场（填埋、渗水处理）

注：黑体带下划线的部分，表示汽车LCA中特别重要的因素

石油产品制造清单中需要关注的是在精炼石油时与石油产品相关的环境负担率的分配问题。石油可以精炼出LPG、石脑油、汽油、煤油、柴油、A重油、C重油等，而计算各个燃料制造工艺的环境负担率时是采用整个石油产品的平均值还是针对每一种分别取值，这对计算结果是不一样的。有人曾经提出：由于汽油并不是从石油中提炼的唯一产品，因此，不必分别考虑每种燃料的分担问题，这种说法也有一定道理，但是如果因为提炼汽油和柴油需要高环境负担的工艺，则应该考虑分担率问题。环境分担率的分配标准因生产量、发热量、精炼时耗能量、燃料价格而异。上述因素将在后文涉及的LCA日本论坛（机构）数据库（JLCA数据库）中以精炼时耗能量为基准进行分配。

汽车厂家购买的电力占汽车制造用耗能量的2/3。因此在购买电力时应注意两点[21]：一是时间的有效性，购买电力相关数据因各年度的电源结构而异，因此采用过时的数据就会产生较大的误差；二是地理上的有效范围，一般来讲，LCA采用全国购买电力的平均数据，但是各电力公司的电源结构差异很大，因此也会影响到供应电力的厂家的制造数据。大用户可由附近的火力发电厂直接供电，因此不限于采用电力公司的平均值。为了把握地域性差异，需要以敏感性分析为基础进行深入研究。

钢铁产品根据制造工艺可以划分为转炉钢和电炉钢，而两种钢的清单分析差异很大[12]。汽车用钢材根据用途可以分为铣铁、普通钢、特殊钢，铣铁基本上由高炉厂家提供，普通钢中占有很大比例的薄板大多数是由高炉厂家提供的转炉钢。特殊钢有机械结构用碳钢、合金钢、不锈钢、耐热钢、弹簧钢等，包括转炉钢和电炉钢。因此，对于特殊钢就要分清属于哪一种。同样，原生铝会因一次原生铝（原生铝）和二次原生铝（再生铝）的区别，也使制造清单分析不同[12]，因此，也应该掌握原生铝属于哪一类。

清单格式即清单数据格式与清单分析的可靠性和互换性有很大关系,基本的数据格式见表 7-3。数据格式大致可以分类为识别项、输入项、输出项 3 种。

表 7-3　清单数据格式的基本项

分类	项目	补充说明
识别项	识别码	自动生成,例如,LCADATA20031224005
	系统类型	单位程序(不包括子系统)、子系统
	清单名称	例如,冷轧钢板制造(转炉,日本,1995)
	输入年月日	自动生成,例如,2003 年 12 月 24 日
	输入者信息	姓名、地址、TEL、FAX、E-mail 地址
	时间性有效范围	例如,1995—1999 年
	地理性有效范围	例如,日本国内
	技术性有效范围	制造技术的描述,例如,平均性工艺
	完整性	对省略工艺以及不明数据的描述
	代表性	母集团的规模,例如,占日本高炉的 80%
	精度、偏差信息	上限值、下限值、偏差(分散)
	资料来源	文献名称,例如,BUWAL250(1996),Part2
	收集方法	测定(实验/正常操作)、模型计算、传闻
	分担方法	质量、容积、面积、发热量、耗能量、价格
输入项	自然投入资源	资源名称、投入量、单位、注释,例如,铁矿石(Fe 65%)
	社会投入燃料、中间材料、原材料、零部件、电力、燃料、能源等	燃料/中间材料/原材料/零部件名称/电力/能源名称、投入量、单位、注释(单位程序、子系统同) 例如,煤炭的开采、选炭工艺(澳大利亚)
输出项	产品	产品名称、生产量、单位、注释,例如,冷轧钢板(转炉)
	副产品	副产品名称、生产量、单位、注释,例如,高炉渣
	对大气层的排放物	排放物名称、排放量、单位、注释 例如,CO_2、NO_x(如 NO_2)、PM、SO_x(如 SO_2)等
	对水流的排放物	
	对土壤的排放物	排废物名称、排放量、单位、注释,例如,BOD、COD、全 N、全 P、SS 等
	处理、管理的废弃物	废弃物名称、废弃量、单位、处理方法 例如,废油、飞灰、废渣、废酸、Pb、Cd 等

(3) LCA 影响评价　LCA 影响评价是指将从清单分析得到的各种环境负担物质与诸多环境影响项目联系起来,对环境的影响度进行定量化评价。环境影响评价(Environmental Impact Assessment,EIA)与所谓的环境分析是不同的,如图 7-8 所示,影响评价一般按照下列程序进行。

- 分类化(Classification);
- 特性化(Characterization);
- 正规化(Normalization),根据情况,还要组合(Grouping);
- 集成化(Weighting)。

下面逐一进行说明。

分类化是将环境负担项目和影响领域联系起来的工作,但是实际上在 LCA 的"目的和调查范围设定"阶段已经基本选定准备调查的影响领域,而且在此基础上决定环境负担项目。影响领域有地球规模的气候变化(全球变暖)、对气层圈臭氧层的销毁(臭氧层销毁)、酸雨等影响(氧化)、湖泊以及池塘的富氧化、光化雾、枯竭性资源的消耗等。

第7章 生命周期评价

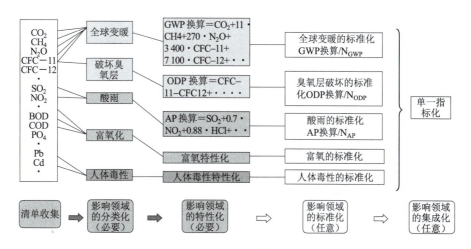

图 7-8 ISO-LCA 影响评价的流程示例

特性化是指计算影响领域环境负担项目贡献度的阶段，而计算贡献度的系数就是特性化系数。理解特性化最简便的例子是化石燃料和发热量的关系。将煤（kg）、石油（L）、天然气（m^3）综合成一个指标的特性化系数就是发热量（J/kg、J/L、J/m^3），而集成结果就是能量（J）。特性化的例子见表 7-4[10]，这些特性化系数乘上排量后综合起来，便是影响领域的影响度。全球变暖领域中以 CO_2 为基准指标（单位：t-CO_2）、臭氧层销毁领域中以 CFC-11 为基准指标（单位：g-CFC-11）、酸雨领域中以 SO_2 为基准指标（单位：kg-SO_2）。ISO1404x 标准将到此为止的阶段划定为进行影响评价的必要条件。特性化只是将环境负担换算成其他物理量（例如，酸雨为氢离子量），而没有对环境影响进行评估，这一点需要注意。

表 7-4 影响评价中特性化系数例

排气种类	地球变暖的特性化系数	臭氧层破坏的特性化系数	酸雨的特性化系数	光化雾的特性化系数
CO_2	1	—	—	—
CH_4	23	—	—	0.007
N_2O	296	—	—	—
HFC-134a	1 300	—	—	—
CFC-11	4 000	1.00	—	—
CFC-113	5 000	1.07	—	—
CFC-12	8 500	1.00	—	—

续表

排气种类	地球变暖的特性化系数	臭氧层破坏的特性化系数	酸雨的特性化系数	光化雾的特性化系数
SO_x，SO_2	—	—	1.00	—
NO_x，NO_2	—	—	0.70	—
HCl	—	—	0.88	—
Ethylene	—	—	—	1.000
Toluene	—	—	—	0.563
m-xylene	—	—	—	0.993
HC（平均）	—	—	—	0.377
NMHC（平均）	—	—	—	0.416

注：① 全球变暖的特性化系数采用了累计 100 年的系数，资料来源为 IPCC 2001，而 CFC-12 的资料来源为 IPCC 1995。
② 臭氧层销毁、酸雨、光化雾的特性化系数的资料来源为莱登大学 CML 研究所

仅凭上述特性化指标很难对影响领域的重要程度进行比较，例如，地球温暖化指标和酸雨指标的偏差很大，甚至会出现位数的差异，因此很难说清哪一个指标的影响更大。以前曾经提出过不同影响领域是否可以进行比较的质疑，而实际上每当采取环境对策时，为了避免出现方向性偏差，都会通过比较不同环境领域影响度后重新修正，这就是所谓的标准化阶段，即把在特性化阶段计算出的量用一定常数（例如，根据日本国内的总排放量求出的影响度）相除并无因次化，对贡献度进行相对评价。在标准化方面，由于设定基准值的方法不同，因此比较不同影响领域时很

难排除主观性,从而 ISO 1404x 标准没有对标准化的实施进行界定。

组合是决定共性项目,然后综合多个影响领域的阶段,可以在标准化阶段前后实施。例如,以影响范围为基准,分成地球规模、区域规模、局所规模进行评价。另外设定影响领域的优先顺序,确定保护对象(人类保护、生态保护等)而后进行分类。ISO 1404x 中将组合阶段设定为任意要件。

集成化是把复数影响领域的指标综合成一个指标的阶段。与标准化相比,更能够准确地反应影响度评价结果,因此也是很有吸引力的方法。在设定权重系数阶段,可以较大程度地结合国情和主观意愿等因素,但难以得到科学支持,因此不论国内外都对方法论尚未达成共识。ISO 1404x 中将集成化实施设定为任意要件。

最后叙述一下关于影响评价方法的 3 个需要注意的方面(空间、时间、不确定性)。

空间是指环境影响的区域性问题。全球变暖和臭氧层销毁是针对整个地球的,无区域性可言,而酸雨和光化雾等则对区域性影响较大,因此需要采用圈定排放区域的评价方法。例如,仅环境负担物质 NO_x 一项,就因海外开采场、工厂、外航用罐、日本国内火力发电所、汽车等不同发生源所产生的影响而不同。

时间是指对环境影响的时间依赖性问题。从清单分析中计算出的环境负担物质是在一定时间内(产品的使用有效期等)输出(排放)的,而全球变暖和终处理场等的环境影响分析则是长远的。

不确定性是指特性化系数和集成化系数等不平衡的问题。例如,认为可靠性比较高的全球变暖的特性化系数偏差已经达到了 35%[22]。而在影响评价结果中早已包含了清单分析结果的偏差,因此在产品 LCA 中必须考虑这一因素。

(4) 生命周期分析和报告 生命周期分析不要在影响评价结果出来后再做,最好在前一个阶段(目的和范围设定、清单分析)就开始。分析内容可以分为以下两种。

- 提出重要见解(结果整理);
- 确保可靠性并提炼出课题(结果评价)。

整理结果后可以圈定影响最大的部分。结果评价尤其是对清单分析和影响评价的结果,进行敏感性分析(调查可以预想到的变数对整体的影响)、误差分析(调查对可以预想到的误差是否与 LCA 结果和结论一致)、不确定性分析(偏差信息和蒙特—卡罗法随机分析)。

7.1.3 LCA 软件和数据库

LCA 需要几十甚至几百个程序构成的复杂系统支撑,仅仅采用表计算软件是远远不够的,需要管理数据、建立结构树、比较汇总结果等,也就是说能够实现各种功能的专业软件(LCA 软件)是不可缺少的。下面对在实际应用中起重要作用的 LCA 软件和数据库进行阐述[16,23,24]。

(1) LCA 软件的结构 最近 LCA 软件大多是根据 ISO - LCA 的流程编制的,一般性结构见图 7 - 9[16]。LCA 软件功能较强,可以分为数据管理、系统构建以及汇总、分析、评估几个部分。

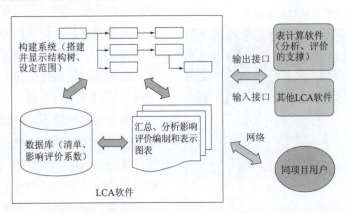

图 7 - 9 LCA 软件的一般结构

数据管理主要对清单（子系统的输入/输出数据）、影响评价所需各系数（特性化系数、受害系数、集成化系数）进行输入、更新、删除。构建系统时，需要梳理好各子系统的关系以及系统结构树。汇总、分析、评价中，按照结构树进行追溯性汇总，然后表示汇总结果，做到图形化，分析影响度。为了综合使用表计算软件和其他 LCA 软件，输出和输入的接口是非常重要的，而且也需要具备多用户同时使用同一个数据库的网络共享功能。

（2）市销 LCA 软件 以海外版（欧洲版）为首的 LCA 软件纷纷推出市场，但知名的主要有 Simapro（荷兰）[25]、TEAM（法国）[26]、GaBi（德国）软件[27]。各公司的软件不仅有母语版和英语版，有些还有日语版。附带的清单数据库基于积累分析法，从原则上讲更符合欧美的实情，因此如果在日本使用应该加以留意。例如，在日本 NO_x 和 SO_x 对策进展较快，如果采用海外电力供应或原材料制造清单，则这两种物质的量肯定会过多。另外清单计算的来源很难得到，因此，存在透明度不足的缺点。另外还含有日文版数据库中没有的工艺（如贵金属和白金族的制造、各种加工工艺等）以及排放物（例如，$CO_2/NO_x/SO_x$ 以外的大气层排放物或水层排放物），因此实际应用时一定要斟酌，应对分析和评价对象进行扩展。

知名的日本版 LCA 软件有 JEMAI – LCA[28]、LCA Support[29]、Eco Assist[30]、Easy – LCA[31]、Quick LCA[32] 等。这些 LCA 软件附带有日本国内的清单数据库，能够进行符合日本国情的 LCA。日本国内版 LCA 软件根据清单计算方法，可以分类为以积累法为基准的 JEMAI – LCA、LCA Support、Eco Assist 和以产业关联度分析法为基准的 Easy – LCA、Quick LCA 两大类。如果想简便进行 LCA，可以选用清单齐全并没有必要搭建结构树的产业关联度方式的 LCA 软件。如果需要详细研究每个过程，从各个角度进行分析，则可以选用积累式 LCA 软件。尤其是分析新的流程只能选用积累式。如上所述，可以根据各自目的选择合适的软件。

（3）后台数据库 目前，有很多关于清单分析的文献，从这些文献中搭建新的数据库需要很多的劳力，效率很低。因此，可以利用后台数据库（简称为数据库），进行 LCA。

研究机构单独建立的数据库有产业技术综合研究所生命周期分析研究中心研究的积累分析方式[28、29]，以及国立环境研究所[33]或电力中央研究所的产业关联度分析方式。前者中 JEMAI – LCA 成为标准软件，而 LCA Supprt 和日本版 Sinapro 则成为选装软件。后者中，电力中央研究所的数据库成为 Quick LCA 的标准软件。

产业界和科研院所合作搭建的数据库有 JLCA 数据库[24、34]。在 LCA 日本论坛（JLCA）的提议下[13]，在经济产业省（当时为通商产业省）和 NEDO 的支持下，使第一个五年国家计划（1998—2002 年）能够实施，搭建了数据库并开发了日本版影响评价方法（LIME）。搭建数据库所需的数据由 54 个行业协会提供，现已收集了 280 种数据（见图 7 – 10）[24、34]。从 2003 年 4 月起经公开试运行，已经能够从网站上有偿使用或下载。现在正在更新第 II 个（2003—2005 年）国家计划的成果。

瑞士的 ecoinvent 数据库收集了欧洲的数据，在世界上第一次提出了偏差信息（按照正态分布的分散度分析），可用于不确定性分析。这些内容可以有偿从网站上下载，作为海外的 LCA 软件（如 Simapro）的附属数据库使用[24、35]。

7.2 汽车及相关行业的动态

下面综观一下汽车及相关行业，即海外汽车厂商、日本国内汽车厂商以及相关行业（汽车零部件、石油、电力、钢铁、铝、塑料）引入和应用 LCA 的情况。

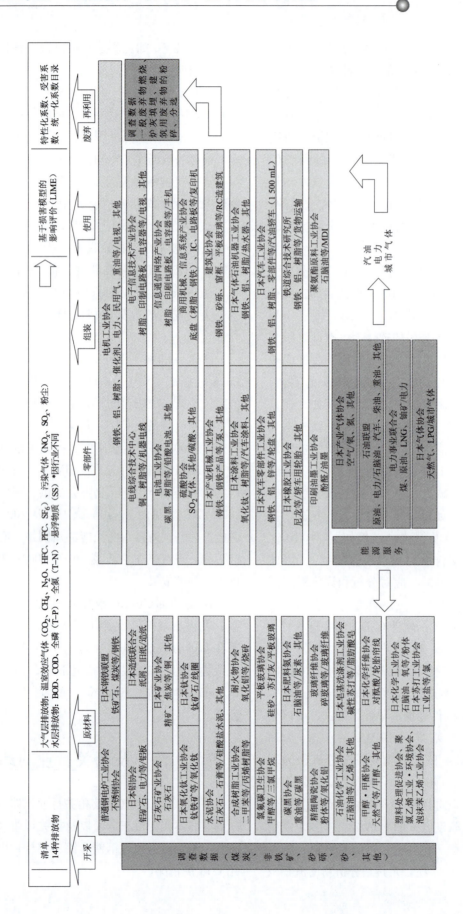

图7-10 经济产业省·NEDO的LCA项目中JLCA数据库概要

7.2.1 国外汽车厂商

20世纪70年代石油危机发生以后,各国开始关注能源分析,到了1980年前后日美已经开始着手进行能源分析[8,36]。其后石油市场情况不佳,能源分析也随之变得低沉,但在地球温暖化、臭氧层销毁、酸雨、废弃物处理等各种环境问题不断涌现后,从生命周期的角度对产品的环境负担情况进行分析、评价的LCA再次得到了大家的关注。

20世纪90年代中期,美国福特公司将LCA方法用于汽油车(GV)和电动汽车(EV),对其进行了详细的生命周期能源分析[37]。该研究体现在美国三大汽车巨头组织的USCAR计划中[38]。

欧洲德国斯图加特大学IKP研究所于1990年开始进行汽车以及零部件的LCA研究,1996年与VW公司共同推出了Full-LCI的分析结果(以各种环境负担项目为对象,包括收集本公司实际数据的正规LCI分析)[39]。其后,VW公司实施了汽油车/柴油车的LCA[40]。沃尔沃公司引用了称为EPS(Environmental Priority Strategies)影响评价方法,对本公司产品的环境改善效果进行评价[41]。

7.2.2 日本国内汽车行业

日本国内在20世纪90年代后半期由日本汽车工业协会开始展开了LCA调查[42],汽车厂家纷纷推出环境报告书,并通过网站刊登LCI结果。受整车厂的启发,汽车零部件厂家也开始引用LCA[43]。表7-5对日本国内汽车行业的LCA活动进行了汇总。

表7-5 日本国内汽车行业的LCA活动和研究情况汇总

年份	分类	日本汽车工业协会(JAMA)	汽车厂家	日本汽车零部件工业协会	其他零部件厂家
1994 1995 1996	LCA引入阶段	● 第一期轿车LCA计划 对象:1992年2 000 mL轿车(虚拟车) 项目:能源、CO_2 方法:将生命周期分成6个阶段,分阶段分公司调查文献,原材料制造则利用NIRE-LCA Ver.1,开发以表计算软件为核心的专用软件	2 000 mL轿车的LC-CO_2分析 油箱LC-CO_2 各种汽车的能源效率以及CO_2分析		
1997 1998	稳固基础	● 第二期轿车LCA计划 对象:1997年1 500 mL轿车(实车平均) 项目:能源、CO_2、NO_x、SO_x等 方法:对零部件·材料构成自制件厂,由各公司分开调查,计算原材料·加工基准单位,采用TEAM Ver.3	开始召开LCA公司内部研讨会(两个公司) 汽油车和电动力车轿车能耗、CO_2分析		日本橡胶工业协会开展LC-CO_2分析

续表

年份	分类	日本汽车工业协会（JAMA）	汽车厂家	日本汽车零部件工业协会	其他零部件厂家
1999 2000 2001 2002	开发阶段	• 第三期轿车 LCA 计划 • 载货车、两轮车 LCA 计划 对象：轿车同第二期，4 t 级中型载货车、400 mL 两轮车 方法：同第二期，修正原材料、加工基准单位，试行影响评价（EI99），将专家评审结果、轿车 LCI 提供给第 Ⅰ 期 LCA 国家计划	GV HV、GV EV 的 LCI（CO_2、NO_x、SO_x 及其他） 载货车传动轴的 LCI 微型厢式车的 GV HV 的 LCI GV HV 的 LC - CO_2 分析 LCA 研讨小组启动（两个公司） 柴油车（DV）的 LCA 新型轿车 LCA 信息公示	日本汽车零部件工业协会设立 LCA 分会，与 JAMA - LCA 分会联合 日本汽车零部件工业协会将 31 种零部件的清单交给第 Ⅰ 期 LCA 国家计划	铅蓄电池的 LC - CO_2 分析 日本橡胶工业协会、电池工业协会向第 Ⅰ 期 LCA 国家计划提供数据
2003 至今	实际应用	将轿车零部件、材料构成表选择提供给第 Ⅱ 期 LCA 国家计划的静脉系 LCA 推进委员会	搭建综合性环境评价系统 从产品单位扩展向全事业领域	各公司开展零部件 LCA	

（1）汽车厂家 在正式开始研究 LCA 国际标准化的第二年，即 1994 年，日本汽车工业协会成立了 LCA 研究组（ISO14000 WG3），现在以汽车工业协会 LCA 分会的名义开展活动。成立该分会的目的是，与国际标准化对口（协助 ISO 相关的委员会，提出来自汽车行业的建议等）、在行业内推进引用和普及汽车 LCA（方法的标准化、搭建共享数据库等）的工作、开展环保宣传活动，以及为社会做贡献等。由数万个零部件组成的汽车制造相关清单分析是一个费时、费力、耗财的系统工程，因此为了规避错误实施 LCA 的风险，在行业内制定标准的方法是非常重要的。

日本汽车工业协会 LCA 分会做的第一个工作是利用统计数据对 2 000 mL 轿车进行 LCI 分析（第一期 LCA 计划），当时日本国内尚没有 LCA 经验，在如此艰难环境下收集、分析了基础数据[44]，开发了专用软件[45]。在该 LCI 分析中，汽车材料构成数据采用了 1992 年日本汽车工业协会公布的数据，原材料制造清单原则上采用了工业技术院资源环境技术综合研究所研究室（现名为产业技术综合研究所生命周期分析研究中心）开发的 NIRE - LCA 汇总结果，而汽车制造数据则采用了日本汽车工业协会以前收集的各工厂数据的汇总结果。

在 1997 年开始的第二期 LCA 计划中，为了研究对行业有重大作用的汽车工厂数据的收集和分析方法，以通用性较强的 1 500 mL 轿车为对象车型，由 8 家轿车厂同时对各自对象车型的零部件、原材料构成数据和自产工厂的信息进行收集和分析。在该计划中，提议考虑原材料、工艺的基准单位来推算外协件的制造清单[46]。

1999 年开始了第三期 LCA 计划，作为前一期计划的延续，进行 LCA 的影响评价、解析以及专家评审。在影响评价中，计算出将全球变暖、酸雨以及整合为一体的 Eco - indicator 95（EI - 95）的各指标。而日本汽车工业协会 LCA 分会，对影响评价方法的标准化未加以研究，任由各公司独自判断采用。

目前，日本各汽车厂家以汽车工业协会 LCA 分会取得成果为基础，采用各自的方法，研究在设计阶段便能采用的 LCA。例如，某厂家以典型排放物 CO_2、NMHC、NO_x、SO_x、PM 等为对象物质，将目标指向气候变暖、资源枯竭、大气污染、化学物质、再利用等综合性评价方法[47,48]。有的厂家主要以精度较高的 CO_2 为对象，从 10 和 15 工况×实际油耗系数计算出行驶项目的清单[49,50]。

（2）零部件厂家 日本汽车零部件工业协会的 LCA 活动主要针对经产省的 NEDO 的 LCA 计划进行，于是在 2000 年成立了汽车零部件工业协会 LCA 分会[43]，协会由 8 个主要成员组成。为了配合汽车工业协会 LCA 分会的轿车 LCA（1 500 mL 轿车），提供了 31 种零部件的制造清单（约占 1 500 mL 轿车质量的 1/4）。提供的数据中不包含零部件协会成员视为外协件（相当于轿车厂家角度的二级外协件，有些部件可占到 1/2 以上）的环境负担部分。对于这些供应链的问题，某些整车厂家已经开始以绿色采购的名义从协作厂收集环境负担数据[1,48]。

7.2.3 日本国内汽车相关行业

组装行业 LCA 中采用的能源和原材料清单（上游清单）具有"Cradle to Gate（资源开采至工厂产品出厂之前）"特征。下面介绍支撑汽车产业的石油、电力、钢铁、铝、塑料行业的 LCA 活动。

（1）石油行业 石油产品全部用于工业，因此其制造清单在 LCI 分析中尤为重要（见图 7-11）。尤其是在整个汽车生命周期中需要消耗数倍于车辆质量的燃油，而且在行车阶段对环境影响最大。在石油行业以日本石油产业活性化中心（Petroleum Energy Center，PEC）为中心，从 1995 年开始研究 LCA，每年公布石油产品制造清单相关的报告，从基础上支持行业的 LCA 活动[51,54]。

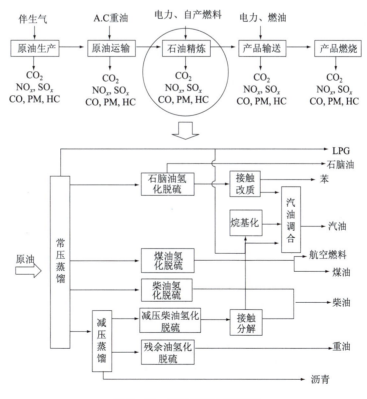

图 7-11 石油产品工艺流程

另外以 PEC 为核心实施的石油行业和汽车行业的联合项目 JCAP（Japan Clean Air Program）中，用 LP（Linear Program）法计算因汽油和柴油低硫化而增设精炼所产生的 CO_2 排放增加量[55]。该结果可以应用于推测低硫化（硫分在 $10×10^{-6}$ 以下）汽车燃油的制造清单。

汽油精炼需要裂解和改质等其他二次设备，与柴油精炼工艺相比，在制造阶段的 CO_2 排放量更高。由石油联盟和 JAPAN ENERGY 进行的 LP 法模拟结果表明，如果柴油需求量增加 10%（400 万 kL），而汽油需求量减少 10%（400 万 kL），则能够大量减少炼油所的 CO_2 排放量（见图 7-12）[56]。

日本石油产品制造清单的环境负担项目限于能耗和 CO_2、NO_x、SO_x 的排放。汽车 LCA 中 CO、NMHC、PM 也是非常重要的指标，因此希望能够扩展环境负担项目。

（2）电力行业　电力用于所有行业，因为电力供应清单在 LCI 分析中也占据着非常重要的位置（见图 7-13）。在车辆制造阶段如果考虑发电效率，那么电力将占到能耗的 2/3，影响巨大[21]。另外，在电动汽车 LCI 中，由于各电力公司的电力构成不同，而且也要受到白天和夜间电力构成不同的影响，因此需要日平均、白天、夜间的电力供应清单。电力公司清单计算中，需要确认各电力公司之间交换功率的影响，但从全国范围来讲，供求是平衡的，因此没有这个必要。

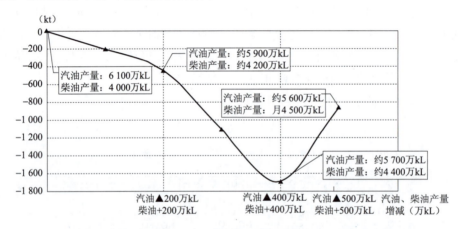

图 7-12　根据炼油所 CO_2 排放量估算的最合理的汽油、柴油生产量结果

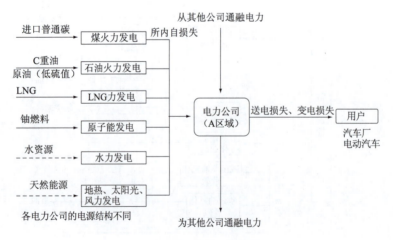

图 7-13　电力供应流程

电力供应清单计算以化石燃料（原油、普通煤、LNG）等相关清单为基础，能源综合工学研究所1990年公布的化石燃料生命周期CO_2分析成为立足点。几乎同时，电力中央研究所对各种发电的过程，包含设备建设、燃料制造、运用在内的生命周期能源、CO_2进行分析，首次提供了系统的电力供应清单[58]。其后，对能够反映最新数据和不同前提条件的CO_2进行了分析[59]。而且松野等专家以各种大气层排放物为对象，对各电力公司进行了详细的清单分析[60]。现在各电力公司在网站上发布清单，因此，可以利用各个年度CO_2排放基准单位[61]。

（3）钢铁行业　汽车生命周期中资源消耗最多的是原油，第二是铁矿石，其次是煤炭（主要是焦炭用原料炭）。铁矿石以及原料炭在钢铁产品制造阶段消耗。钢铁产品在整个车辆质量中占据70%以上，如果再加上原材料、能耗的影响，钢铁产品则占有了举足轻重的地位。如图7-14所示，钢铁产品供应链错综复杂[62]，因此清单数据可信性是非常重要的。

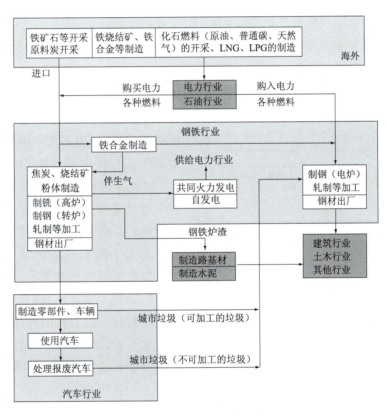

图7-14　钢铁产品的生命周期流程

很多专家利用统计数据对透明性较高的钢铁类CO_2分析方法进行了一番研究[63]，他们扩展了产业关联度分析，计算多个不同钢种的制造清单，在收集精确数据、研究LCA方法论、搭建JLCA数据库等普及LCA中起到了领头作用。现在，高炉及电炉行业能够提供14种典型钢铁的2000年版清单数据，现正在考虑2006年版的数据的更新问题[64、65]。

钢铁行业和日本钢铁联盟的LCA活动起始于1995年国际钢铁联盟（International Iron & Steel Institute，IISI）建立清单数据库之时[66]，承担着收集翔实数据、研究LCA方法论、建立JLCA数据库等普及LCA的先锋作用。现在已经具有高炉以及电炉行业典型的14种钢型的2000年版清单数据，并正在研讨2006年版的更新问题[66]。

钢铁行业的钢铁产品LCA不仅提供制造清单，还可以通过产品功能，对整个社会的环境影响度进行评价。例如，采用高强度钢板带来的轻量化效果和节能，采用表面处理钢板带来的提高防锈性能和延长汽车寿命等，对社会都做出了一定的贡献[67、68]。另外，铁屑中杂质增加，钢铁产品的再利用评价也成为重要的课题[5、69]。

（4）铝行业　汽车使用的金属材料中，铝产品的用量仅次于钢铁产品，每辆车的平均用量为110 kg[70]。铝合金可以分为型材（板材、挤压材、锻件）和铸件（铸造、压铸件）。型材主要采用原生铝（一级原生铝），铸件用主要采用再生铝（2级原生铝）。一般来讲，铸造用铝合金在汽车上主要用于气缸体、气缸盖、变速箱壳体等大件上，而铝合金型材主要用于热交换机、增强型保险杠。近年来，随着轻量化的发展，车身外板（挡泥板、机罩、车门）以及车架逐渐增加了铝合金型材的用量（见图7-15）。

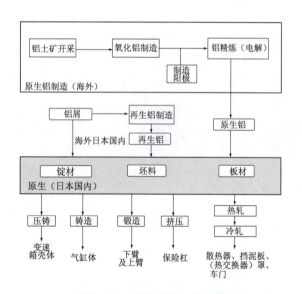

图7-15　铝产品的工艺流程

在原生铝的电解精炼中需要消耗很多电力，因此电费低廉的进口原生铝已经占到99%以上，而再生铝的制造只需耗费原生铝3%~5%的电力[71]。

使用铝制品的最大理由是能够达到轻量化的目的，但是由于一些问题没有得到解决，因此铝制品很难用于车身等主要零部件上，比如成本高于钢铁产品、使用环境负担率较高的原生铝为主的型材、钣金修补难等。因此，铝行业将型材再利用（按照合金种类分选回收技术、杂质无害化技术、汽车铝件相关LCA调查等）列为战略性技术课题[71]。

（5）塑料行业　塑料包装材料与纸制品相比耐久性和保湿性相对较好，在瞬间成为与生活密不可分的产品，但由于不能自然分解，因此作为城市垃圾和普通废弃物给人以"非环保材料"的印象。为此欧美塑料行业不仅在废弃阶段，从资源开采到流通、使用、废弃的整个过程便开始考虑环境负担情况，准确评价塑料，并强烈感觉到应向政府、地方、市民团体进行广泛宣传的必要性，于是从1990年开始进行LCA研究。例如，瑞士联邦环境局（BUWAL）、欧洲塑料制造商协会（APME）、美国塑料协会（APC）承担塑料原材料的LCI数据库建设工作。日本也在20世纪前半期开始以化学经济研究所和塑料处理促进协会为中心，调查欧美LCA研究、数据库情况，编制原材料制造清单，开发报废塑料件的处理、再资源化相关技术，进行环境影响评价等[72、73]。

对汽车来讲也是一样，车辆在报废后的残渣中塑料零部件超过一半，给人的印象很差，但有质轻、耐久、容易造型、廉价的特点，因此一直用于汽车功能件或提高舒适性的部件上，提高车辆附加价值。对塑料件的评价是，由于轻量化不仅可以减轻环境负担，而且具有其他材料所无法替代的舒适性和其他功能，因此对这一难以定量化的特性得不到认同，应该说是不公正的（见图7-16）。

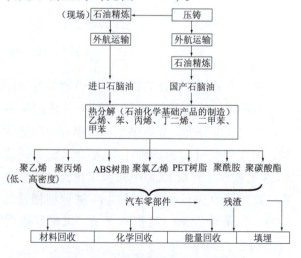

图7-16　塑料制品的生命周期流程

7.3 环境破坏、环境影响评价方法和案例

下面通过汽车 LCA 的事例，说明 LCA 思路和问题。

7.3.1 Well to Wheel 分析

汽车 LCA 一般可以分为如图 7-17 所示的几个阶段[74]。在汽车上，根据运输用燃料决定"心脏"之发动机，因此燃料供给方面的分析，即从能源安全到燃油精炼、供应的 Well to Tank（WtT）分析（燃料效率）是非常重要的，在车辆分析中行驶阶段的 Tank to Well（TtW）分析（车辆效率）影响也较大。下面主要从燃油供给和行车角度，以能源和 CO_2 为对象进行 Well to Wheel（WtW）分析（综合效率 = 燃料效率 × 综合效率）[74、76]。

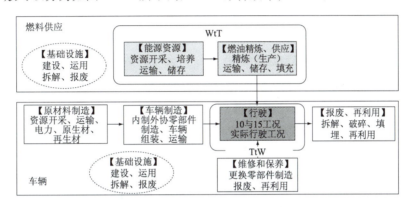

图 7-17 汽车生命周期和各个阶段以及 WtW 分析范围

WtW 分析目的如图 7-18 所示，将多种燃料路径和车辆进行组合，掌握能量效率和 CO_2 排放量，重视将来能源的稳定供应。在 WtW 分析中以燃料供应和行车为对象，而没有将提供燃料的基础设施、车辆制造、车辆报废和再利用作为对象。这主要是为了尽量减少不确定性，更好地了解各种燃料和动力源的方向性。当前能够稳定供给的燃料有以天然气为来源的合成燃料（GTL）、以煤炭为来源的合成燃料（CTL）以及从可持续性发展观念角度出发的生物燃料（BTL），另外从将来降低行驶阶段环境负担的观点出发，氢燃料将会得到重视[74、76、77]。

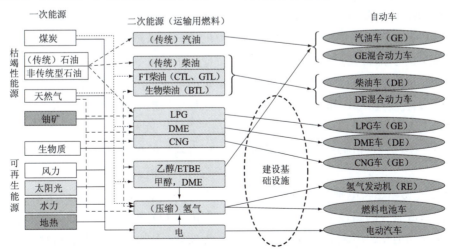

图 7-18 WtW 分析中燃料供应路径

下面概括一下日本国内对 WtW 分析的主要见解和课题[74、76—80]。

(1) WtW分析的主要见解　图7-19是以轿车为例的WtW分析结果。图7-19中的计算结果是根据参考文献，利用图中的假定燃料消耗计算的。这里只考虑了温室效应气体的排放，然后换算成CO_2，空调制冷剂氟利昂没有计算在内。另在假设汽油车结果为1的情况下进行相对比较。下面针对新燃料，阐述一下对图7-19中内容的见解。

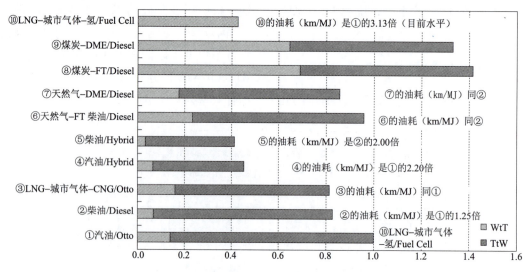

图7-19　WtW分析结果例（温室效应气体排放量、假设对象车型是轿车、汽油/Otto=1）

(a) CNG汽车的总CO_2排放量几乎与柴油车相等。CNG汽车在制造LNG以及压缩高压气体时，在WtT方面是不利的，但由于天然气的碳成分少于柴油车，因此在TtW中占据优势，而WtW几乎是等同的。在WtW分析中，制造CFRP油箱相关的CO_2排放没有考虑进去，这一点需要注意。

(b) 与GTL相比，CTL在制造阶段CO_2排放量明显增多，仅CTL制造阶段的CO_2排放量就大于汽油混合动力车的全部行驶过程中的排放量，但在未来供应量方面占据优势。

(c) 主要的合成燃料DME和FT柴油相比，后者在制造阶段CO_2排放量大于前者。但FT柴油与传统柴油的互换性强，市场性较好，基础设施投资小。

(d) 从制造氢气和燃料电池车的WtW分析来看，现阶段因制造氢气的路径不同因此不能绝对地说优越于混合动力车，但是有很多可以改进的部分。

(2) WtW分析对象相关的主要问题

(a) 环境负担对象中最重要的是能源消耗和温室效应气体，但包括大气污染在内的综合评价中，CO、NMHC、NO_x、PM数据收集和分析也是必要的，这在环境政策滞后的亚洲地区显得尤为重要。

(b) 作为比较基准使用的以石油为来源的汽油和柴油制造清单一直采用2000年以前的数据。2005年以后硫分已经降低到$10×10^{-6}$以下，因此需要能够反应在精炼阶段增加的环境负担部分的清单。虽然在文献中能够查找到相关内容，但应采用最新数据。尤其是将来随着对C重油需求量的减少，汽油和柴油裂解较多，因此在精炼阶段环境负担增加的可能性很大[74]。

(c) 近来随着石油涨价，非传统型原油的供应有增加的可能性，但是有关非传统型原油的制造清单的相关信息很少。

(d) 合成燃料在制造阶段CO_2排放量较多，但随着CO_2回收、储存技术进步，其状态也会发生变化，因此需要对其进行评价。

(e) 在生物燃料的评价中，不仅仅是碳中和（CO_2），耕地扩大带来的生态系影响和水资源枯竭等也非常重要。

WtW 分析的最终目标是探索出燃料和车辆最佳匹配的途径，但是仅靠 WtW 分析是不够的，需要了解下一代汽车的原材料、车辆结构的环境分担量，判断燃料的安全供应量，把握能源资源、全球变暖以外的环境影响因素，以及汽油、柴油的优越性（能量密度、基础设施、成本等），来进行综合评价。

7.3.2 生命周期清单分析

在这里，通过汽车 LCI 事例介绍一下生命周期清单分析方法、环境负担量现状和课题。LCI 分析方法大致可以分类为产业关联度分析法和积累分析法。产业关联度分析法可以把握整体轮廓，因此，主要论述轿车平均计算结果。积累法可以列举汽车制造工艺模块化和原材料工艺基准单位、GV 和柴油车（DV）、混合动力车（HV）和 EV、车身轻量化和铝车身车等。

（1）产业关联度分析　构成汽车的零部件数以万计，对这些原材料制造和加工相关的环境负担情况——进行调查和汇总。需要通过整车厂自上而下地对一级、二级、三级供应商逐一进行调整和汇总，需要耗费很多的人力和费用，从而萌发了行业联合的产业关联表的想法[81—83])。产业关联表是网罗所有行业（约 400 个部门）在提供产品和服务过程中投入和支出的全部财物的调查和汇总结果。日本产业关联表由政府每 5 年发布一次，当前最新版为 2000 年版。产业关联表的数值用金额表示，并非环境负担值，但可以通过附件提示的物量表以及其他统计数据，将能源消费和 CO_2 等按照金额的比例进行分配，从而求出环境负担率。

表 7-6 是用产业关联度分析方法计算的一个例子，即以小型轿车产值每 100 万日元为一个单位计算的各行业 CO_2 排放量结果（1990 年版）。从结果可以看出，每 100 万日元排放 3.2 t CO_2，而制造模具等生产设备的 CO_2 排放量接近 10%。在间接排放方面事业用发电的占有率最高，铣铁等钢铁产品、煤炭制品则仅次于之。

表 7-6　每生产 100 万日元产值小型轿车所排出的 CO_2 量（1990 年版产业关联度分析）

小型轿车的生产/（kg-CO_2 100 万日元）		轿车生产设备的制造/（kg-CO_2 100 万日元）			
直接效果		直接、间接效果合计		直接效果		直接、间接效果合计	
小型轿车	65.8	事业用发电	854.4	模具	2.3	事业用发电	59.4
		铣铁	284.0	道路货物运输	2.2	铣铁	38.8
		煤炭制品	257.8	其他土木工程建设	1.4	煤炭制品	31.4
		自家发电	213.9	批发	1.4	铸铁件·锻件	16.3
		铸铁件·锻件	114.3	金属工作机械	1.0	自家发电	14.3
		道路货物运输	80.2	⋮	⋮	水泥	9.2
		汽车零部件（其他）	79.9			家用客车运输	7.7
		小型轿车	65.8			家用货车运输	7.3
		粗钢（转炉）	58.7			道路货物运输	6.9
		石油制品	57.6			窑业·沙石制品	6.8
		家用客车运输	52.3			热轧钢材	5.9
		玻璃板、安全玻璃	50.0			粗钢（转炉）	5.7
		家用货车运输	46.6			石油制品	4.2
		⋮				⋮	
累计	65.8	累计	3 157.0	累计	12.4	累计	282.2

有关产业关联度分析方面的课题可以列举如下。

● 由于采用对 400 多个部门的平均计算值，不适用于对个别产品的分析；

● 分析对象为传统行业，不适用于分析新技术；

● 按照平均单价分配，则对低单价大批量产品的分担率显得过小；

● 在没有产业关联表或者统计可信度较低的发展中国家无法进行分析。

日本在产业关联度分析方面水平较高,不仅用于动脉产业,还用于静脉产业。对于工程技术人员以及研究人员来讲这是个比较陌生的行业,门槛较高,但是分析结果容易读懂而且方式适宜[33],因此比较有利于对汽车行业进行分析。

(2) 汽车制造工艺的模块化 汽车由数万个内外制零部件构成,在汽车LCA环节中全量收集制造清单是非常耗时耗财的事情,尤其是占汽车总量60%~80%的外协零部件与很多供应商相关,而收集其他公司数据难度更大,这是组装业LCA面临的共同课题。

日本汽车工业协会LCA分会从轿车、载货车、两轮车内制件厂的清单分析中得到典型的原材料、加工基准单位,即各原材料对应加工工艺的清单汇总(见表7-7),提议采用可以简便地推测内外协零部件清单的方法[46]。原材料、加工基准单位用于座椅上的概念参见图7-20。但是,轮胎和蓄电池制造等与内制件厂的生产工艺差异很大的零部件制造则不适合采取此方法。

表7-7 汽车内制件厂原材料、加工基准单位种类

对象车型	对象原材料	工艺1	工艺2	工艺3	工艺4
轿车	铸铁	铸造	机加工	零部件组装	特殊钢
	特殊钢	锻造	机加工	热处理	零部件组装
	钢板	冲压	焊接	涂装	零部件组装
	原生铝	铸造	热处理	机加工	零部件组装
	树脂	成型	涂装	零部件组装	—
载货车	铸铁	铸造	机加工	零部件组装	—
	特殊钢	外委	机加工	热处理	零部件组装
	钢板	冲压	焊接	涂装	零部件组装
	原生铝	外委	机加工	零部件组装	—
两轮车	特殊钢	铸造	机加工	热处理	零部件组装
	钢板	冲压	焊接	涂装	零部件组装
	原生铝	铸造	机加工	零部件组装	—
	原生铝(压铸)	铸造	机加工	零部件组装	—
	铝板	冲压	焊接	零部件组装	—
	树脂	成形	涂装	零部件组装	—

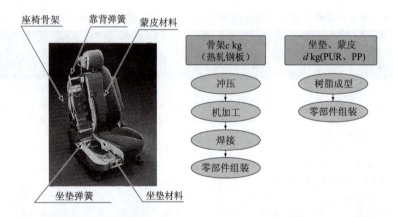

图7-20 原材料、加工基准单位的适用例(座椅)(左图照片从文献[85]转载)

汽车内制件厂大致可以分类为生产发动机和变速器等铸件和锻件的工厂(见图7-21)、生产树脂件的工厂(见图7-22)、制造车架和组装车辆的工厂(见图7-23)。各个工厂的分析主体是加工工艺,一种加工工艺对应一种原材料。因此,求出各加工工艺清单,按照每种原材料作为基准单位进行整理,则比较容易算出制造阶段清单。

在计算原材料、加工基准单位时,对于工厂数据的分担标准如下。

① 单位:产品(中间材、半成品、成品、汽车)每1 kg作为一个基准单位。功率E根据基准单位α乘以产品质量W算出。

② 钢铁和铝的分担:在加工工艺阶段,如果没有钢铁材料(铸铁、特殊钢)和原生铝的分担信息(例如,能源消耗基准的分担比),就按照质量分担。即钢铁材和原生铝的原材料、加工基准单位设为同值。但是,原生铝密度是钢铁材料的1/3,因此加工容量方面原生铝高。

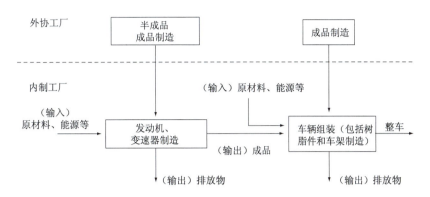

图 7-21　汽车内制件模块化工厂的系统流程

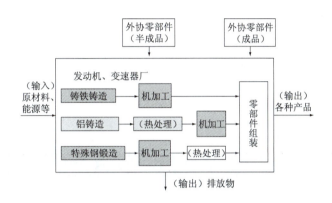

图 7-22　内制件厂的工艺流程例（发动机、变速器制造）

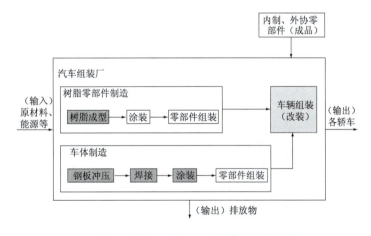

图 7-23　车辆组装工厂（轿车）系统流程

③ 涂装工艺的分担：在轿车中没有提供钢板涂装（车身）和树脂涂装（保险杠）的分担信息时，按照面积分担。例如，钢板密度为 7.7 kg/L，钢板厚度为 1 mm，PP 树脂密度为 0.9 kg/L，树脂板厚度为 3 mm，即按照上述标准计算。另外，车身钢板和树脂的涂装方法不同，但是在这种分担方法中是无法加以区分的。

④ NO_x 的分担：当没有提供 NO_x 分担信息时，以投入燃料的能量密度为基准，理由是 NO_x 排放基准单位与燃料发热量的高低相关。

⑤ SO_x 的分担：当没有提供 SO_x 的分担信息时，按照投入含硫量分担。

⑥ 成品率：当没有提供成品率信息时，根据废弃物和再利用材料的质量推算。无法推算时，可以根据参考文献或其他工厂的成品率进行设定。

原材料、加工基准单位与工厂规模、能源种类、加工方法、分担方法等有很大关系。加工时有直接消耗和间接消耗的能源。因此，清单输出应该根据是否以质量为依据而分成两类，还要考虑相对于质量呈非线性关系。在这方面面临着很多课题，应与外协件清单比较，找出分担方法的差异部分，进行敏感性和不确定性分析，对象原材料的多样化（不锈钢钢板、铝以外的非铁金属、各种合成树脂）、传统加工工艺的多样化（各种铸造、锻造、焊接方法等）、对应新加工工艺的方法（液压成型、激光焊接等）。另外，为了进行绿色采购，供应商可能会提交很多部件制造清单。今后随着 HV、EV、燃料电池车等在制造阶段环境负担高的车辆不断发展，而传统车辆的燃料经济性不断提高，与行驶阶段相比，将来在车辆制造阶段比重可能会更高。因此，如果在原材料、加工基准单位方面的研究能够得到系统地进展，那么其应用范围也会相应地得到扩大。

（3）汽油车和柴油车　汽车 LCI 分析以 GV 和 DV 为基础。下面对 VW 公司 Golf A4（1999 年型车）的 LCI 进行详细分析[40]。但作为功能单位将总行驶里程设为与日本同水平的 10 万 km，使用年限为 10 年。设定系统的范围时，没有考虑报废汽车和部件相关的再利用，而且汽车厂（建筑物/机械设备）的建设、维护以及工具类的制造、道路等社会基础设施的建设和维护也没有列入到对象范围中。

对象车型的主要参数见表 7-8，LCI 分析结果概要见表 7-9，下面介绍一下在分析方面的一些想法。

表 7-8　VW 公司 Golf A4 车型的主要规格和参数（1999 年型车）

规格和参数		GV	DV
车辆整备质量 Curb Weight/kg		1 059	1 181
车身形式		4 门、5 座	←
变速器		5 挡手动（5 MT）	←
发动机排量/mL		1 390（1.4 L）	1 896（1.9 L）
最大功率、扭矩/（kW, hp/min）		55, 75 5 000	66, 90 3 750
燃料		无铅汽油	柴油（CN≥49）
NEDC 燃料消耗率/（L/100 km）		6.50（15.4 km/L）	4.95（20.2 km/L）
燃料消耗率（L/100 km）的比率/%		100	减少到 76（-24）
燃料消耗率（km/L）的比率/%		100	提高到 131（+31）
引起全球变暖的气体	CO_2/（g/km）	153	132
	CH_4/（mg/km）	9.7	5.6
	N_2O/（mg/km）	39.4	10.0
大气污染气体	CO/（mg/km）	101	101
	NM VOC/（mg/km）	43	15
	NO_x/（mg/km）	13	377
	PM/（mg/km）	2.4	30
	SO_2/（mg/km）	9.2	7.9

注：① 原著：Georg W. Schweimer and Mercel Levin. "Life Cycle Inventory for Golf 4"，电子文档。
② 车辆整备质量：车辆净重（含燃料）+选装件（备胎+工具类等）。
③ NEDC：New European Driving Cycle，含发动机冷启动的临时工况。
④ 从上表可以算出，汽油和柴油的排放 CO_2 基准单位为 2 354 g，2 667 - CO_2/L。
日本的排放基准单位如下：
- 汽油和柴油的排放 CO_2 基准单位为 2 321 g，2 623 - CO_2/L（经济产业研究所、综合能源统计的解释）；
- 汽油轿车、柴油轿车的 CH_4 排放基准单位为 11 mg，2 mg - CH_4/km（环境省）；
- 汽油轿车、柴油轿车的 N_2O 排放基准单位为 30 mg，7 mg - N_2O/km（环境省）。
⑤ 在原著中汽油和柴油的密度分别设定为 0.74 kg/L，0.84 kg/L。汽油和柴油的硫分同为 100×10^{-6}，硫分反应成 SO_2 的比例同样换算成 95%。2000 年时日本硫黄量的情况是，汽油车 35×10^{-6}（法规要求值为 100×10^{-6}），柴油车 350×10^{-6}（法规要求值为 500×10^{-6}）。

表7-9 Golf A4 的 LCI 分析结果（摘录，按照使用年限10年、总行驶里程10万 km 换算）

资源·环境负担	车型 阶段	汽油车（GV）					柴油车（DV）				
		合计	车辆制造	原材料制造	燃油、机油制造	行驶、报废	合计	车辆制造	原材料制造	燃油、机油制造	行驶、报废
能源、资源	能源（GJ）	325.0	37.6	48.0	22.7	216.7	300.7	37.2	51.2	22.3	190.0
	铁矿石65% Fe/kg	1 476		1 476			1 622		1 622		
	铝土矿21% Al/kg	25		25			21		21		
	铜矿石0.3% Cu/kg	78		78			84		84		
	锌、铅矿石/kg	743		743			846		846		
	白金类矿石/kg	1 977		1 977			1 497		1 497		
大气圈排放物	CO_2/kg	21 289	1 890	2 512	1 327	15 559	19 260	1 889	2 688	1 165	13 518
	NM VOC/kg	73.9	4.8	1.6	62.9	4.7	42.3	4.9	1.6	33.9	1.9
	NO_x/kg	19.1	4.2	5.2	7.7	2.0	54.6	3.8	5.6	6.7	38.5
	SO_x/kg	25.1	3.3	12.1	7.9	1.7	24.2	3.2	12.3	6.9	1.7
	Dust & PM/kg	9.3	0.5	7.2	1.2	0.4	12.5	0.5	7.8	1.1	3.2
水圈	COD/kg	1.052	0.193	0.605	0.062	0.192	1.048	0.196	0.593	0.055	0.204
	BOD/kg	0.157	0.026	0.092	0.011	0.028	0.158	0.026	0.093	0.009	0.029

注：① 能源消耗量以低位发热量为基准，每行驶10万 km，汽油消耗量 =（6.50/100）× 100 000 = 6 500 L。柴油消耗量 =（4.95/100）× 100 000 = 4 950 L。
② 锌、铅矿石的金属含有率为 4.2% Zn，5% Pb

① 虽然 DV 比 GV 重10%，但是车辆制造阶段的 CO_2 排放量几乎是相同的，这一点与上述原材料、加工基准单位不同，在 VW 公司的车辆制造清单计算当中没有考虑质量比例（可能是以车辆数量为基准）。

② 在燃油和机油制造阶段根据消耗量分配燃料制造所占比例。在精炼阶段分担方法是以质量为基准，因此以 1 L 为单位时，柴油的环境负担重于汽油。但是就 NMVOC 而言，因为汽油的挥发性，汽油车排放得多一些。燃料和机油在制造阶段 NMVOC 的排放量比行驶阶段高出一位数。

③ 比较燃料消耗率（L/100 km）则 DV 比 GV 少24%，但比较能源消耗量和 CO_2 排放量，则只能减少12%~13%。其原因是柴油的发热量和碳成分大于汽油。

④ 从整个生命周期的排放量来看，汽油车的 CO_2 和 NMVOC 的排放量高于柴油车，而 NO_x 和 Dust&PM 的排放量柴油车则高于汽油车，因此，在进行综合评价时需要进行影响评价。

（4）电动汽车和混合动力汽车　EV 或纯电池电动汽车（BEV）又称为零排放车。但是不仅在电力提供阶段产生环境负担，在车辆制造阶段也要消耗大量的金属资源和能源，在报废阶段还要处理大容量蓄电池，是需要考虑整个生命周期的典型车型。因此，有关方面发表了很多关于 EV 的 LCA 研究论文，而这些研究[86—90]中关于 EV 的 LCA 分析的前提条件基本可以归结为如下几点。

① 关于供电（充电）：
- 购买电力的区域性（电力公司的电源结构）；
- 昼夜电力消耗结构（特别是为了满足普及 EV 需要而增加的一次能源的种类）。

② 关于环境负担较重的大容量蓄电池制造：
- 铅电池、镍氢电池、锂离子电池的制造清单的可信性；
- 有无再利用电池材料。

③ 关于维修和保养：电池更换频率。

④ 关于利用形态：由于在行驶时不排放污染气体，一次充电行驶里程短，基本上考虑在市区使用。因此在评价时不仅要考虑10与15工况，还要考虑市区的行驶工况。

图7-24 是小型轿车的生命周期中对 CO_2 分析结果。对象车型是 GV、HV（Ni-MH 电池、

Li-ion 电池)、EV（Ni-MH 电池、Li-ion 电池)。供 EV 使用的购买电力取使用区域的平均值，原则上不更换电池。与 GV 相比，HV 的 CO_2 排放量只有 2/3，而 EV 则可以减少 40%~60%。与 Ni-MH 电池相比 Li-ion 电池的 CO_2 排放量更少。

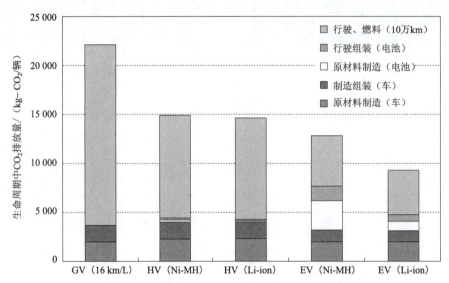

图 7-24 小型轿车生命周期中 CO_2 排放量分析结果示例（GV、HV、EV）

EV 和传统燃料汽车（GV、DV）相比，前提条件①~④以及采用的清单数据不同，不能简单地断定哪一种车型更利于环保，但是可以使用非化石燃料的原子能和水力，因此，EV 的普及有利于推动能源的多样化。蓄电池的能量密度小，与汽油和柴油甚至相差一位数，因此将行驶里程作为评价基础是不合理的，采取较短的行驶里程以减少高代价的蓄电池容量反而会觉得更加得当。另外，价格相对较高的 EV 更有利于在人口集中的市区行驶。在 EV 的 LCA 研究中不仅要比较车辆单体，还要考虑会员制车辆和家庭用车哪一种更有利于环保、使用方便性以及整体生命周期内的成本等，进行综合分析和评价。

最近比较关注的混合动力汽车是增大 2 级电池容量，并可以利用外接电源（电源插头）充电的外接电源式混合动力汽车[91]。对于这种车辆也将根据上述方法进行评价。

(5) 材料置换和车身轻量化 车身质量占车辆总重的 30% 左右，是轻量化效果最好的部分，其轻量化效果还能波及到发动机、传动系统、行走系统等。但是，如果用在制造阶段能源消耗较多的铝或碳纤维增强塑料（CFRP）来替换，则需要对再利用效果进行综合性评价，研究对应的 LCA[92—95]。

日本国内汽车厂家对铝材料车身和钢铁材料车身的两座 HV 进行过比较。采用钢铁材料车身的 HV 不是实车，该车在将其铝车身化后轻量化效果达到了 20%。当总行驶里程为 10 万 km 时，铝车身 HV 和钢车身 HV 在整个生命周期中的 CO_2 排放量几乎相同。铝车身 HV 较轻，从而燃料经济性得到提高，但是在制造铝型材和制造车辆阶段 CO_2 排放量多于钢车身 HV。如果考虑铝车身等铝材料再利用系统即 Body to Body，则铝车身 HV 将具有一定的优势。

通过置换材料实现轻量化和利用 LCA 方法进行评价时，需要注意以下几点。

① 对轻量化率的推算：满足材料的机械性质（弹性系数、抗拉强度）的板的厚度应该能够对应设计上的合理要求。

② 提高燃料经济性的推算：行驶阻力中不仅包括与车辆质量成正比的滚动阻力，还有与质量毫无关系的空气阻力。因此，如果只是单纯地减轻了 10%，燃料经济性（10 与 15 工况）只能提高 4%~5%[67,96]。

③ 再利用材料的质量和可供性：一般来讲，再生材料的加工带来的环境负担小于新材料的制造，但是要求具有与新材料同等质量，而且保证在技术和经济层面上可行。

7.3.3 生命周期影响评价

下面主要介绍一下生命周期影响评价（LCIA）的思路。在LCIA中首先要设定影响领域，而选择影响领域的方法很多，多达10种以上[10、11、97—99]。从原则上讲，影响领域的选择与LCA的目的必须是一致的，而重要领域的选择或筛选可以考虑以下方法。

① 从与环境法规相关方面选择：
- 油耗限制→化石燃料消耗；
- 排放限制→光化雾、大气污染；
- 京都议定书→全球变暖；
- 汽车再资源化法→臭氧层销毁、废弃物。

② 采用问卷的方式筛选：例如要求同一个答题者对同一个问题回答两次，然后作为推荐的单元圈定化石燃料消耗、全球变暖、固体废弃物（下一层次：矿物资源消耗）。

③ 根据传统的LCIA筛选：编制标准的LCI，采用传统的集成化方法（例如，Eco-indicator 99，LIME），从影响度大小顺序来圈定重要的影响领域，挑选非生物资源枯竭、全球变暖、大气污染。

在选定影响领域之后，选定特性化系数并计算影响度。特性化系数是与环境负担物质、影响度密切相关的系数，很多影响领域已经基本上有了结果[10,99]。例如，全球变暖指数（GWP）通过IPCC得到提示。

同时处理多个影响领域时，关键是怎样对环境影响进行综合评价，即如何决定意识。综合评价方法可以分为多维评价（非集成化）和单一指标评价（集成化）。

多维评价是针对各影响领域的影响度进行个别评价的方式，例如以表7-9中GV和DV的LCI为基础计算各自的影响度，然后除以日本法规值（特性化系数×全国排放量）进行正规化处理（无因次化），然后画出雷达图进行判断，见图7-25（这里在正规化结果上乘以10^{12}）。多维评价方法的课题是折中解析问题，在这里需要对臭氧、光化雾、大气污染项目，做好GV和DV的折中处理。

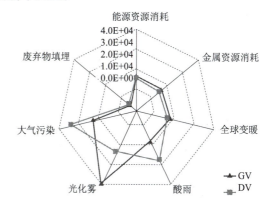

图7-25 综合评价概念（多维评价）

对各个影响领域进行合算后，结果见图7-26，对优与劣的表示非常明显，很容易下定结论，即所谓的单一指标（集成化指标）评价。但是，由于是对特性完全不同领域的影响度进行评价，对于这种加法运算很难做出合理的解释。另外，各影响领域的重要度也有很大差异，因此要使人的价值观（主观）达到一致非常困难。

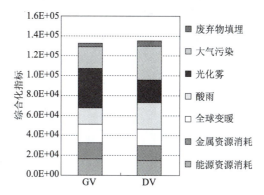

图7-26 综合评价的概念（集成化指标）

对于集成化指标评价赞否不一，但因便于决定主观意志，因此对各种方法进行了研究[99—106]。从这些研究中，可以总结出3个主要的集成方法，即合算的含义、权重、损害核定。

① 对合算的合理解释。
② 权重分量的考虑方法：
- 政策性决定方法（目标设定型、DtT型）；
- 根据讨论和问卷决定的方法（典型调查型）；
- 经济性决定方法（货币换算型）。

③ 有无损害核定：
- 利用特性化系数（损害发生前的评价）；
- 利用损害系数（损害发生后的评价）。

如上所述，权重的考虑方法有 3 种，损害核定的考虑方法有两种，这样就有了 $3 \times 2 = 6$ 的集成化思路。但是在货币换算模型中对损害量的核定是不可缺少的，因此如果不考虑 c 和 A 的组合则共有 5 种权重的基本形式。现在日本采用瑞士 Ecopoint 的日文版 JEPIX[102] 和日本独自开发的 LIME[99]，JEPIX 将 a 和 A、LIME 将 b 和 B 进行组合使用。但是 LIME 计算了税金等外围费用，因此将 c 项也考虑进去了。

JEPIX 结构简单，容易理解，但只采用特性化系数或环境负担物质来计算影响度，未必就能对环境影响进行评价，而且根据不同的目标值其权重系数也是大不相同的，这是摆在面前的课题。例如，就全球变暖而言，在京都议定书中削减目标（日本温室效应气体总排放量在 1990 年减少 6%）的权重系数为 1.14，如果将 CO_2 浓度控制目标设定在 500×10^{-6}，则权重系数是 3.83[102、103]。

LIME 对从环境负担物质排放到发生损害为止的整个过程都进行了模型化，系统地评价了环境影响。对利用合理进行的问卷调查结果进行统计处理的结果可信度较高。相比之下，损害核定模型较为复杂，难以理解，模型本身的不确定性也很强。对于综合化指标今后通过各种案例研究，把握问题，提高可信度，使其逐步成为应用性较强的指标。

最后，用图 7 - 27 表示出 GV 和 HV 行驶时燃料消耗量、在整个生命周期 CO_2 排放量、利用综合化指标评价的结果。但是并非属于实际存在的车辆工厂的数据 Full - LCA，而是根据文献推算的结果，只能说是大略的测算。只对行驶阶段的燃料经济性进行比较的话，HV 消耗的汽油只有 GV 的 1/2，因此，能源消耗量也只有 1/2。但是，HV 在制造阶段 CO_2 排放量较多，因此从整个生命周期来看，CO_2 排放量只能减少 1/3。尤其是对各种影响领域的综合化指标来进行比较时，可能只改善 1/4；另外，还应注意 HV 在行驶状态之外，还有过半的间接性排放。从以上结果可以看出，在整个生命周期中只评价 CO_2 排放量是远远不够的，需要进行综合评价。但尊重科学、重视可信度的人们可能会放弃不确定性高且融入了价值观的综合性指标，而选择容易理解的 CO_2 排放量作为决定意识的指标。

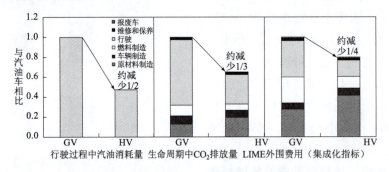

图 7 - 27　生命周期视点、综合评价（综合性指标）
视点（GV 和 HV 的比较）

提高综合性指标的可信度，则不可回避复杂的损害核定模型，这对于非专业人员来讲是十分棘手的事情。因此作为环境宣传的工具，如何做得更加容易理解，才是普及的关键所在。

7.3.4　LCA 应用

面向非环境专家的市民或消费者提供 LCA 结果，是很难得到理解的，因此引导其购买"环保产品"也很困难。即为了使企业和消费者个人能够积极采用 LCA 结果，需要做出能够便于理解的 LCA 汇总结果。下面从环境标签、环境效率以及 X 效率角度介绍 LCA 应用事例。

（1）环保标签　将环保产品推广到市场，需要由企业向消费者提供容易理解的产品环保相关信息。环保标签是环保宣传的工具，其目的之一是为促进绿色采购提供相应的环保信息。以前提到的环保标签是指 1989 年起步的环保标志制度，而随着国际标准的修订，3 种类型的环保标签（Ⅰ、Ⅱ、Ⅲ型）得到了进一步关注，其比较情况见表 7-10。其共同点是从生命周期考虑，尤其是Ⅲ型标签是遵循 ISO-LCA 国际标准所不可缺少的。下面介绍一下与 LCA 关系密切的Ⅲ型标签在日本的应用现状。

日本产业环境管理协会（JEMAI）为了推进Ⅲ型环保标签的国际标准化，从 1998 年 9 月起开始开发Ⅲ型标签的实用程序，经过两次试运行，于 2002 年 4 月以"环保叶标签 ECO Leaf"的名称正式实施。其对象是产品及服务（废弃物处理等），其特征具有如下 7 条。

① 明确提示定量性环保信息，而没有对环级别进行判定（不同于产品的环境级别）。

② 适用国际标准（ISO 1402x：环境标签、ISO 1404x：LCA）。

③ 发布程序：设定分产品类别的标准→编制产品环保数据→确认产品环保数据的客观性→登录以及公示。

④ 确认企业的产品定量性环保数据汇总系统的有无以及运行的有效性。

⑤ 由审核员担保定量性环保数据的客观性。

⑥ 定量性环保信息由三方面构成，即产品环保信息、产品环保信息公布表和产品数据表。

⑦ 在 JEMAI 网站上公示和数据库化。

从 ECO Leaf 的应用情况看，可以参照计算机、打印机、数码相机、饮料产品等的环境信息表。当前汽车厂家还没有登录过。

在日本已经使用的另一个Ⅲ型环保标签程序是由日本气体设备检测协会（JIA）开发的 EPD（Environmental Product Declaration）系统，与 ECO Leaf 一样从 2002 年 4 月正式开始启动[109]。EPD 是瑞典环境管理评议会（Swedish Environmental Management Council）开发的引领性的Ⅲ型环保标签。瑞典是以影响评估方法 EPS 著称并在 LCA 方面较有影响的国度，EPD 非常重视 LCA 的专家评审。至公布的顺序是 LCA 数据以及宣言内的信息提供→独立的第三方对数据进行确认→宣言的登录和公开。

今后随着产品出口和企业进入海外，Ⅲ型环保标签的国际协调性更为重要。1999 年 9 个国家（日本、韩国、丹麦、瑞典、挪威、德国、瑞士、意大利、加拿大）结盟成立了 GED net（Global environmental Declaration Network），为了达到国际互认的协议正在努力探索[107]。

（2）环境等级 下面以美国 ACEEE（American Council for an Energy-Efficient Economy）每年发行的汽车环境等级（Ranking）指南（Green Book）为基础[110、111]，了解一下环境等级的整体情况以及评价方法（尤其是对制造阶段的考虑方法）。

ACEEE 是针对经济和环境专门研究、处理能源问题的非营利性机构，他们发行 Green Book 的目的在于提供汽车相关的环保信息，并不是推荐某一种车型。在选择车型时可以参考价格、造型、舒适性、性能、安全性、可靠性等诸多方面因素，而环境性能是其中之一。

Green Book 包括环境负担的说明、最佳车型或顶级车型（Best Car & Topics）、各种车辆的评价结果、汽车环境说明和启蒙、评价方法概要等内容。对象车型是在美国销售的轿车以及轻型货车（Van、Pickup、SUV：Sporty Utility Vehicle）。从日本出口的（HV）也列入对象车型范围，还包括市场上销售的（EV）和天然气汽车（CNGV）。

评价时采用了 LCA，但并没有依据 ISO-LCA。制造阶段的车辆制造数据并没有参照各个汽车厂家的数据，而是代用了平均的工厂数据，因此制造阶段的环境负担以基准车为基础，按照车辆整备质量的比例计算，从而无法准确地反映各个公司产品制造的情况。使用阶段包括燃料制造（EV 是指购买电力）。报废阶段被忽视，主要原因是认为这一部分在影响领域的范围中对评价结果影响很小。其根据是就能源消耗而言的，制造阶段 9%、燃料提供 14%、行驶 77%、报废阶段只有 0.2%。

评价时采用的基本数据：车辆行驶时的排放

量（CO、HC、NO$_x$、PM）；车辆行驶时的油耗；车辆整备质量。以这些数据为基础，根据不同车型显示出下面的 8 个评估结果。

① EPA/CARB 的排放物标准（Tire1、Tire2、LEV、ULEV 等）。

② 油耗：mile/gallon（EV 为 kWh）（市区街道/高速公路工况）。

③ 燃料成本：\$/年（行驶 15 000 mile ~ 15 000×1.609 = 24 135 km 时年燃料成本）。

④ 健康损害成本：\$/年（CO、HC、NO$_x$、PM 引起的年损害成本）。

⑤ 全球变暖指标：ton/年（年温暖化气体质量）。

⑥ 环境销毁成本：EDX ø/mile（以健康损害以及全球变暖为基础计算的每 1 mile 的环境成本）。

⑦ 绿色分数：0 ~ 100 分（利用 EDX 换算的 Green score）。

⑧ 等级划分：分为 5 级（车型分类内的等级划分）√：优、▲：平均偏上、○：平均、▽：平均偏下、×：差。

评价项目⑥和⑦相当于 LCA 综合化思路。

表 7-11 是 Green Book 评价事例，从中可以看出，柴油车的结果较差，对污染气体引起的健康损害权重高于全球变暖。如上所述，Green Book 中以 1990 年代的平均制造数据为基础，推算各种车型制造阶段的环境负担，因此各种车型的材料构成假设是同一的（钢板车身）。能源消耗和 CO$_2$ 只占生命周期的 10%，在整体评价中的影响程度不是很大，但是对钢板车身进行大幅材料更换的铝车身以及 EV 则有很大的改善空间。

表 7-11 2002 年版 Green Book 的评价结果

车型分类	车型名称	排放物标准	油耗/MPG		燃料损害成本/(\$/年)	健康损害成本/(\$/年)	全球变暖/(t/年)	环境销毁成本/(\$/年)	绿色分数	等级
			市区	高速公路						
两座	Acura NSX 3.2 L manual [P]	LEV	47	24	1 240	140	13	2.29	24	▽
	Honda Insight 1.0 L auto CVT	SULEV	57	56	400	50	5	0.84	57	√
准紧凑型轿车	VW New Beetle 1.8 L manual [P]	LEV	23	30	950	130	10	1.90	30	○
	VW New Beetle 1.8 L manual [D]	TIER 1 - D	42	49	480	250	6	2.31	24	×
紧凑型轿车	Toyota prius 1.5 L auto CVT	SULEV	52	45	470	60	6	1.01	51	√
	Honda Civic 1.7 L manual	ULEV	33	39	630	90	8	1.40	40	√
	VW Golf 2.0 L auto [P]	LEV	23	29	900	120	10	1.87	31	○
	VW Golf 1.9 L manual [D]	TIER 1 - D	42	49	480	250	6	2.31	24	×

（3）环境效率和 X 效率　消费者购买轿车时，没有只考虑环保性的，一般要考虑性能、舒适性、安全性、称心的外形等广义功能，还要考虑提车方便性和费用（车辆价格和使用成本）后进行综合判断。而今，提倡强调功能和环境协调的指标即环境效率，环境效率定义为"环境效率 = 产品功能和价值/产品环境指标"。作为环境效率的案例，图 7-28 为一辆汽油轿车（1.5 L、AT、四门轿车）提高环境性能相关的环境效率。

图 7-28（a）是 1980 年到 2015 年的 35 年之间车辆质量和油耗，而图 7-28（b）将环境指标用 LIME 外围费用进行显示的结果（没有考虑 HC、PM 的间接排放物）。通过提高燃料经济性、降低排放、全部替代氟利昂等，LIME 指标从 1980 年至今（2005 年）改善了 1/3。尤其是计划在 2015 年改善燃料经济性 15% 以上（2000 年为基准值）。

在这 35 年之间，不仅改善了环境，其功能以及安全性也得到了提高［见图 7-28（c）］。

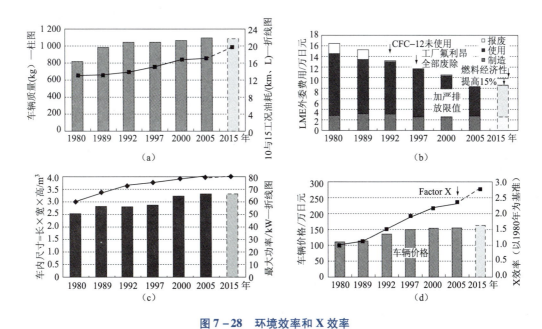

图 7-28 环境效率和 X 效率

(a) 车辆质量和燃油消耗率（10 与 15 工况）变化；(b) LIME 外围费用（集成化指标）变化；
(c) 车内尺寸（体积）和发动机最大功率变化；(d) 车辆价格和 X 效率（以 1980 年为基准）变化

但如何对这些改善效果进行定量化评价是摆在面前的课题。车辆价格中能够方便地反映附加价值，将其作为分子，定义为"环境效率 = 车辆价格/LINE 外围费用"。车辆价格情况在图 7-28 (d) 中用柱状表示。最近车辆价格与 1980 年车型相比，提高了 50% 左右。另外用折线图表示了将 1980 年车型设为 1 时代表环境效率提高水平的 X 效率[114]。与 1980 年车型相比 2005 年 X 效率增加了 2 倍，到 2015 年预计会提高 3 倍。

这里将功能的附加价值揉入到车辆价格中，但这对于电动汽车不适合。功能定量化评价可以应用质量功能扩展（Quality Function Deployment，QFD）方法，而如何定义环境效率的分子将是今后的课题。

7.4 未来的问题和展望

LCA 是评价产品和系统环境的有效工具，而就车辆而言，不仅要考虑环保，还要考虑性能、技术以及经济等诸多因素进行综合评价。下面对综合评价中 LCA 的定位和课题进行整理，展望为达到这一目标所需实施 LCA 的基础。

7.4.1 综合评价和 LCA 定位

根据 LCA 进行环境评价时，要看到对象产品的负面因素，但是产品的使用又会对生活带来正面效果，折中结果就是上面提到的环境效率。下面阐述产品和系统的正面、负面影响及综合评价的相关内容。

（1）产品和生命周期管理

LCA 是对产品进行的环境评价，只能提供产品功能的一部分信息。将环境、经济、技术、社会方面主要采取的措施称为生命周期管理（LCM）方法，但这只处于概念阶段，尚没有最后的定论[116]。

德国斯图加特大学以及 LCM 咨询 PE 公司，倡导生命周期工程（LCE），对环境、技术、经济 3 个方面的权重系数进行定义，并汇总到 3 个指标上，按照 10 个阶段的次序进行三维评价（见图 7-29）。这些权重系数的合理性和透明性、定性信息的定量化（例如，技术层面的解析性）尚不十分清楚，但作为尝试已引起了人们的关注。

（2）替代燃料和资源、能源、经济（3E）的综合评价

近年来，亚洲地区为中心的发展中国家已

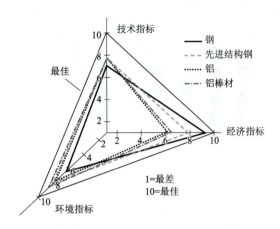

图7-29 生命周期工程评价概念图

经步入经济快速发展的轨道,汽车已经成为世界性的普及产品。但是,在石油紧张说的影响下,以及旺盛的石油需求和供给体制的滞后导致石油价格进一步上涨。今后随着供应体制的完善,石油价格可能会下降,但是为了回避对中东的过度依赖和亚洲各国之间的石油争夺,使用替代石油燃料汽车求得燃料稳定供应成为非常重要的事情。

为了能将非石油汽车的燃料推上市场,图7-30所示的3个要素(3E)非常重要[117],这3个要素具有相互关联性。

① 供应稳定性:确保满足长期需求的供应量,稳定的价格。

② 经济效率性:低成本、方便性、与传统燃料的替代性。

③ 环境适应性:燃料制造、消耗阶段对环境的影响小。

能够完美地满足这3个要素的汽车用燃料尚没有问世,多少存在着偏向性。例如,煤炭液化燃料CTL(DME、FT柴油)对于降低PM排放量等作为大气污染防治对策是有效的,但生产能量效率低,CO_2排放量多。尤其是DME存在与传统燃料(柴油)的互换性(方便性)差的问题。因此,为了在中长期能进一步普及石油替代燃料,有必要进一步加强研究,决定主观意志的工具。

(3)可持续发展的移动性评价指标

为了可持续地普及汽车,技术、经济、社会要素需要协调发展,而且为了实现该目标,需要制定定量评价指标。在《2030时代的汽车社会》报告中[75],从环境、社会、经济的观点提出了12个评价指标*。下面结合LCA观点,阐述一下交通相关评价指标(见表7-12)。

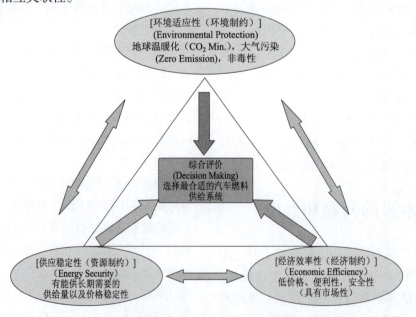

图7-30 汽车用燃料的3个要素

* 注:以《2030时代的汽车社会》报告为基础,从LCA的观点进行部分修改和补充

表7-12 可持续发展的汽车社会的交通评价指标（人类移动性）

分类	评价项目	评价对象	评价指标例
环境	全球变暖	温室效应气体（CO_2、氟利昂等）	LCA影响评价中使用的指数和指标，例如全球变暖指数（GWP）、失效寿命年数（DALY）、可开采年数＝确认可开采埋藏量/生产量（R/P）、LIME相关的集成化指标或外围费用
	对人类健康、生态系统的影响	大气污染排放物（CO、HC、NO_x、PM、SO_x、VOC）、重金属、噪声	
	资源的利用	能源、材料、土地	
社会	使用方便性（自由度）	家用轿车、附近的公交系统（客车、铁路、有轨电车、地铁等家用轿车的替代手段）	家用轿车保有家庭率＋便于协调公交系统的家庭率（例如，行走5 min便可以使用的家庭比率）
	移动时间	主要的通勤时间	从出发地到目的地需要的平均时间（包括换乘时间和等待时间）
	可靠性	因堵车导致移动时间紊乱（包括故障引起的时间损失）	移动时间的标准偏差
	安全性	交通事故	死亡人数和重伤人数（或比率），或失效寿命年数
	保险	盗窃、烦扰、恐怖事件等	精神上身体上受到危害的几率，或失效寿命年数
	公平性	移动弱者（高龄人、残疾人、贫困阶层）、社会普通人群	在上述社会指标中，移动弱者（难以得到移动方便性的群体）和普通群体的比率
经济	家庭支出（个人）	家庭移动相关费用[车辆、维修（整备）、燃料、停车场等]	家庭负担率＝年移动相关费用/年收入
	企业收益（企业组织）	移动相关企业（车辆、燃料、土木、建设、运输服务等）	收益率＝经常利益/销售额，环境效率＝销售额/环境影响度（或环境影响集成化指标）
	财政收支（国家、地方）	运输系统需要的财源、运输系统带来的收益	收益率＝收益/投入×运行资金

从环境方面可以举出3点，全球变暖、对人类健康与生态系统的影响、资源利用。从汽车LCA的案例来看，最重要的环境影响领域集中在全球变暖、大气污染、资源枯竭，与上述观点基本一致。但是，如果存在排向水层或陆地层的不当物质，很明显将会对人类和生物产生毒性。这3个指标的定量化需要通过LCA影响评价方法实现，尤其是需要通过LIME等综合化指标进行指标单一化（如外围费用）评价。

从社会方面可以提出使用方便性、移动时间、可靠性、安全性、保险、公平性6个指标。其中前3个属于关于有效性和方便性的指标，人工费等金额换算也是可能的。安全性、保险性如果使用失效寿命年数（Disability Adjusted Life Years，DALY，考虑失效因数的减寿年数）评价，最终可以将受害程度换算成金额。进行安全性评价时，难以对事故对策技术和事故降低的关系进行定量化处理，这是综合考虑环境和安全协调，非常重要的研究课题。

从经济方面可以举出家庭支出、企业收益、财政收支3个指标。可以采用家庭负担率或收益率等比率进行评价，或者用家庭负担额以及利益等金额进行评价。

将这12个指标具体化时，首先要进行环境方面的指标化，然后可以扩展到考虑社会层面的方便性或家庭支出等生命周期成本等协调性评价。评价企业收益时可以引用后面涉及的环境效率，以期与环境的融合。

7.4.2 LCA实施基础的完善和扩展

下面介绍对7.4.1节内容进行扩展所需的事项，即清单数据库的更新与扩展、影响评价方法可靠性的提高和扩展以及从产品 LCA 向社会性、动态性 LCA 扩展。

（1）更新和扩展清单数据库　现在后台数据库即 JLCA 数据库已经公开，可以有偿使用，其有效时间范围为 1995—2000 年。但是近年来计算清单的基础即石油产品，尤其是汽油和柴油低硫化（硫分 10×10^{-6}）有了一定进展，因此在精炼阶段能源消耗量增加。另外公开的环境负担物质只有 CO_2、NO_2、SO_2，因此汽车 LCA 所需的 NMHC 和 PM 的信息不足。而钢铁行业以及汽车行业等在工厂内采用了节省能源的对策。可以说，JLCA 数据库是在各行业的通力合作下建成的，因此需要面临 2010 年数据更新以及追加不确定性信息的局面，并且需要整理关于新技术相关数据。随着各行业进入亚洲，亚洲地区的数据收集和清单计算也是十分必要的。

（2）提高和扩展影响评价方法的可靠性　作为生命周期环境影响评价方法，已经推出了基于日本环境条件的 LIME 和针对日本设定目标的 JEPIX[102]，各领域积累了一些研究案例。但是以汽车为对象的案例很少，因此需要通过各种车型（GV、DV、EV、FCV）研究出针对性较强的方法。

环境影响的不确定性高于环境负担，为此在影响评价时需要追加零散信息，而经产省和 NEDO 的第Ⅱ期 LCA 计划中已经投入研究[106、118]。

追溯到资源开采阶段的 LCA，环境负担不仅在日本国内，在国外也会产生。但希望只考虑日本环境条件的影响评价方法至少能够在亚洲区域推广使用。

（3）从产品单体评价到社会整体的评价　LCA 作为评价产品单体环境特性的方法得到了发展，但是为了能够适应对可持续发展的汽车社会的评估，需要对社会积累的汽车整体环境特性的未来变化进行模型化处理，即显示出从产品 LCA（Product LCA）向社会性、动态性 LCA（Social & Dynamic LCA）扩展的趋势[119]。动态平衡模型（Population Balance Model）是今后的一个研究方向[5]。

为了从产品 LCA 转向社会性、动态性 LCA，需要从预测人口及 GDP 着手，掌握预测能源以及汽车供求情况、推断跨越汽车技术和相关行业变化的清单数据等与汽车社会关联的多方面的信息。

7.4.3　结语

需要 LCA 的根本原因是因为人类总体活动范围极大化。20 世纪六七十年代的产业公害时代已经过去，我们本想生活在平凡中，但是又遭到了地球环境问题[120]。LCA 让我们重新审视地球规模的人类活动，可能会成为能够提示未来方向的有效工具。

参 考 文 献

(1) 特集 LCAで製品を鍛えぇ！．日経エコロジー．p. 24 – 39（2006.5）

(2) 自動車技術ハンドベッタ　第 2 分册　環境・安全編．第 2 章．自動車技術會（2005）

(3) 松本廉平：自動車の環境對應技術入門，第 1 章，グランブリ出版（2002）

(4) 石井邦宜監修：20 世紀の日本環境史，産業環境管理協會（2002）

(5) 足立芳寬ほか：環境システム工學，東京大學出版會（2004）

(6) TOYOTA Environmental & Social Report 2005. http：//www.toyota.co.jp/envrep05

(7) 未踏科学技術協会エコマテリアル研究会編：ライフサイクルアセスメント LCA のすべて，工業調査会（1995）

(8) 茅陽一編：エネルギーアナリシヌ，電力新報社（1908）

(9) 平成 7 年度　金属素材産業における LCA 手法に関する調査報告書，第 10 章，日本機械工業連合会・金属系材料研究開発センター（1996）

(10) R. Heijungs, et al.：Environmental Life Cycle Assessment of Products, Centre of Environmental Science Leiden（1992）；戰略 LCA 研究フオーラム訳：LCA 製品の環境ライフサイクルアセスメント，サイユンスフオーラム（1994）

(11) L. Lindfors, et al.：Nordic Guidelines of Life-Cycle Assessment, Nordic Council of Ministers（1995）

(12) 基礎素材のエネルギー解析調査報告書，化学経済

研究所（1993）

(13) LCA日本フオーラム報告書，産業環境管理協會（1997）

(14) 青木良辅：LCAの概要，日本エネルギー学会誌，Vol. 84，No. 2，p. 149 – 153（2005）

(15) 森口裕一ほか：自動車による温室効果カス排出のライフサイクル分析，環境衛生工学研究，Vol. 9，No. 3，p. 11 – 16（1995）

(16) 稲葉敦監修：LCAの実務，産業環境管理協会（2005）

(17) 石谷久はか監修：対訳＆解説 ライフサイクルアセスメント―原則及び枠組み―，日本規格協会（1999）

(18) 石谷久ほか監修：対訳＆解説 ライフサイクルアセスメント―インベントリ分析＆適用事例―，日本規格協会（2001）

(19) 富士総合研究所：企業のためのLCAガイドブック，日刊工業新聞社（2001）

(20) 船崎敦ほか：自動車LCAのためのインベントリ作成の考え方（4）ライフサイクルにおける車両構成材料の物質フロー，自動車研究，Vol. 23，No. 10，p. 46 – 53（2001）

(21) 船崎敦ほか：自動車LCAのためのインベントリ作成の考え方（2）電気事業者による電力供給インベントリ，自動車研究，Vol. 22，No. 3，p. 26 – 33（2000）

(22) IPCC 地球温暖化第三次レポート 気侯変化 2001，中央法規（2002）

(23) 別刷『ライフサイクルアセスメヲト』，日本エネルギー学会誌（1998）

(24) 特集『LCAデータベース＆ソフトウエア』，日本LCA学会誌，Vol. 1，No. 2（2005）

(25) SimaPro ホームページ，http://www.pre.nl

(26) TEAM ホームページ，http://www.ecobalance.com

(27) GaBiホームページ，http://www.pe-asia.co.jp

(28) JEMAI-LCA Pro ホームページ，http://www.jemai.or.jp/

(29) LCA Support ホームページ，http://www.nefe.co.jp/lca/

(30) EcoAssist ホームページ，http://ecoassist.omika.hitachi.co.jp/

(31) Easy-LCA ホームページ，http://www.toshiba-tpsc.co.jp/eco/

(32) Quick LCA ホームページ，http://criepi.denken.or.jp/jp/serc/consulting/

(33) 南齊規介ほか：産業連関表による環境負荷原單位データブック（3EID），国立環境研究所（2002）；同ホームページ，http://www-cger.nies.go.jp/publication/D031/CGER/Web/jpn/

(34) 経済产业省パンフレット，『環境経宮・環境ビジネス支援施策』概要（2003年12月）

(35) 山武ホームページ，http://jp.yamatake.com/ecomation/

(36) Mary Anne Wheeler. Lightweight Materials and Life Cycle Energy Use. SAE Paper 820148

(37) J. L. Sullivan. et al. : Life Cycle Energy Analysis for Automobiles, SAE Paper 951829

(38) J. L. Sullivan. et al. : Life Cycle Inventory of a Generic U. S. Family Sedan Overview of Results USCAR AMP Project, SAE Paper 982160

(39) G. W. Schweimer. et al. : フォルクスワーゲン社ゴルフ環境バランスシート，エコインダストリー，Vol. 2，No. 7，p42 – 61（1997）

(40) G. W. Schweimer. et al. : Life Cycle Inventory for the Golf 4，電子フアイル（2000）

(41) 鬼頭幸：製品技術におけるライフサイクルアナリシススウエーデンにおける実施例―，自動車技術，Vol. 50，No. 5，p. 84 – 87（1996）

(42) 河西純ほか：LCAの自動車業界での取り組み，自動車技術，Vol. 56，No. 7，p. 64 – 69（2002）

(43) 渡辺芳紀：部品工業会のLCA，自動車技術，Vol. 56，No. 7，p. 70 – 75（2002）

(44) 日本自動車工業会 ISO 14000 分科会 WG3：自動車のLCA研究，第2回エコバランス国際会議講演集，p. 76 – 79（1996）

(45) 種田克典ほか：自動車のライフサイクルアセスメントの研究，自動車研究，Vol. 19，No. 10，p. 43 – 47（1997）

(46) JAMA LCA. WG: A Study on Material-Process Inventory Set for Automobile LCA, Proceedings of the Fifth International Conference on EcoBalance, p. 127 – 130（2002）

(47) 由戸昌子：開発プロセスの総合的環境評価システム，TOYOTA Technical Review, Vol. 54, No. 1, p. 76 – 79（2005）

(48) TOYOTA グリーン調達ガイドライン（2006）

(49) 高橋秀：『Honda LCAシステム』によるLCA実施事例の紹介，LCA日本フォーラムニュース，Vol. 31, p. 3-7（2003）

(50) 『Honda LCAシステム』を活用した2つのLCA実施事例の紹介，日経エコロジー，p. 50-51（2004.4）

(51) 石油製品のライフサイクルインベントリーの作成に関する調査報告書，石油産業活性化センター，PEC-1996R-09（1997）

(52) 輸送段階を含めた石油製品のライフサイクルインベントリーの作成に関する調査報告書，石油産業活性センター，PEC-1997R-12-1（1998）

(53) 石油，LNG及び石炭のLCA手法による比較に関する調査報告書，石油産業活性化センター，PEC-1998R-13（1999）

(54) 石油製品油種別LCI作成と石油製品環境影響評価調査報告書，石油産業活性化センター，PEC-1999R-13（2000）

(55) 第4回JCAP成果発表会資料（2005年6月），http://www.pecj.or.jp/japanese/jcap/jcap2/

(56) クリーンディーゼル乗用車の普及・将来見通しに関する検討会報告書，経済産業省（2005）

(57) 重田潤：化石燃料利用のための二酸化炭素排出量の定量的評価，季報エネルギー総合工学，Vol. 13, No. 3, p. 2-11（1990）

(58) 内山洋司ほか：発電プラントのエネルギー収支分析，電力中央研究所，研究報告 Y90015（1991）

(59) 本藤祐樹ほか：ライフサイクルCO_2排出量による発電技術の評価，電力中央研究所，研究報告 Y99009（2000）

(60) 松野泰也ほか：わが国における電力10社の受電端基準電力のライフサイクルインベントリ，日本エネルギー学会誌，Vol. 77, No. 12, p. 1162-1176（1998）

(61) 地球温暖化対策地域推進計画策定ガイドライン，環境省（2003），http://www.env.go.jp/earth/ondanka/suishin_g/

(62) 船崎敦ほか：自動車LCAのためのインベントリ作成の考え方（3）鉄鋼製品の製造，自動車研究，Vol. 23, No. 2, p. 22-29（2001）

(63) 成田暢彦ほか：統計データにもとづく鉄鋼製品のライフサイクルインベントリ分析，日本エネルギー学会誌，Vol. 77, No. 12, p. 1148-1161（1998）

(64) 物質・材料研究機構ホームページ，http://www.nims.go.jp/ecomaterial/J/ecodb/stock4000/

(65) LCA実務入門編集委員会：LCA実務入門 Appendix 3．産業環境管理協会（1998）

(66) 米澤公敏：鉄鋼業におけるLCAへの取り組みについて，日本LCA学会誌，Vol. 2, No. 2, p. 128-135（2006）

(67) 小川芳樹ほか：LCA的視点からみた鉄鋼製品の社会における省エネルギー貢献に係わる調査，日本エネルギー経済研究所（2002年8月），http://eneken.ieej.or.jp/report/

(68) 高松信彦ほか：システムと融合した材料の選択―『鉄鋼業からみた自動車のLCA』な事例にした一考察―，日本金属学会誌，Vol. 65. No. 7, p. 557-563（2001）

(69) 平成9年度 機械材料の構成とリサイクル性に関する調査研究報告書，日本機械工業連合会 日鉄技術情報センター（1998）

(70) 梅澤修：アルミニウム・マスフローと循環型プロセス研究の現状と課題，日本LCA学会誌，Vol. 2, No. 2, p. 136-141（2006）

(71) 大久保正男：アルミニウムのリサイクル，自動車研究，Vol. 23, No. 12, p. 29-34（2001）

(72) 冨川昌美：プラスチックの環境影響評価，PLASPIA, No. 91, p. 17-20（1995）

(73) 石油化学製品のLCIデータ調査報告書，プラスチック処理促進協会（1997）

(74) 輸送用燃料のWell-to-Wheel評価，トヨタ自動車／みずほ情報総研（2004）

(75) Mobility 2030 Full Report 2004（日本語版），WBCSD, http://www.wbcsd.org

(76) 石谷久：水素社会における燃料電池自動車の効率について―Well to Wheel総合効率の評価―，エネルギー・資源，Vol. 27, No. 3, p. 1-5（2006）

(77) 石炭利用総合センター：石炭起源クリーンエネルギーの環境影響度調査，NEDO（2005）

(78) JSAEシンポジウム：エネルギー多様化および環境負荷低減に貢献する将来燃料とその燃焼特性，自動車技術会，No. 02-06（2006）

(79) トヨタ自動車ホームページ（総合効率），http://www.toyota.co.jp/jp/tech/environment/fchv/

(80) 平成17年度水素・燃料電池実証プロジェクト

(JHFC) セミナーテキスト (2006), http://www.jhfc.jp/

(81) 池田明由ほか：環境分析用産業連関表の応用(8)—自動車のLCA分析について—, 産業連関(イノベーション&I-Oテクニック), Vol. 6, No. 4, p. 40-57 (1996)

(82) 特集「産業連関表の応用」, 日本LCA学会誌, Vol. 2, No. 1 (2006)

(83) 本藤裕樹：LCAにおける産業連関表の利用, 日本エネルギー学会誌, Vol. 84, No. 11, p. 935-941 (2005)

(84) 中村鎮一郎編：廃棄物経済学をめざして, 早稲田大学出版部 (2002)

(85) 設計技術者のためのやさしい自動車材料, 日経BP社, p. 89 (1993)

(86) 山戸昌子ほか：LCAによる電気自動車の環境影響評価事例, 第4回エコバランス国際会議, p. 547-550 (2000)

(87) 石原薫ほか：高性能電池搭載電気自動車のライフサイクル分析 (日本の場合), 平成11年度JEVA電気自動車フォーラム (1999)

(88) 平成12年度 電気自動車等中長期普及計画報告書, 日本電動車両協会 (JEVA) (2001)

(89) 足立芳寛編：エントロピーアセスメント入門 (4.2節リチウム電池を対象にしたLCAの実施), オーム社, p. 124-161 (1998)

(90) 松橋隆治ほか：ガソリン自動車と電気自動車のライフサイクルアセスメント, 日本エネルギー学会誌, Vol. 77, No. 12, p. 1184-1192 (1998)

(91) 山野井俊行ほか：プラグインハイブリッド車に関する動向調査, 自動車研究, Vol. 28, No. 5, p. 179-184 (2006)

(92) K. Saur, et al.: Foundations for Life Cycle Analysis of Automobile Structures — The Potential of Steel, Aluminium and Composites. SAE Paper 951844

(93) T. Hayashi, et al.: Reduction of Life Cycle CO_2 Emissions — The Example of Honda Insight, SAE Paper 2001-01-3722 (2001)

(94) 中西栄三郎ほか：ライフサイクル消費エネルギー低減における軽量車体構造の可能性検討, 白石記念講座 (日本鉄鋼協会) (2000)

(95) 高橋淳：リサイクル視点から見た自動車用材料のさまざまな可能性と課題, JAMAGAZINE, Vol. 40, p. 14-19 (2006.3)

(96) 車の軽量化, TOYOTA Technical Review, Vol. 52. No. 1, p. 8-11 (2002)

(97) 輸送・循環システムに係わる環境負荷の定量化と環境影響の総合評価手法に関する研究, 国立環境研究所特別研究報告 SR-30-2000 (2000)

(98) 平成14年度 製品相互の環境負荷を比較評価するためのLCA手法調査報告書, 環境情報科学センター (2003)

(99) 伊坪徳宏ほか編：ライフサイクル環境影響評価手法, 産業環境管理協会 (2005)

(100) The Eco-indicator 99, A damage oriented method for Life Cycle Impact Assessment (Methodology Report), Pre社 (http://www.pre.nl)

(101) A systematic approach to environmental priority strategies in product development (EPS) Version 2000—General system characteristics, CPM report 1999: 4, Centre for Environmental Assessment of Products and Material Systems (1999)

(102) 宮崎修行ほか：環境パフォーマンス評価係数 (JEPIX) (2003)

(103) 魚住隆太：JEPIX (環境政策優先度指数日本版) に基づく環境負荷統合化シートの開発, 環境管理, Vol. 41, No. 4, p. 52-59 (2005)

(104) 本下晶晴ほか：ライフサイクル影響評価 (LCIA) の概要, 日本エネルギー学会誌, Vol. 84, No. 7, p. 549-553 (2005)

(105) 伊坪徳宏ほか：環境影響の統合化指標を得る—LCAにおける統合化手法の特徴—, 日本エネルギー学会誌, Vol. 84, No. 9, p. 780-785 (2005)

(106) 伊坪徳宏ほか：ライフサイクル環境影響評価手法LIMEの概要と研究開発の現状, 日本エネルギー学会誌, Vol. 84, No. 10, p. 872-878 (2005)

(107) 山本良一ほか監修：対訳&解説 環境ラベル—一般原則&タイプⅠ, Ⅱ, Ⅲ—, 日本規格協会 (2001)

(108) エコリーフ環境ラベル実施ガイドライン, 産業環境管理協会 (http://www.jemai.or.jp/)

(109) スウェーデンタイプⅢ環境宣言「EPD」説明書&環境製品宣言 (EPD) 要求事項, 日本ガス機器検査協会 (http://www.jia-page.or.jp/)

(110) J. DeCicco, et al: ACEEE's Green Book, the Environmental Guide to Cars & Trucks・Model Year

2002, American Council for an Energy — Efficient Economy (http://www.aceee.org/) (2002)

(111) J. DeCicco, et al.: Rating the Environmental Impacts of Motor Vehicles: ACEEE's Green Book, Methodology, 2002 Edition, ACEEE Report Number T023 (2002)

(112) 特集「環境効率」，日本 LCA 学会誌，Vol. 1, No. 3 (2005)

(113) 船崎敦：製作～廃棄までのライフサイクルを通しての環境負荷の最小化　自動車，日本機械学会誌，Vol. 107, No. 1023, p. 21-23 (2004)

(114) 山本良一：エコ・エフィシエンシー，環境管理，Vol. 41, No. 2, p. 44-49 (2005)

(115) 坂尾和彦：環境適合設計ツールの活用入門—コアツールLCA，QFDE，TRIZ の効果的活用方法とその事例，日科技連出版社 (2006)

(116) 伊坪德宏：環境配慮經營に向けたLCAの応用としてのLCM，環境情報科学，Vol. 29, No. 1, p. 32-37 (2000)

(117) 齋藤健一郎：自動車燃料の現状と将来について，「将来のがス燃料エンジン」シンポヅウム資料 (No. 09-05)，自動車技術会，p. 34 (2005)

(118) 「二酸化炭素固定化・有効利用技術等対策事業/製品等ライフサイクル二酸化炭素排出評価実証等技術開発/インパクト等 LCA」）（公開用）報告書，NEDO (2005)

(119) Proceedings of AIST Symposium: Development of New Methodologies for LCA — Social LCA and Dynamic LCA—，産業技術総合研究所（AIST），(1999. 3. 3)

(120) 養老孟司：いちばん大事なこと―養老教授の環境論，第一章，集英社新書 (2003)

缩略语一览表

3E	Energy Security Environmental Protect and Ecinomic Effceincy	能源安全性、环保、经济效率性
Ap	Accidification Potential	酸雨特性（酸性化气体特性系数）
ASR	Automobile Shredder Residue	汽车残渣，汽车碎屑
（B）EV	（Battery）Electric Vehicle	（蓄电池）电动汽车
BOD	Biological Oxygen Demand	生物化学氧需求量
BTL	Biomas to Liquid	生物液化燃料
CNG	Compressed Natural Gas	压缩天然气
COD	Chemical Oxygen Demand	化学需氧量
CTL	Coal to Liquid	煤制油
DALY	Disability Adjusted Life Years	伤残调整寿命年
DME	Dimethyl Ether	二甲醚
DtT	Distance to Target	离目标的距离、目标设定
DV	Diesel Vehicle	柴油车
EIA	Environmental Impact Assessment	环境影响评价
EcoVAS	Eco-Vehicle Assessment System	环保车辆分析系统
EI95，EI99	Eco-indicator 95 Eco-indicator 99	环境指数 95 环境指数 99
ELV	End of Life Vehicle	报废车
EPD	Environmental Product Declaration system	（瑞典方式的）Ⅲ型环境产品宣言系统
EPS	Environmental riority Strategies for Product Design	为产品设计的环境优先战略
GTL	Gas to Liquid	天然气液化燃料
GV	Gasoline Vehicle	汽油车
GWP	Global Warming Potential	全球变暖潜能
HV	Hybrid Vehicle	混合动力汽车
LCA	Life Cycle Assessment	生命周期评价
LCC	Life Cycle Cost	生命周期成本
LCI	Life Cycle Inventory	生命周期清单、投入资源和排放物等输入/输出表
LCIA	Life Cycle Impact Assessment	生命周期影响评价
LCE	Life Cycle Engineering	生命周期工程（环境、技术、经济的综合评价）
LCM	Life Cycle Management	生命周期管理
LIME	Life cycle Impact assessment Method based on Endpoint modeling	基于终点的生命周期影响评价方法
LNG	Liquefied Natural Gas	液化天然气
IPCC	Intergovernmental Panel on Climate Change	政府间气候变化专业委员会
ISO	International Organization for Standardization	国际标准化组织
ODP	Ozone layer Depletion Potential	臭氧层消耗潜能
PBM	Population Balance Model	总体平衡模型
QFD	Quality Function Deployment	质量功能展开
TtW	Tank to Wheel	从油箱到车轮（的分析）
WtT	Well to Tank	从油井到油箱（的分析）
WtW	Well to Wheel	从油井到车轮（的分析）

英语索引

ART
ASR
ASR 基准质量
ASR 再资源化设施
ASR 指定回收场
ASR 设备利用率
ASR 在汽车零部件上的再利用
ASR 回收
ASR 回收标准
ASR 再利用小组
ASR 再利用率
BTL
CFC – 12
Characterization
Classification
CTL
ECO Leaf
Ecoinvent 数据库
EIA
Environmental Impact Assessment
EPD

EPR
EU ELV 指令
EU 报废汽车指令
Green Book
Grouping
GTL
IC 卡
ISO – LCA
JARC
JARP
JEPIX
JLCA 数据库
LCA
LCA 国家计划
LCA 软件
LCA 日本论坛
LCI
LCM
Life Cycle Assessment
Life Cycle Inventory

Life Cycle Thinking
LIME
Normalization
OBD
OBD – Ⅱ
OBD Ⅱ对应扫描工具
OBD Ⅲ
PBB
PBDE
PBDE 限制
Product – LCA
Ranking
RoHS 指令
Tank to Well
TH 小组
TV 系统
VIM
Weigthing
Well to Tank
Well to Wheel

国际单位制（SI）

SI 制单位（JASO 术语）
- SI 单位
  - SI 基本单位
  - SI 辅助单位
  - SI 导出单位
- SI
- SI 词冠
- 与 SI 单位并用的单位、可以并用的单位以及目前可以并用的单位

SI 基本单位

物理量	单位名称	单位符号
长度	米	m
质量	千克	kg
时间	秒	s
电流强度	安培	A
热力学温度	开	K
物质量	摩尔	Mol
发光强度	坎（德拉）	Cd

SI 辅助单位

物理量	单位名称	单位符号
平面角	弧度	rad
立体角	球面度	sr

SI 导出单位举例

物理量	单位名称	单位符号
面积	平方米	m^2
体积	立方米	m^3
速度	米每秒	m/s
加速度	米平方秒	m/s^2
波数	每米	m^{-1}
密度	千克每立方米	kg/m^3
电流密度	安每平方米	A/m^2
磁场强度	安每米	A/m
（物质量的）浓度	摩每立方米	mol/m^3
比体积	立方米每千克	m^3/kg
光亮度	坎每平方米	cd/m^2
角速度	弧度每秒	rad/s
角加速度	弧度平方秒	rad/s^2

用专用名词表示的 SI 导出单位

物理量	专用名词表示的 SI 导出单位		用其他 SI 用SI基本单位表示	单位表示频率[1]
	单位名称	单位符号		
赫（兹）	Hz			s^{-1}
力	牛（顿）	N		$m \cdot kg \cdot s^{-2}$
压力，压强	帕（斯卡）	Pa	N/m^2	$m^{-1} \cdot kg \cdot s^{-2}$
能量，功，热	焦（耳）	J	$N \cdot m$	$m^2 \cdot kg \cdot s^{-2}$
功率，动力，电力	瓦（特）	W	J/s	$m^2 \cdot kg \cdot s^{-3}$
电荷，电量	库（仑）	C		$A \cdot s$
电位，电压	伏（特）	V	W/A	$m^2 \cdot kg \cdot s^{-3} \cdot A^{-1}$
电容	法（拉）	F	C/V	$m^{-2} \cdot kg^{-1} \cdot s^4 \cdot A^2$
电阻	欧（姆）	Ω	V/A	$m^2 \cdot kg \cdot s^{-3} \cdot A^{-2}$
电导	西（门子）	S	A/V	$m^{-2} \cdot kg^{-1} \cdot s^3 \cdot A^2$
磁通量	韦（伯）	Wb	$V \cdot s$	$m^2 \cdot kg \cdot s^{-2} \cdot A^{-1}$
磁通量密度	特（斯拉）	T	Wb/m^2	$kg \cdot s^{-2} \cdot A^{-1}$
电感	亨（利）	H	Wb/A	$m^2 \cdot kg \cdot s^{-2} \cdot A^{-2}$
摄氏温度	摄氏度	℃		K
光通量	流（明）	lm		$cd \cdot sr$
光照度	勒（克斯）	lx	lm/m^2	$m^{-2} \cdot cd \cdot sr$
放射性活度	贝可（勒尔）	Bq		s^{-1}
吸收剂量	戈（瑞）	Gy	J/kg	$m^2 \cdot s^{-2}$
剂量当量	希（沃特）	S	J/kg	$m^2 \cdot s^{-2}$

注："用其他 SI 单位表示"以及"用 SI 基本单位表示"两栏的内容，最好在计算过程以及一直使用的领域使用。

注1）：有时为了便于区别同因次的物理量进行特殊组合或使用专用名词。例如，表示频率时用赫兹替代秒的负一次方，表示力矩时用牛顿米替代焦耳

用专用名词表示的 SI 导出单位举例

物理量	专用名词表示的 SI 导出单位		用 SI 基本单位表示粘度
	单位名称	单位符号	
帕秒	Pa·s		$m^{-1} \cdot kg \cdot s^{-1}$
力矩[1]	牛米	$N \cdot m$	$m^2 \cdot kg \cdot s^{-2}$
表面张力	牛每米	N/m	$kg \cdot s^{-2}$
热通量密度，辐射照度	瓦每平方米	W/m^2	$kg \cdot s^{-3}$
热容量，熵	焦每开	J/K	$m^2 \cdot kg \cdot s^{-2} \cdot k^{-1}$
比热容量，比熵	焦每千克开	J/(kg·K)	$m^2 \cdot s^{-2} \cdot k^{-1}$
比能	焦每千克	J/kg	$m^2 \cdot s^{-2}$
导热系数	瓦每开米	W/(m·K)	$m \cdot kg \cdot s^{-3} \cdot k^{-1}$
能量密度	焦每立方米	J/m^3	$m^{-1} \cdot kg \cdot s^{-2}$
电场强度	伏每米	V/m	$m \cdot kg \cdot s^{-3} \cdot A^{-1}$
电量密度	库每立方米	C/m^3	$m^{-3} \cdot s \cdot A$
电位移	库每平方米	C/m^2	$m^{-2} \cdot s \cdot A$
电容率	法每米	F/m	$m^{-3} \cdot kg^{-1} \cdot s^4 \cdot A^2$
磁导率	亨每米	H/m	$m \cdot kg \cdot s^{-2} \cdot A^{-2}$
摩尔能	焦每摩	J/mol	$m^2 \cdot kg \cdot s^{-2} \cdot mol^{-1}$
摩尔熵	焦每摩开	J/(mol·K)	$m^2 \cdot kg \cdot s^{-2} \cdot K^{-1} \cdot mol$
照射（X 及 γ 射线）	库每千克	C/kg	$kg^{-1} \cdot s \cdot A$
吸收剂量率	戈每秒	Gy/s	$m^2 \cdot s^{-3}$

注："用 SI 基本单位表示"最好在计算过程或一直以来延续使用的领域使用

国际单位制（SI）

SI 十进词冠

因　　数	单位名称	词冠符号
10^{18}	艾（可萨）	E
10^{15}	拍（它）	P
10^{12}	太（拉）	T
10^{9}	吉（咖）	G
10^{6}	兆	M
10^{3}	千	k
10^{2}	百	h
10	十	da
10^{-1}	分	d
10^{-2}	厘	c
10^{-3}	毫	m
10^{-6}	微	μ
10^{-9}	纳（诺）	n
10^{-12}	皮（可）	p
10^{-15}	飞（母托）	f
10^{-18}	阿（托）	a

用 SI 单位表示和单位符号的使用方法

① 如果单位名称从专用名词导出，则单位符号的首字母为大写，其他为小写。
（例：A，Pa，m）

② 如果导出单位由 2 个以上的单位乘积构成，则可以用以下方法书写。N·m，Nm（mN 为米牛顿）

③ 如果导出单位由 1 个单位除以其他多单位的商构成，则需要采用括弧而不应只采用斜线的方式表示两个以上的单位。

［例：m/s/s→m/s^2 或 $m·s^{-2}$，J/kg·℃→J/（kg·℃）］

④ 词冠符号应与仅在其后的单位符号形成一体。

（例：$1cm^3 = (10^{-2}m)^3 = 10^{-6}m^3$）

⑤ 不应使用合成的词冠。（例：μμF→pF）

⑥ 由 2 个以上 SI 单位构成的单位如果为整数乘积关系，则词冠只能采用 1 个。但基本单位 kg 作为分母时，作为特例其词冠 k 不计数。

［例：kN·mm→N·m，kJ/g→kJ/kg（特例）］

⑦ SI 单位为 10 的整数倍时，以方便为首，在便于应用的范围内选择（通常在 0.1 到 1 000 之间）。

SI 相关主要术语

术　　语	术语的含义及其特征
SI 化单位	引用于 JASO 的术语，是 SI 单位之间并用单位、可以与 SI 单位并用的单位、目前可以与 SI 单位并用单位的总称
SI	由国际计量大会（CGPM）采用并推荐的一种一贯单位制，由 SI 单位（基本单位、辅助单位、导出单位）和 10 的倍数单位构成。 所有的 SI 单位或由基本单位、辅助单位、用专用名词表示的导出单位表示，或由其导出的乘积及商来表示，其系数设定为 1

续表

术语		术语的含义及其特征
SI 单位	SI 基本单位	为方便起见，可以独立表示层次，并作为 SI 的基础明确定义的 7 大单位；其他 SI 单位可以基本单位和辅助单位的组合单位导出
	SI 辅助单位	属于几何学性单位，没有次幂关系的 2 个单位
	SI 导出单位	利用代数方法（利用乘法和除法的数学符号）将基本单位和辅助单位组合表示的单位。当涉及很多物理量时，以简易表示为目的，采用了专用名称和符号；用该专用名词表示的导出单位和基本单位，也可以表示其他导出单位
SI 词冠		表示 SI 单位的整数倍时采用的词冠。一般推荐采用 10 的 3 倍数的词冠（m，k，M 等）

主要单位换算表

领域	物理量	SI	并用且可以并用的单位	传统使用单位	SI 换算系数
空间及时间	平面角	rad	°（度）② ′（分）② ″（秒）②	deg	$\pi/180$ $1.745\ 33 \times 10^{-2}$ $2.908\ 88 \times 10^{-4}$ $4.848\ 14 \times 10^{-6}$
	长度	m	A④	ft in mile	1×10^{-10} 3.048×10^{-1} 2.45×10^{-2} $1.609\ 34 \times 10^{3}$
	面积	m²	a④	yd² ft² in² acre mile²	1×10^{2} $8.361\ 27 \times 10^{-1}$ $9.290\ 30 \times 10^{-2}$ $6.451\ 6 \times 10^{-4}$ $4.046\ 86 \times 10^{3}$ $2.589\ 99 \times 10^{6}$
	体积	cm³		cc	1
		dm³	L，l（升）②		1
		m³		gal（UK） gal（US）	$4.546\ 09 \times 10^{-3}$ $3.785\ 41 \times 10^{-3}$
	时间	s	d（天）② h（小时）② min（分）②		8.64×10^{4} 3.6×10^{3} 60
	速度	m/s	km/h	mile/h	0.277 778 0.447 044
	加速度	m/s²		G	9.806 65

续表

领域	物理量	SI	并用且可以并用的单位	传统使用单位	SI 换算系数
周期现象及关联现象	频率及振幅	Hz		c/s	1
	转速，转数	s^{-1}	r/min, rpm, min^{-1}③		1.66667×10^{-2}
力学	质量	kg	t（吨）③		10^3
		mg		car（克拉）	200
	扭矩，力矩	N·cm		kgf·cm	9.80665
		N·m		kgf·m	9.80665
	密度·浓度	kg/m^3		$kgf·s^2/m^4$	9.80665
	动量	kg·m/s		kgf·s	9.80665
	转动惯量	$kg·m^2$		$kgf·m·s^2$	9.80665
	力	N		kgf	9.80605
				dyn	1×10^{-5}
	压力	kPa		kgf/cm^2	9.80665×10
		Pa		kgf/m^2	9.80665
				mmHg, Torr	1.33322×10^2
				mmH_2O	9.80665
		kPa		mH_2O	9.80665
		Pa	bar③	Atm（气压）	1.01325×10^5
					1×10^5
	应力①	MPa		kgf/mm^2	9.80665
		kPa		kgf/cm^2	9.80665×10
	黏度	mPa·s	cP④		1
		Pa·s	P④		1×10^{-1}
	动黏度	m^2/s	cSt④		1×10^{-6}
		m^2/s	St④		1×10^{-4}
	表面张力	N/cm		kgf/cm	9.80665
	功·能	J		kgf·m	9.80665
				erg	1×10^{-7}
	功率·动能	kW		PS	0.73549875
		W		kgf·m/s	9.80665
				$kcal_{IT}/h$	1.1630
热	温度	K 或 ℃			0℃ = 273.15K
	温差	K 或 ℃		deg	1
	导热系数	W/(m·K) 或 W(m·℃)		kcal/(m·h·℃)	1.16279
				kcal/(s·m·℃)	4.18605×10^3
				kcal/(s·m·deg)	4.18605×10^3
	热量	J		cal_{IT}	4.1868
				cal 计量法	4.18605
	热通量密度	W/m^2		$kcal/(m^2·h)$	1.16279
	热容量	kJ/K 或 kJ/℃		kcal/K	4.18605
	比热容量	kJ/(kg·K) 或 kJ/(kg·℃)		$kcal_{IT}/(kg·℃)$	4.1868
		J/(kg·℃)		cal/(kg·℃)	4.18605
	熵	J/K		cal_{IT}/K	4.1868
	焓	J		cal	4.18605
	比熵	kJ/(kg·K)		$kcal_{IT}/(kg·K)$	4.1868

续表

领域	物理量	SI	并用且可以并用的单位	传统使用单位	SI 换算系数
电及磁	电荷,电量	kC	A·h[②]		3.6
	电能	J	W·h[②]		3.6×10^3
	电功率	W		erg/s	1×10^{-7}
	电阻率	Ω·mμ		Ω·cm	1×10^{-8}
	电导率	S/m		Ω/m	1
	电导,电纳,导纳	S		Ω	1
	磁场强度	A/m		Oe	$10^3/4\pi$
	磁通量	Wb		Mx	1×10^{-8}
	磁感应强度	T		Gs	1×10^{-4}
音	声压级		dB[③]		
光及放射	光亮度	cd/m^2		sb	1×10^4
	光照度	lx		ph	1×10^4
其他	扭转刚性	N·m/rad		kgf·m/rad	9.806 65
	弹簧常数	N/mm		kgf/mm	9.806 65
	磨损率	cm^3 (N·m)		cm^3/(kgf·m)	0.101 972
	转动惯量	$N·m·s^2$		$kgf·m·s^2$	9.806 65
	冲击值(摆锤式)	J/cm^2		$kgf·m/cm^2$	9.806 65
	燃料消耗率	g/(MW·s)	g/(kW·h)[②]	g/(PS·h)	0.377 672 7
					0.277 778
		L/km		gal(UK)/mile	2.824 81
				gal(US)/mile	2.352 14
	气体常数	J/(kg·K)		kgf·m/(kg·K)	9.806 65
	机械阻抗	N·s/m		kgf·s/m	9.860 65

注:① 表示应力时原则上采用 Pa。N/m^2 和 N/mm^2 最好在 ISO、IEC 或在计算过程中使用。
② 表示与 SI 单位并用的单位。这些单位在 SI 单位之外,但一直以来广泛使用,而且比较重要,将来也会允许与 SI 单位并用。
③ 表示与 SI 单位并用的单位。这些单位在 SI 单位之外,而且很少与 SI 单位并用,但是在特殊领域使用,因此只限于在特殊领域与 SI 单位并用。
④ 表示当前可以与 SI 单位并用的单位。这些单位在 SI 单位之外,但在某些领域正在使用,因此在做出无需继续使用这些单位的决定之前,可以与 SI 单位并用。这些单位不应在至今没有使用的领域里纳用

SI,CGS 制以及工学单位制的对照表

量\单位制	长度	质量	时间	温度	加速度	力	应力	压强
SI	m	kg	s	K	m/s^2	N	Pa	Pa
CGS 制	cm	g	s	℃	Gal	dyn	dyn/cm^2	dyn/cm^2
工学单位制	m	$kgf·s^2/m$	s	℃	m/s^2	kgf	kgf/m^2	kgf/m^2
SI	J	W	Pa·s	m^2/s	Wb	T	A/m	
CGS 制	erg	erg/s	P	St	Mx	Gs	Oe	
工学单位制	kgf·m	kgf·m/s	$kgf·s/m^2$	m^2/s	—	—	—